国家出版基金项目
NATIONAL PUBLICATION FOUNDATION

当代中国教育学人文库

探索
与超越

刘复兴 著

教育政策分析的前沿问题

中国人民大学出版社
· 北京 ·

前　言

　　20 世纪的 100 年以及 21 世纪的前 20 年，是人类社会历史上全方位急剧变革的 100 多年。人类经历了两次世界大战，建立了以雅尔塔体系与联合国为主要内容的国际政治格局。经历了两次工业革命，即以电气化为特征的第二次工业革命与以信息化为特征的第三次工业革命，并以技术进步为基础实现了二战后 70 多年的经济发展，经济全球化与经济贸易一体化快速布局，全球产业链日渐完善。经历了凯恩斯主义、新自由主义两种社会思潮指导下的社会、经济变革，反复进行着社会公平、效率与自由之间的碰撞与博弈。经济发展、社会稳定、技术进步以及人口的快速增长，产生对教育的巨大需求，人类社会历史上的教育从来没有像过去 100 多年中那样得到快速发展与巨大变革。

　　伴随其中的，是中国的改革开放与经济迅速发展。1978 年改革开放以来，社会主义市场经济体制建立，外向型经济模式形成，经济发展取得举世瞩目的成就。目前，中国拥有世界上最完整的产业链，是世界工厂和制造业大国，但快速的发展也带来了一些问题，如贫富差距扩大，社会公平正义受到严峻挑战，信仰建设、价值建设、思想建设、文化建设跟不上经济发展速度，等等。在这个过程中，中国教育改革发展取得巨大进展，总体上已进入中上国家教育发展水平行列。但也存在若干重大结构性问题，如教育公平问题、教育规模快速扩张之后的质量问题、创新人才培养的问题、为谁培养人的问题、数字鸿沟问题以及资本进入教育领域带来的挑战等等。从教育体系的角度看，就是改革开放 40 多年建立起来的一个比较有效的服务于制造业大国的教育体系难以适应新时代新发展阶段、新发展理念与新发展格局的需要。

　　当前，我国社会发展与教育发展中存在问题的原因十分复杂，但有一个方面是比较清楚的，即与我们的知识体系生产机制和传播机制有关。在前三次工业革命过程中，中国始终处于落后或者追赶之中。借助蒸汽机革命、电动机革命与计算机革命，西方特别是欧美国家站在了人类知识体系特别是现代科学技术知识体系的前沿，这也带动了它们人文社会科学的丰富与发展。西学东渐成为中国知识体系生产机制和传播机制的基本特点。西学东渐主要是指西方学术思想向中国传播的历史过程，通常是指在明末清初以后，欧洲及美国等地学术思想与知识体系的传入。从改革开放 40 多年来看，向欧美国家学习也是我国知识体系和传播机制的一大特点。无论从 300 多年的视野还是从 40 多年来的角度看，西学东渐也带来了问题。西方特别是欧美国家的知识体系、质量标准、管理与评价制度甚至隐含其中的话语模式、价值观等等对我们的社会与教育产生了重要的影响。这些影响是双刃剑，有很多积极的方面，也有很多消极的方面。中国作为一个现代化的后发国家，学习与模仿是免不了的，但是仅靠学习与模仿不可能建成社会主义现代化强国！

进入 21 世纪以来，特别是 2008 年国际金融危机以后，世界处于百年未有之大变局。一是二战以后以雅尔塔体系与联合国为主要内容的国际政治格局受到挑战，世界主要国家或政治集团都在进行价值反省与价值观重建；二是经济全球化与经济贸易一体化趋势逐步扭转，开始转向有限全球化与经济贸易区域化发展；三是以人工智能、互联网、大数据、区块链、绿色能源、量子科技等众多前沿科技叠加发展为代表的第四次工业革命方兴未艾；四是全球范围内兴起了对于自由放任的新自由主义思潮的反思与清算；五是百年不遇的新冠肺炎疫情加快了上述进程。党的十八大以来特别是党的十九大以后，我国社会主要矛盾发生了重大变化，我国进入新发展阶段，形成新发展理念，构建新发展格局，提出"两个一百年"奋斗目标，以适应世界百年未有之大变局带来的挑战。尤其是在第四次工业革命中，我们无论如何不能再跟随、模仿甚至落后，必须跟上甚至领先于其他国家。这就提出了建构面向社会主义现代化强国的中国特色知识体系的战略任务。

历史上中国知识体系如以儒家文化为代表的传统文化、以四大发明为代表的科学技术等曾经有过多次在世界范围传播的经历。单单从中国快速发展这一点来看，改革开放 40 多年的实践也具有世界意义和独特性；但是我们总结得不够，研究得不够，理论提炼得不够。从文化的意义来看，在理论与文化传统上，我们也有很强的独特性，如马克思主义的指导、理论联系实际的学风、中国的优秀传统文化、红色的革命文化、社会主义核心价值观等等。特别是我国已经是科技大国，正在向科技强国迈进，在一些前沿科技领域是领先于世界的。这些都为建构中国特色知识体系提供了可能性。

在现代社会，所有的社会问题与教育问题都要靠政策来解决。政策科学的诞生，是 20 世纪人类知识体系发展的最大成果之一。在这个学科领域，无论公共政策还是教育政策学科领域，我们总体上起步较晚，目前来讲仍然是一个学习者、模仿者与追赶者。仅就教育政策学科来说，今天我们的大学里使用的教材内容不少是来自欧美国家的，教授们在课堂上讲授的理论体系、使用的基本概念、列举的著名理论模型、使用的研究方法等还带有明显的舶来品色彩，科研工作者所研究的理论和实践问题也带有强烈的模仿色彩。作为建构中国特色知识体系努力的一部分，我们需要从现在开始致力于建构中国特色的教育政策理论体系。这件事情成功的一个原始的、朴素的标志就是，中国教育政策研究的学者所提出的概念、理论、模型或者方法被国际学术界认可，成为国际上大学课堂里公开讲授的内容，成为权威教材的组成部分。本书的大部分内容实际上就是作者及其学术团队在这个方向上进行的思考与学术研究。

目　录

第一章
导　论

一、教育政策学科及其研究始终不断发展变化

自 20 世纪 50 年代以来，政策科学一直处于不断发展变化之中。由于与教育实践之间具有更加直接与紧密的联系，相比教育学研究的其他学科领域，教育政策学科领域里更加明显地不断地有新的理论与实践问题被快速地提出来。我们往往把这样一些理论和实践问题称为前沿性问题。所谓教育政策学科前沿，指的就是在这个学科领域产生的新问题、新理论、新进展、新政策、新实践、新趋势、新体系和新判断。

从政策科学发展的历史来看，政策理论不断演变的线索十分清晰。关于政策的活动和研究与人类社会城市的发展息息相关，人类社会的政策活动最初就是出于管理群居性社会生活与城市的需要。18 世纪后期工业革命时期，关于政策的研究成为相对独立的社会活动；与其他科学研究活动一样，在这个时期，科学的、实证的理论与方法开始在政策活动和政策研究中占据主导地位。20 世纪下半期，社会科学的职业化进程大大促进了政策科学的发展，人们开始从多个社会科学视角研究政策问题。在二战中，在英国军队中产生了运筹学理论；在二战以后的美国工业生产中，运筹学理论在生产管理中得到广泛应用，发展出系统分析专业领域。20 世纪 50 年代初，美国的斯坦福大学又在传统的政治学领域之外开启了新的学术领域。1951 年，斯坦福大学主办了关于国际关系论的革命性、发展性学术研讨会（简称"RADIR 学术研讨会"），会后会议文集《政策科学：范围与方法的新近发展》出版，标志着美国政治学的行为主义传统转向政策科学的发展方向①。

总体来看，政策科学的发展大致经历了四个阶段，其中每一个阶段都既是对前一个阶段的继承，又是对前一个阶段的创新与发展。第一个阶段是政策科学概念和独立学科研究领域的提出。1945 年底，美国政治学家哈罗德·拉斯韦尔与亚伯拉罕·卡普兰完成了《权力和社会：一项政治研究的框架》一书的初稿，并于 1952 年正式出版了英文版。该书首次提出了"政策科学"的概念②。哈罗德·拉斯韦尔与丹尼尔·勒纳的《政策科学：范围与方法的新近发展》（1951 年）一书详细论证了政策科学的研究对象。由此，拉斯韦尔被称为政策科学的创立者。第二个阶段是建立完善的政策科学体系，形成政策科学的基本

---

① 刘复兴. 国外教育政策研究基本文献讲读 [M]. 北京：北京大学出版社，2013：5 - 6.

② 拉斯韦尔，卡普兰. 权力和社会：一项政治研究的框架 [M]. 王菲易，译. 上海：上海世纪出版集团，2012：序言 4.

范式。20 世纪 60 年代末 70 年代初，叶海尔·德罗尔（Yehezhel Dror）陆续出版了他的政策科学三部曲，即《重新审查公共政策的制定过程》（1968 年）、《政策科学探索》（1971 年）、《关于政策科学的构想》（1971 年），初步建立了较为完善的政策科学理论体系，形成了政策科学的基本范式，奠定了政策科学的理论基础。以上两个阶段又被人们称为"政策科学运动"①，代表着政策科学发展过程中追求宏观的政治、政策概念与理论体系建构，试图把政策科学建设为如哲学一般超越其他科学之上的科学这样一种学术努力。第三个阶段是政策分析运动的兴起。20 世纪 60 年代末 70 年代初，随着美国越来越多的社会问题需要解决以及政策科学运动渐渐被证明难以直接被用于解决这些问题，美国的政策科学运动开始转向政策分析运动。1958 年，美国的查尔斯·E. 林德布洛姆（Charles Edward Lindblom）在《政策分析》②一文中，最早提出了"政策分析"概念，并于 1959 年出版了《"渐进调适"的科学》，1968 年出版了《决策过程》，1977 年出版了《政治与市场：世界各国的政治-经济制度》，领导、推动了政策分析运动的发展。林德布洛姆被认为是政策科学发展过程中政策分析运动的创始人。政策分析运动以注重研究现实社会问题为中心，研究微观领域、实践领域的政策问题，强调政策的应用性，适应了当时美国亟须解决众多社会问题的大背景。第四个阶段是政策科学和政策分析独立学科地位的真正确立。1983 年，斯图亚特·S. 内格尔（Stuart S. Nagel）主编的《政策研究百科全书》出版，集大成式地反映了当时世界范围内政策研究的重要成果；1986 年，德罗尔出版了《逆境中的政策制定》一书，标志着德罗尔本人开始由政策科学运动的干将转变为政策分析运动的拥趸。从而基本确立了政策科学和政策分析的独立学科地位。目前，政策科学的发展正处于第五个阶段。从 20 世纪末期到现在，可以窥到一些端倪。20 世纪 90 年代后期，经历了行为主义、科学主义的洗礼，特别是在研究中保持价值中立之后，政策研究又重新重视价值问题。其中，一是以美国学者德博拉·斯通（Deborah Stone）的《政策悖论》（2001 年）为代表，系统研究了政策活动中的价值冲突与价值悖论问题。二是联合国教科文组织于 2015 年编写的《反思教育：向"全球共同利益"的理念转变?》一书③，重申了人文主义在教育中的重要地位，使这个趋势表现得更加明显。三是人类迈入 21 世纪的第二个十年以来，世界正经历百年未有之大变局，人类遭遇百年未有之大疫情，20 世纪四五十年代建立起来的以雅尔塔体系为代表的国

①　严强．"西方限贷政策科学发展的历史轨迹"［J］．南京社会科学，1998（3）．

②　Lindblom, C. E. Policy Analysis［J］. American Economic Review, 1958, 48（3）：298 - 312.

③　联合国教科文组织．反思教育：向"全球共同利益"的理念转变？［M］．北京：教育科学出版社，2017.

际政治格局和 20 世纪 80 年代新自由主义兴起以来的经济全球化与经济贸易一体化格局日益受到挑战，世界主要政治经济集团和大国都在进行价值反省与价值观重建。加之第四次工业革命快速来临，科学技术前沿的众多突破，如大数据与人工智能日益广泛的应用，带来了十分严重的伦理问题，价值观、信仰、意识形态、文化冲突等问题日益凸显出来。政策研究中对于价值问题越来越重视。但是，从总体上看，这种趋势不再像政策科学发展历史中政策科学取代行为主义政治学、政策分析运动取代政策科学运动那样非此即彼，而是表现为一种科学主义与人文主义、价值中立与价值涉入方法论、宏观研究与微观研究的日益交叉与融合的新趋势，也有学者称这种发展趋势为后工业社会的政策分析[①]。

二、教育政策分析[②]的前沿问题及理论逻辑

任何学科的前沿问题大都或者来自实践的需要，或者来自理论的推演，或者来自二者之间的冲突。来自实践的需要是一种大多数的情况，实践的需求、改革的渴望与社会的困境往往成为学科与理论创新的原动力。来自理论的推演也是科学发展历史上常有的事情，科学理论的一点点前推、新的科学概念的提出，甚至一些在讨论中形成的零散的新观念，都会推动学科理论的创新与发展。托马斯·塞缪尔·库恩在《科学革命的结构》一书中描述的范式对科学发展的规范与推动作用大致体现了这样一种情况[③]。

（一）教育政策研究的若干前沿问题

本书涉及的国内外教育政策研究的前沿问题主要有以下五个：

第一，教育政策研究的范式与教育政策的转型。这里借用了托马斯·塞缪尔·库恩在《科学革命的结构》中提出的"范式"（paradigm）概念，来描述教育政策活动、教育政策研究中的主体及其关系的不同类型，并从这种范式的视角出发，讨论当代教育政策变革与转型的若干新趋势。

第二，教育政策研究的三个基本理论问题。每一个学科都有若干自己的基本理论问题。就如教育学必须回答"教育与人的发展的关系""教育与社会发展的关系"等问题一样，政策科学脱胎于政治科学，教育政策研究是政治学、政

---

① 邓恩. 公共政策分析导论［M］. 北京：中国人民大学出版社，2002.
② 本书中的"教育政策分析"概念主要是从学科层面来用的，这个概念理论上包含了"政策科学""政策分析""政策研究"等含义。本书对这几个概念并不做严格区分。
③ 库恩. 科学革命的结构：第 4 版［M］. 金吾伦，胡新和，译. 北京：北京大学出版社，2012.

策科学与教育学的交叉研究领域，也应有自身的一些基本理论问题。至少以下三个问题必须涉及：一是事实与价值的关系，二是国家与市场的关系，三是人性与制度的关系。事实与价值涵盖了教育政策研究的两大问题领域，国家与市场、人性与制度则涵盖了教育政策研究涉及的主要主体及其行为的规则体系。

第三，当代中国教育政策的理论与实践问题。这里涉及一些当代中国教育政策前沿性理论与实践问题，带有鲜明的中国特色与独特的空间色彩。改革开放以来，特别是中国特色社会主义进入新时代以来，国家社会经济发展、人民生活需要、国际国内环境等不断提出教育改革创新的新要求，伴随着教育改革创新的不断深入，中国的教育政策也在理论与实践层面不断变革。这主要表现在以下一些关键性问题上：教育公平问题、教育质量问题、创新发展与创新人才培养问题、教育评价问题、教育治理体系和治理能力现代化问题、基础教育结构性改革问题、中国特色社会主义教育发展道路问题、党的全面领导问题等。

第四，国外教育政策研究的新问题与新趋势。从前面对政策科学发展历史的回顾来看，目前政策科学的发展正处于第五个阶段。在这个阶段，在世界范围内，欧美等国家与地区的教育政策研究出现了一些新的问题与新的趋势。它们主要包括价值观、质量与教育政策，教育政策与教育改革，政府的高等教育治理，全球化与教育政策，教育政策研究方法的变革，教育利益相关者与教育政策，教育政策与其他学科领域等论题或主题。

第五，教育与机器的关系以及算法时代的教育政策。这是一个无论是中国还是外国都必须面对的前沿问题。算法时代是人类社会的一个新时代，是一个互联网时代、大数据时代、5G通信时代、人工智能时代与量子科学时代，众多前沿技术变革将对人类社会的一切产生决定性的影响。在算法时代，海量连接、生物融合、人类扩张、深度自动化、智能爆炸等将成为改变未来世界的原动力[①]。我们必须学会处理教育与机器的关系，学会把生化算法与电化算法结合起来，人们需要用算法教育学与教育政策来取代工业时代的教育学与教育政策。任何一个国家与地区概莫能外！如果中国人能够在这个领域当中占领先机的话，我们就可能有机会改变300多年来西学东渐的格局！

（二）如何看待与思考这些前沿问题的理论逻辑

尽管上述前沿问题大多来自实践的需要，有一些来自理论的推演，有一些是在中国这个空间范围内发生的，有一些是在欧美等国家和地区发生的，但这些问题之间还是存在一些内在的必然的联系。

---

① 霍夫曼. 原动力：改变未来世界的5大核心力量 [M]. 周海云，译. 北京：中信出版集团，2021.

政策研究范式与教育政策转型是一个方法论问题，是一个集中体现政策科学发展最新阶段的核心特点问题，政策科学发展的第五个阶段的核心特点就是政策研究范式的转变与政策实践的转型，而且这种趋势还没有完成，还在变化。无论是在中国还是在欧美国家和地区，这种持续的变化明显影响着教育政策的实践，我们在这里所讨论的中国的、欧美的政策理论与实践方面的新变化，都是这样一个转型的结果或者阶段性的表现，也是在不同的空间与文化中教育政策范式的具体表现与对不同理论维度上问题的回答与实践。这种转变对于之前人们所理解的政策科学的基本理论问题不断地产生挑战，又会在事实与价值、国家与市场、人性与制度等基本理论问题上催生新的理论生长点。算法时代的政策问题则是一个指向未来的、可以颠覆与整合当下中国与外国前沿问题的方兴未艾的新的研究视角。这个刚刚进入序曲的新问题新趋势以及我们对它的研究，很可能成为政策科学发展的一个未来的新的与现在正在发生的事情很不同的阶段。

（三）教育政策研究必须不断追踪学科前沿问题

一是从小的方面来讲，研究的选题一定要在学科前沿上，这样的研究才有价值，才有生命力。学科前沿问题，也就是所说的新问题、新理论、新进展、新政策、新实践、新趋势、新体系和新判断，往往是某个学科的最新进展。对于应用性研究、综合性研究来说，我们只有把选题锁定在这样一些问题上，我们的研究才能反映国家与社会的最新需求，反映实践领域的最新发展，才具有更大的价值；对于基础性研究来说，同样存在着新问题、新理论、新进展、新政策、新实践、新趋势、新体系和新判断，我们只有把选题锁定在这样一些问题上，我们的研究才能反映本学科理论体系的历史线索与最新进展，才能具有领先的学术地位，才能具有更强的生命力。

二是从大的方面来讲，研究的选题一定要在学科前沿上，这是创新发展的需要，是国家民族科技自立自强的需要。在过去 300 多年的时间里，在科技发展等方面，在知识传播方面，我们面对的一个重要现实就是西学东渐。由于我们错过了第一次工业革命，近代以来国家社会发展整体上落后于西方发达国家，西学东渐、向西方学习、睁眼看世界乃至于改革开放，成为中国知识体系建构的一个十分明显的特点，教育学理论体系的建设也大致如此。但经过第二次、第三次工业革命的追赶，在第四次工业革命来临的时候我们已经甚至可以在某些方面领跑世界了，面对世界百年未有之大变局与中华民族伟大复兴的战略目标，我们面临着一个非常重要的任务，就是要建设中国特色知识体系，实现科技自立自强。这是中国人可能在未来 30 年、50 年乃至 100 年之内面临的一个非常重大的任务。教育学领域也是如此，需要建设中国特色社会主义教育理论体系。在教育政策分析这个学科领域，尤其需要中国有独创性的被世界认可的、能够影响世界的研究成果。因此，我们要走到学科前沿去。走到学科前沿应该是我们思考学术问题的一种思维范式。

需要特别注意的是，要走到学科前沿，就必须把学科发展和前沿问题结合起来进行研究。首先，要掌握完整的学科史的知识，要了解学科发展的来龙去脉，掌握学科发展的详细的时间线与问题线。其次，要找到并详细研究学科发展的时间线与问题线中最新的那一端的情况。最后，要分析这些新问题、新理论、新进展、新政策、新实践、新趋势、新体系和新判断与学科史的关系，即为什么这些问题现在就成了前沿问题？在学科的历史发展当中能不能找到它的基因？能不能从学科发展历史的角度找到一条连续的有逻辑有意义的线索出来？能不能说清楚所研究的问题在学科史上的位置？能不能说清楚研究在学科史上的独特性与创新性？这是我们进行前沿问题研究特别需要做的事情。这也是我们特别重视文献研究的一个重要原因。只有找到学术前沿问题，学术研究才有可能体现创造性，才有价值。

第二章
教育政策研究的范式与教育政策的转型

一、 教育政策研究的范式

（一）教育学的研究范式

一切研究活动都是建立在对"如何认识世界"的讨论基础之上的，人们对于认识论的讨论发展为系统的哲学方法论，研究活动总是在某一种哲学方法论的指导下展开的，它直接决定了研究的类型，继而对研究的方法进行规范。

范式的概念是由美国哲学家托马斯·塞缪尔·库恩在《科学革命的结构》中率先提出的，范式即共有的范例[①]，既能够吸引一批坚定的拥护者而使其脱离科学活动的其他竞争模式，又能够无限制地为重新组成的实践者留下待解决的问题[②]。库恩将科学的发展、革命与范式的形成和转换联系起来。

基于库恩对范式的讨论，瑞典教育学家托尔斯顿·胡森进一步提出，范式以范例的形式决定了新一代科学家的科学研究方法和程序[③]。胡森承认教育学作为一门学科并不是界限清晰、定义清楚的[④]，教育学领域糅合了人文学科和行为与社会科学，因而也反映出两类不同的研究范式：一是模仿自然科学而进行的因果分析，脱胎于实证主义哲学，又在分析哲学的影响下向着"逻辑实证主义"（logical empiricism）进展；二是由人文学科推衍而来探究定性和整体信息的研究范式，源自欧陆的唯心哲学、现象哲学和批判哲学[⑤]。

胡森所讨论的"范式"呈现出更鲜明的方法论色彩，在后续对于教育研究的讨论中，胡森常据此来指称关于教育研究的自成一体的哲学思想的取向、研究对象的选择、研究方法的选用、研究结果的表现方式等等[⑥]。参考胡森的分类，目前的教育学研究范式可以细化为以下四类：

（1）实证主义研究范式。实证主义研究范式是科学主义传统的产物，建立在实证主义哲学的基础之上，一般把世界划分为现象与本质两个方面，强调经验、证据在研究中的价值，多采用量化的研究方法。在这种认识论中，世界是客观存在的，是独立于个体的，而个体可以通过对世界的观察不断获得关于世

---

① 库恩 . 科学革命的结构：第 4 版 ［M］. 金吾伦，胡新和，译 . 北京：北京大学出版社，2012：157.

② 同①8.

③ 瞿葆奎 . 教育研究方法 ［M］. 北京：人民教育出版社，1988：178.

④ Husén, T. Research Paradigms in Education ［J］. Interchange, 1988, 19 (1)：2 - 13.

⑤ 严强 . 西方限贷政策科学发展的历史轨迹 ［J］. 南京社会科学，1998 (3)：179 - 181.

⑥ 沈剑平，瞿葆奎 . 教育研究范式简论 ［J］. 华东师范大学学报（教育科学版），1990 (1)：55 - 60.

界的经验，从而认识世界本身。

（2）解释主义研究范式。解释主义研究范式是人文主义传统的产物，带有极强的人文主义色彩，建立在解释学、现象学、文化哲学等基础上，在研究中多采用阐释、深描、解码与编码等方法。

（3）批判主义研究范式。批判主义研究范式建立在分析哲学、结构主义、语言学基础上，关注表达的话语、文本，以及话语与文本所传达的权力。

（4）行动研究。行动研究采用的是实务工作者的视角，关注他们在教育教学实务中所遇到的实际问题。尝试把理论实践联系起来，在不断反省、改进中找寻解决实际问题的策略，并最终改进理论本身。

（二）政策科学的发展范式

哈罗德·拉斯韦尔是政策科学发展初期的代表性人物。叶海尔·德罗尔的政策科学三部曲建立了政策科学的基本理论框架和早期发展阶段的话语模式[①]，尤其是《关于政策科学的构想》一书，提出了政策科学的系统构想，概括了14条政策科学的独特范式，并以此构成了政策科学概念、方法论、方法的基础[②]。

"拉斯韦尔-德罗尔"传统致力于建立"基于崭新科学范式的崭新的超学科"[③]，这一宏大目标在20世纪70年代初遭到怀疑和批评，在知识分化与综合获得迅速发展的时代，要想建立超越许多门学科的绝对知识体系是不可能的[④]。与此同时，林德布洛姆完善了"政策分析"作为一种方法的概念，将其概括为完整的理性方法和连续有限比较法[⑤]，研究的重点转向微观领域、实践领域的政策问题，强调政策研究的应用性[⑥]。政策科学逐渐被政策分析所取代。当前，政策科学的发展正在走向一个政策科学运动与政策分析运动融合发展的新阶段。

以政策科学中政策执行及其研究的发展阶段为例，对政策执行的研究呈现出鲜明的阶段性特征。1973年，美国学者威尔达夫斯基与普雷斯曼编写的《执行：华盛顿的伟大期望是如何在奥克兰破灭的》出版，这标志着第一代政策执

① 刘复兴. 国外教育政策研究基本文献讲读 [M]. 北京：北京大学出版社，2013：22.

② Dror, Y. Design for Policy Sciences [M]. New York：American Elsevier Publishing Company, Inc.，1971：54.

③ 同②ix.

④ 严强. 西方现代政策科学发展的历史轨迹 [J]. 南京社会科学，1998（3）：47-53.

⑤ Lindblom, C. E. The Science of Muddling Through [J]. Public Administration Review，1959，19（2）：79-88.

⑥ 库恩. 科学革命的结构：第4版 [M]. 金吾伦，胡新和，译. 北京：北京大学出版社，2012.

行研究的开始，政策执行的神话破灭，同时也作为一个研究问题被正视。第一代政策执行研究发现了执行作为研究课题的意义，也开始描述影响执行的因素。第二代政策执行研究呈现出多角度、系统化的特点，尤其表现为不同研究取向的出现和多个理论模型的建构，研究者们更加重视讨论政策本身与政策执行之间的关系。这一时期出现了史密斯的政策执行过程模型①、范·米德和范·霍恩的政策执行动态联系模型②、萨巴蒂尔和马兹曼安的政策综合执行模型③等等。1990 年美国学者麦尔科姆·L. 高金出版的《朝向第三代的执行理论和实践》一书，明确地提出第三代政策执行研究途径已经出现，表现为研究方法上的科学性，尤其关注政府之间——联邦、州和地方当局作为相互约束的变量④。第三代政策执行研究更关注宏观立场上的制定者和基层场域中的微观执行者之间的冲突与联系，全面考虑政策意向、集体行动与制度影响的关系，理论建构与分析呈现出更为强烈的综合性和科学性。德里昂指出，政策研究中出现了两个相互作用而增强的趋势，一是公共政策中的民主参与，二是后实证主义或阐释主义的倾向⑤，从而使政策执行分析进入第四代，也就是将政策视为"解码-编码"过程并以此为研究的基础⑥。从严格意义上来说，第四代政策执行理论尚未成为普遍潮流或者真正形成一代理论模型，而是表现为一种新的研究走向和趋势。这种趋势恰恰从执行角度反映了政策科学的发展进入融合发展的新阶段这样一个特点。

（三）教育政策研究的范式

教育政策分析是一门交叉学科，对于其研究范式的讨论也要建立在政策科学和教育学研究范式的基础上。常见的教育政策研究范式包括三类：其一，纯理论研究的路径，以"就理论理"为原则、按照纯理论路径展开的研究，这类研究以建立教育政策与法律学科理论体系为导向，致力于学科知识的生产与累积，目的是引领或间接影响整体的教育政策和法律制定与执行的过程。其二，

① Smith, T. B. The Policy Implementation Process [J]. Policy Sciences，1973，4 (2)：197 - 209.

② Van Meter，D. S，Van Horn，C. E. The Policy Implementation Process：A Conceptual Framework [J]. Administration & Society，1975，6 (4)：445 - 488.

③ Sabatier，P，Mazmanian，D. The Implementation of Public Policy：A Framework of Analysis [J]. Policy Studies Journal，1980，8 (4)：538 - 560.

④ Deleon，P. The Missing Link Revisited：Contemporary Implementation Research [J]. Policy Studies Review，1999，16 (3, 4)：311 - 338.

⑤ 刘惠. 教育政策执行的文化分析：基于"最小单位"政策阐释与行为选择的研究 [D]. 北京：北京师范大学，2019.

⑥ 周磊. 我国政府资助来华留学政策执行研究 [D]. 北京：北京师范大学，2018.

教育政策分析的路径，以"就事论事"为原则、按照教育政策分析的路径展开的研究，这类研究以指导国家和地区的教育政策与法律的制定、执行和评估为导向，致力于解决现实问题，重视开展跨学科的研究。其三，经验研究基础上的理论建构的路径，以"就事论理、就理论事"为原则、按照经验研究基础上的理论建构的路径展开的研究，这类研究主要是通过对某一项或某几项政策与法律进行分析，对教育政策和法律研究的活动与理论进行修正、建构和创新，特点是展开多学科的包括政治学、经济学、社会学、历史学等的研究①。

（四）教育政策决策的范式

政策如何制定、由谁制定以及政策活动如何发生，是国家体制和政治制度的直接结果。依据政策决策的参与主体，政策决策包括"政府选择"和"社会参与"两种不同的决策范式。"政府选择"是由单一政府以及教育行政部门做出决策，"社会参与"则是包括了所有利益相关者参与的决策形式。托马斯·戴伊在《自上而下的政策制定》一书中，以美国的政策制定过程为例，提出了国家政策制定的两种范式，即自上而下与自下而上的两类机制，决策发生的不同方向本质上反映了不同的决策主体及其相互关系。

按照决策主体的维度，人类社会的决策行为可以分为私人选择和集体选择。私人选择可以分为个人选择、市场行为等，集体选择可以分为政府的集体选择和非政府的集体选择。所有的公共政策，包括从最宽泛范围所说的公共政策，都是公共的集体选择，其要么是政府的集体选择，要么是非政府的集体选择。公共的集体选择指的是通过集体行动（collective action）来决定资源在公共物品间的分配，是指人们通过民主政治过程来决定公共物品的需求、供给与产量，是把私人选择转化为集体选择的一种过程与机制，是对资源配置的非市场决策。而对"公共"内涵的不同理解，会导致"公共选择"存在不同的边界。把目光聚焦在教育政策上，教育政策是公共政策的一部分，是教育领域内发生的公共选择，它要么是政府的集体选择，要么是非政府的集体选择。

二、 教育政策的转型

（一）为什么讨论教育政策转型问题

21世纪的前20年，新一轮技术革命兴起，推动生产领域发生质的变化，

---

① 刘水云，刘复兴，徐贽. 欧美教育政策研究与学科发展及其与中国的比较分析［J］. 教育学报，2014，10（3）：62-68.

促使生产方式从手工、简单协作向新式分工发展，改变着人类的劳动形式[①]，也改变着产业结构，进而导致社会结构的变革。教育作为社会系统的子系统参与社会内循环，因而，教育结构的革命也成为大势所趋。

数据时代的教育结构体系以人工智能、互联网和物联网技术为物质和技术基础，嵌入万物互联的社会结构之中，是万物互联的一个组成部分[②]。教育的形态由工业时代的教育转变为信息化教育、算法教育、互联网＋教育、物联网＋教育、人工智能＋教育；教育制度体系由以正式制度为主体的纵向上以梯级和等级制度体系为特征、横向上以普通教育与职业教育的双轨制为特征的刚性制度，转变为立体的甚至是一种边际不断扩展的球状的多回路、网络式的且由正式制度与非正式制度共同构成的弹性制度体系[③]。

1. 世界与社会的重大变化带来生产方式与生活方式的重大变革

新一轮技术革命表现在信息化、智能化、创新发展与新全球化的萌芽与发展等方面。1946 年，宾夕法尼亚大学诞生了世界上第一台计算机"埃尼阿克"（ENIAC），使世界驶上了信息化的轨道。随着信息技术的发展与成熟，1956 年对人工智能的研究开启了智能化的帷幕，从 1997 年美国 IBM 的"深蓝"超算战胜国际象棋大师卡斯帕罗夫，到 2016 年谷歌研发设计的 AlphaGo 战胜世界围棋冠军李世石，人类经验被重新审视，在某些方面机器"经验"可以做到更优[④]。1912 年，美国学者约瑟夫·熊彼特出版《经济发展理论》，首次提出了创新的概念，将创新定义为"建立一种新的生产函数"，以此解释了经济周期的出现和资本主义发展的密码。1987 年，英国著名技术创新研究专家克里斯托弗·弗里曼提出了"国家创新体系"（national system of innovation）的概念，创新的理论和政策成为新的发展点。2006 年，我国出台了《国家中长期科学和技术发展规划纲要（2006—2020 年）》，首次提出建设我国国家创新体系的重大问题。2016 年，党的十八届五中全会提出了五大发展理念，将创新作为引领发展的第一动力。随着中国综合国力的提升和国际影响力的不断扩大，中国在全球化进程中也开始拥有越来越多的话语权，倡导新型全球化发展，通过"一带一路"建设、成立亚洲基础设施投资银行、推进《区域全面经济伙伴关系协定》（RCEP）等积极行动，以"共赢政策"引领、重塑与创新世界秩序。

在人类目前正在经历的信息化、智能化、创新发展和新全球化四个大趋势

---

① 朱巧玲，李敏. 人工智能、技术进步与劳动力结构优化对策研究 [J]. 科技进步与对策，2018，35（6）：36 - 41.

②③ 刘复兴. 论教育与机器的关系 [J]. 教育研究，2019，40（11）：28 - 38.

④ 薛永红，王洪鹏. 机器下棋的历史与启示：从"深蓝"到 AlphaZero [J]. 科技导报，2019，37（19）：87 - 96.

中，信息化与智能化是最根本的两个方面，是未来人类社会生产方式和生活方式变革的最本质方面。信息化以及伴随而来的智能化，既成为创新发展和新全球化的物质与技术基础，又不断产生推动它们发展的动力。

现代人的生产方式与生活方式也随之发生了重大变革。美国未来学家杰里米·里夫金提出，以化石燃料为基础的第二次工业革命正在向以绿色可再生能源为基础的第三次工业革命转型，技术转型直接带来经济形态的革新和社会结构的扁平化倾向。正如游牧时代转向农耕文明，再转向工业文明的过程一样，第三次工业革命为教育提供了完全不同的社会背景，必然带来教育的革命性变革。里夫金提出，这种技术上的转型要求年轻人们学习"如何在一个内嵌于生物圈世界之中的分散、合作式的经济模式中生存"[1]。教育变革要从课程安排、学习环境等方面入手，为 21 世纪第三次工业革命培养劳动力，强化专业技术与技能的学习[2]；在教学模式上，要加强分散式合作课堂和扁平化学习[3]。

2. 教育正在面临发展范式的变革

从原始社会到现代社会，教育经历了多次重大变革，从口耳相传到印刷术的出现、从分散的家庭社会教育到组织化学校的产生、从个别传授到班级授课制、从非义务教育到义务教育、从学校教育到终身教育等都体现了这样一种范式的变化。在从农耕文明走向工业文明的漫长过程中，生产方式、生活方式和发展观都在进行持续的变革，直接促进了教育发展范式的变革。

面向新时代的教育也在孕育着新一轮的变革。目前人们使用后工业时代的教育、新教育、互联网＋教育、智能化教育、智慧学校、未来学校等概念表述这种新趋势，其本质是在创新发展的推动和新全球化进程的影响下，以机械化、电气化、标准化为标志的工业时代教育向信息化、智能化时代教育转型。

教育处在变革的洪流中，一方面受到变革的影响，另一方面也在培养人的过程中作用于变革自身。教育政策必须前瞻性地、系统性地回应世界和社会重大变革的要求，调整政策的目标、价值和策略，推动教育自身发展的同时适应社会的发展。

3. 教育政策是教育治理体系和治理能力现代化的核心问题

2013 年 11 月，党的十八届三中全会审议并通过了《中共中央关于全面深化改革若干重大问题的决定》，提出"推进国家治理体系和治理能力现代化"。国家治理是国家政权的所有者、管理者和利益相关者等多元行动者以增

---

① 里夫金. 第三次工业革命：新经济模式如何改变世界 [M]. 张体伟，孙豫宁，译. 北京：中信出版社，2012：239.

② 同①243-246.

③ 同①255-261.

进公共利益、维护公共秩序为目的，在一个国家的范围内对社会公共事务的合作管理①。政策是其中的一个核心问题。

"治理"（governance）概念区别于传统的"统治"（government）概念，主要体现在以下两方面：一是参与的主体不同，"统治"的主体一定是公共机构，而"治理"则存在多元主体，包括公共机构、私人机构，以及公共机构和私人机构的合作；二是管理过程中权力运行的向度不同，在"统治"过程中，权力是单向度的、自上而下运动的，而"治理"则是一个上下互动的管理过程②。在"治理"的基础上，"善治"（good governance）则是使公共利益最大化的公共管理过程，其本质特征在于，它是政府与公民对公共生活的合作管理，是政治国家与社会的一种新型关系，是两者的最佳状态③。

教育治理体系是国家治理体系的重要组成部分，教育治理体系和治理能力现代化既是实现教育现代化的核心目标和要求④，也是实现国家治理体系和治理能力现代化的必要基础。教育治理要看到多元参与主体的价值，包括国家机关、社会组织、利益群体和公民个体⑤，尤其是建立家庭、社会与学校之间协同的新型互动关系，而教育领域内"善治"的达成，则要以教育领域内公共利益的最大化为最终目的。

在教育治理体系和治理能力现代化的过程中，教育政策及其活动是核心要素，包括政策制定、政策执行、政策评估等活动，多元主体参与的治理机制要求政策活动的利益相关者能够在实施政策的过程中彰显价值。完善的治理机制必须为每一方利益相关者提供参与、反馈的渠道，也要保证利益相关者的所言、所为、所需能够被多方治理主体听见，从而建立教育管理部门、教育企事业单位、学生、家长等几方主体的良性互动关系。

（二）教育政策转型的几个方面

1. 适应变革的新教育政策体系

新教育政策体系要能够适应社会，尤其是能适应变革中和变革后的社会。

其一，建立健全教育信息化政策体系。从 20 世纪 90 年代开始，我国陆续出台了一些面向信息化基础设施的教育信息化政策，如 1998 年的《面向 21 世纪教育振兴行动计划》、2004 年印发的《2003—2007 年教育振兴行动计划》、2018 年发布的《教育信息化 2.0 行动计划》等，但是信息技术仍处于快速发展

---

① 何增科. 理解国家治理及其现代化 [J]. 马克思主义与现实，2014（1）.
②③ 俞可平. 治理和善治：一种新的政治分析框架 [J]. 南京社会科学，2001（9）.
④ 陈金芳，万作芳. 教育治理体系与治理能力现代化的几点思考 [J]. 教育研究，2016，37（10）.
⑤ 褚宏启. 教育治理：以共治求善治 [J]. 教育研究，2014，35（10）.

的过程中，我国的教育信息化政策体系仍有待进一步完善，尤其是产业支持、评估标准、配套设施政策等，需要进一步加强。政策实施也不能浮于技术简单应用的表象，而要使信息技术能够真正成为拓宽教育视野、开发教育资源的助力，达到技术与教育的深度融合，特别是要从更高视野更广范围考虑，改变教育信息化思维范式，把信息化作为教育发展的物质、技术基础与方法论，建立教育信息化政策体系。

其二，建立健全教育智能化政策体系。教育智能化既要能够将人工智能知识融入教育内容中，更要培养掌握人工智能技术、具备人机合作能力的人才[1]，还要利用智能化技术实施教育教学。目前，教育智能化处在起步阶段，智能技术如何进入教育内容、如何成为教育目标还需要进一步探讨。

其三，建立健全教育创新政策体系。目前，我国的教育创新系统尚未全面纳入国家创新体系中，教育领域也还未形成全面、系统的教育创新政策体系[2]。要以创新人才的培养为核心，尤其是从科教合作培养创新人才、探索新的人才培养模式、建设高素质专业化创新型教师队伍、推进全社会的科普教育、推进文化变革等方面入手，建立健全相关制度，推动国家教育创新政策体系建设。

其四，建立健全适应新全球化的教育政策体系。中国占据更多话语权的新全球化趋势更要求我们在教育对外开放、交流、合作中具有主动性和主导性。一方面要革新国内的教育体系，在教育质量和教育公平上达到并超越世界水平；另一方面要在定义"世界水平"的过程中发挥自身的力量，积极参与到国际教育政策与实践的变革中去，积极主动参与全球教育治理。"一带一路"是中国教育国际合作交流制度的顶层设计的基础，是在更高层次、更广范围推进教育国际合作交流的重要抓手。而在推进"一带一路"建设的过程中，在信息化、智能化、创新发展上走在世界的最前沿，是实现这一建设的必要条件。

其五，建立健全农业时代、工业时代、信息化与智能化时代特征叠加的复杂教育政策体系。教育政策本身是调节教育系统内循环的重要环节，也是促进教育系统与社会大系统外循环健康运行的关键。教育政策体系的健全更要具有历史和时空的视角，要扎根当代中国的国情与实际需要，回应社会发展的阶段性特征的要求。回应社会变革的教育变革和教育政策变革要建立在教育发展的历史和现实基础上，以历史的、综合的积淀和现实的、积极的变革应对未来教育的可能性。

---

① 张进宝，姬凌岩．是"智能化教育"还是"促进智能发展的教育"：AI时代智能教育的内涵分析与目标定位［J］．现代远程教育研究，2018（2）.

② 刘复兴，檀慧玲．论建设我国的教育创新政策体系［J］．教育研究，2016，37（10）.

2. 教育政策活动的变革

重视政策执行。文本形态或政府话语体系下的公共政策转化为现实形态的政策目标的过程并不是一个直线过程①。政策从政策制定者传递到目标群体、从文本落实为行动的过程中存在的难以消弭的不确定因素，使政策目标无法像制定者所设想的那样精准落实，反而将政策有效执行推入普遍的困境中。教育政策活动最终作用于教育实践，只有有效执行才能落实政策目标、贯彻政策价值。政策执行尤其是"最小单位"的政策执行，既需要政策活动主体的关注，也需要研究者的关注。

重视政策评估。政策评估是政策过程的重要环节，反映了政策目标实现的程度和政策过程中存在的问题，更是教育政策调整、修正的关键依据。目前，我国教育政策评估还不规范、不完善，缺乏相应的制度保障，不能适应教育政策调整和创新的要求，科学化水平亟待提高②。

重视公众参与决策。教育政策涉及政府、企业、学校、家庭等多个主体，也涉及教师、学生、家长等多个个体，他们是被深深卷入的利益相关者，但是目前的政策决策模式主要是以政府为主导的，其他利益相关者的利益诉求有时被边缘化甚至被忽视，这导致利益相关者在教育政策活动中处于"受益人缺席"的状态。完备的咨询、听证、监督、评估制度有待建立健全以保证公众参与决策的可能性。

重视可行性论证。政策的有效执行有赖强有力的执行队伍，还需要政策本身可行可落地，因此在决策者选择政策方案的时候，务必首先进行可行性分析。对于教育政策的可行性论证可从政治维度、经济维度、技术维度、社会心理维度、资料可靠性与充分性维度进行，并通过科学的教育政策试点获得实际经验，从而考量政策在全国推广的进度与力度③。

转向以证据为基础的决策。"以证据驱动"有别于"以观念驱动"，经由严格的教育实验，将关于有效性的证据作为标准，遴选各类教育方案、教育产品及教育实践，既能够按照计划或设想，给学生带来更确切、更有效的作用，也会使教育进入创新、评估和逐步改进的良性循环中④。在这种决策原则中，证据需要建立在严格的实证研究基础上，以行政力量推动具有普遍性研究结论的实际应用。目前我国教育实证研究、循证研究的发展依然缓慢，教育实验的设

---

① 贺东航，孔繁斌. 公共政策执行的中国经验 [J]. 中国社会科学，2011 (5).
② 高庆蓬. 教育政策评估研究 [D]. 长春：东北师范大学，2008.
③ 李海生. 教育政策方案的可行性论证问题研究 [J]. 江西教育科研，1999 (4)：41－43.
④ 斯莱文，张志强，庄腾腾. 证据驱动的教育改革如何推动教育发展 [J]. 华东师范大学学报（教育科学版），2021，39 (3)：14－22.

计与实施、教育实验的伦理性依然需要得到更多重视。

3. 教育政策研究的转型

伴随着教育政策体系的革新与教育政策活动的变革，政策研究的转型势在必行。既要对现实的教育政策活动进行研究，又要探索政策的制定者、执行者、评估者和研究者自身在教育政策的发展变革过程中有何可为、如何作为。

在研究方法上，明确信息技术与理论以及创新发展理论的方法论地位，尤其在研究中重视大数据作为研究资料的作用，并将大数据处理方法纳入数据分析的过程中，特别重视海量连接在教育发展中的动力作用，在此基础上增强实证研究论证的多样化与结论的有效性。

在研究视角上，教育政策研究一方面应该强化新全球化的研究视角，从联结、互动、相互作用方面拓宽教育问题的地域空间，另一方面要更加关注微观领域的政策问题。教育领域的变革往往发生在微观的教育情境中，譬如表现为以数字化、开放化、交互性为特征的信息化教育，以泛在化、情境化、个性化、智能化、碎片化、嵌入式为特征的智慧教育，以移动学习、泛在学习、一对一数字化学习为特征的云教育等都是首先在微观领域引发变革，之后才逐渐演变为具有普遍性的教育现象乃至社会现象，成为教育政策研究的重点和热点。在教育信息化领域，对于宏观政策的研究并没有有效落地并作用于微观领域的教育教学实践，继而转化为微观领域的制度与行为。如何处理宏观政策与微观制度和行为的关系更是教育研究尤其是教育政策研究所要面临的新课题。

在研究内容上，首先，要重视跨学科的研究，尤其是当数据、算法、互联网、人工智能等新型技术作用和应用于教育后，能够借助信息科学等学科的内容拓宽教育研究的领域与空间；其次，政策本就是对价值观的权威性配置[1]，因此研究政策务必要研究政策所象征的价值分配过程与结果，价值分析从而应当成为教育政策研究的重点，特别是在强调"第三次分配"的时代，对于价值、文化、信仰等方面的研究与分析，应成为教育政策研究的关键问题领域；最后，世界多元文化借助网络技术和新全球化趋势将继续碰撞、交流和融合，教育研究和教育教学实践也将深受影响，因此教育政策研究要看到多样化文化体系的影响，加强研究中的文化分析。

（三）需要"新教育学"、"新队伍"和"新文化"

1. 需要"新教育学"——算法教育学

现代社会的教育学理论和对应的教育政策体系是基于工业时代的技术特征

---

[1] 鲍尔.政治与教育政策制定：政策社会学探索 [M]. 王玉秋，孙益，译. 上海：华东师范大学出版社，2003：1.

和时代需求发展而来的，信息化、智能化、创新驱动、新全球化进程颠覆工业时代的教育和教育理论。随着工业时代向数据时代、智能时代、算法时代的深入转型，教育学也需要自我革新，向"新教育学"——算法教育学转型。更为重要的是，无论是从教育的理论还是从实践来看，我们还没有做好应对这种变革的准备。

技术的变革既会暴露和放大现有理论体系的不足之处，也为理论的革新带来可能与契机。一个领域的变革与迭代既是实践发展的结果，也需要理论体系的系统性革新为其提供支撑和动力，理论要回应实践，也要指导实践。因此，这也是对进一步建构和健全中国特色教育学的呼唤，尤其是建立适应当代中国社会发展的中国特色教育政策理论和实践体系，在坚持马克思主义的基础上，扎根中国大地与中华文化，对网络化、信息化、智能化的时代趋势做出回应。

2. 需要"新队伍"

完整的教育政策活动至少包括政策制定—政策执行—政策评估三个基本环节，涉及多个利益相关主体，多主体的参与和作用共同指向了现实的政策结果，因此，教育政策的转型更需要从"人"切入。

一是推动人的观念的变革。技术的变革导致了社会与生活的变革，因此教育的观念也要随之更新。教育要面向未来，就要面向这些新技术、新变化、新时代，而面向未来的教育实践需要政府、学校、教师、家长、学生等达成共识、通力合作才有可能落实，因此教育的变革首先要求变革社会观念。

二是需要建立培训一支能够把握前沿科技发展趋势及其影响力的决策与管理队伍。这支队伍身处科技变革发展前沿，并有能力据此制定前瞻性的、系统性的政策。

三是完善多样化主体的参与机制。一方面增强公众参与政策活动的意识，增强参与的积极性与责任感；另一方面完善公众参与的制度，开拓公众发声、反馈的渠道，建立政府与公众之间有效的沟通互动机制。

3. 需要"新文化"

变革根植于文化的土壤，并从中汲取进一步变革和发展的动力，文化孕育着变革自身及其未来的发展方向；同时，变革本身也会成为文化的一部分，为整个文化体系的成长和转向带来可能。教育政策的转型与变革是顺应技术与社会发展的呼声，更是谋求教育持续发展、教育政策持续发展的必然要求。教育政策的转型必须建立在深厚的文化基础上。

一是新价值观。工业时代所适用和惯用的价值观受到技术变革和社会变革的冲击，与信息化、智能化、创新发展、新全球化相适应的新价值体系亟须建立，如何学习新知识、如何看待新事物、如何迎接新发展必须成为每一个现代人的必修课。二是新制度与新标准，包括人才培养制度、教育教学制度等，信息技术尤其是人工智能技术的引入将在很大程度上改变人们评价教育和人才的标准，从而以教育评价引领教育变革。三是创新文化的培育与发展。在课堂、学校和社会中营造鼓励创新的氛围，建立维护创新空间、支持创新行动的制度，一方面有利于教育者和受教育者以开放的胸怀和积极的心态迎接新事物、新技术、新变革，另一方面更有利于创新人才的培养和新事物、新技术、新变革在课堂、学校和社会中的孕育与萌芽。

第三章
教育政策研究的三个基本理论问题

　　每一个学科都有若干自己的基本理论问题。就如教育学必须回答"教育与人的发展的关系""教育与社会发展的关系"等问题一样，政策科学脱胎于政治科学，教育政策研究是政治学、政策科学与教育学的交叉研究领域，也应有自身的一些基本理论问题。从本学科的研究对象、涉及的主要活动主体与领域以及调整利益关系的主要手段等方面来考虑，教育政策研究中至少有以下三个问题必须涉及：一是事实与价值的关系，二是国家与市场的关系，三是人性与制度的关系。事实与价值的关系涵盖了教育政策研究的两大问题领域，体现的是逻辑关系与因果关系，描述了客观现实世界的两种基础性关系。国家与市场的关系、人性与制度的关系则涵盖了教育政策研究涉及的主要主体及其行为以及相关社会领域的规则体系。国家与市场关系的本质是公共利益与私人利益的关系，这是分析主体（主观）世界的根本性利益关系；人性与制度关系的本质是行为与规范的关系，这是我们上述两类关系及其主体行为的两个基本要素。

一、事实与价值的关系[①]

　　事实与价值的关系是人文社会科学研究方法论的重要内容。本文讨论的主要内容包括四个方面。第一，思考和讨论事实与价值关系的背景，我们为什么会关注这样一个问题，在人文社会科学的方法论中为什么这个问题会被关注，为什么说它重要。第二，介绍在哲学的历史上，关于事实与价值关系研究的发端、发展及趋势，人们是如何看待这个问题的。第三，人文社会科学方法论的事实与价值分析是一个难题，人们是如何试图解决这个难题的，在哲学和人文社会科学研究的过程中做出了什么样的选择，怎样处理两者之间的关系，做出了怎样的回答，选择了怎样的方案，我们自己应该有怎样的态度。第四，作为拓展性的思考，在人文社会科学中，所谓的"价值中立"和所谓的"价值无涉"有没有可能实现，我们要做出回答。

（一）讨论事实与价值关系的背景

　　第一个背景是当代西方实践哲学的新发展。当代西方实践哲学的新发展导致西方当代哲学中事实与价值关系的讨论成为人们关注的问题。在哲学史上，亚里士多德曾经把人类全部的学问划分为三类，即理论知识、实践知识和制作

---

　　① 本部分系作者的讲课记录，由博士生整理，并经作者审核，以《人文社会科学研究中的事实与价值》为题，发表于《北京师范大学学报（社会科学版）》，2009（1）。

知识。在亚里士多德看来，实践知识主要指的是伦理学和政治学。后来康德也把哲学分为三个部分，即理论哲学、审美哲学和实践哲学。理论哲学就是我们所说的认识论，审美哲学就是我们所讲的美学，实践哲学则包括伦理学、政治哲学和法哲学。所以，亚里士多德的实践知识和康德的实践哲学是非常相似的，基本上都指的是政治学、伦理学、法哲学。这种划分方法把知识或哲学划分为三个部分，其中有一个部分可以称为实践哲学。所以说，实践哲学的发展，是西方哲学中一个重要的传统。当然中国的哲学也具有非常强烈的实践哲学色彩，尤其是我们的伦理学比较发达。20世纪70年代，罗尔斯出版了他的重要著作《正义论》，在《正义论》的基础上，他于1993年又出版了《政治自由主义》。罗尔斯《正义论》的出版，预示着当代西方哲学发展的一个重要特征，就是实践哲学的重新繁荣和发展。自由主义、伦理学、社群主义、新法兰克福学派、保守主义、主体哲学以及公民共和主义等若干方面都可以说是实践哲学的范畴。当代西方哲学继承了传统的发展实践哲学的特点，即强调事实与价值的二分法，区分事实与价值，从二元论的角度认识事实与价值的关系，特别关注和宣扬了一系列基本的与伦理和价值有关的实践哲学的范畴，如至善、价值、权利、规范、义务等，它高扬的是价值的大旗。但是在20世纪70年代以后，西方实践哲学的发展与传统实践哲学不同的是，在强调事实与价值二分的基础上，同时又试图调和或弥合两者之间的关系。最具代表性的是哈贝马斯，他对交互主体性的讨论，对沟通伦理或商谈伦理的讨论，对罗尔斯的事实与价值二元论的批判，都是试图调和或弥合事实与价值关系的一部分。哈贝马斯曾经和罗尔斯进行过论战①，罗尔斯强调事实与价值是二分的，哈贝马斯试图用交互主体性或主体间性、商谈伦理来实现事实与价值的融合与统一。实践哲学中一本很重要的著作——普特南的《事实与价值二分法的崩溃》②，也试图在分析两者关系的基础上强调二者的融合。

第二个背景是现代西方哲学中人文主义和科学主义的争论。14世纪以后，欧洲人文主义时期的人文主义思想实际上是古希腊的哲学价值的复兴、对古希腊精神的追求，它对宗教的批判使科学从宗教专制的桎梏下解放出来，获得了巨大的发展。以牛顿的物理学体系为标志，18世纪工业革命的时候，科学技术、自然科学的理论和方法已经取得了人类历史上前所未有的巨大成果，而且在社会生产领域有了广泛的应用，这就鼓励人们用科学的方法来研究人自身，研究人类社会。人们开始试图用科学的知识、理论、方法和规范来研究社会问

---

① 贾中海. 哈贝马斯对罗尔斯事实与价值关系二元论的批判［J］. 学习与探索，2005（3）.

② 普特南. 事实与价值二分法的崩溃［M］. 应奇，译. 北京：东方出版社，2006.

题。所以，在 18、19 世纪，社会科学得以发展，人们试图用科学的知识、理论、方法和规范来研究社会问题，研究人自身的问题，如生理学、心理学、社会学，大致是在这个时期形成了它们最初的规范和传统。但是在发展过程中，由于实证主义的发展，由于科学应用的广泛性，最后它由一种方法变成了一种具有本体意义的东西，变成了一种科学主义或者唯科学主义的东西，由方法上升为方法论，上升为一种意识形态、一种形而上学。它对人文主义所追求的价值和意义提出了质疑。于是，在 19 世纪末 20 世纪初就出现了人文主义和科学主义的争论与对立。17、18 世纪的时候，西方哲学中的经验主义、理性主义对立与争论的焦点是：什么是真正的知识，如何获得真正的知识。到 19 世纪末 20 世纪初，人文主义和科学主义的争论就演变成什么知识最有价值，是经验的、事实的、客观的知识，还是价值的、意义的、主观的知识；哲学和科学研究的对象应该是什么，是可以经验、可以证实或证伪的对象，还是价值的、意义的、超验的对象。两者争论的重心发生了变化。其争论的是，主观与客观，事实与价值，以及如何获得最有价值的知识，也就是研究方法。在 19 世纪末 20 世纪初，这个争论反映在人文社会科学的发展中，就形成了景天魁教授所说的四个悖论[①]。从当代来看，人文主义和科学主义的争论正在走向一种新的趋势，这就是我们经常讨论的一些概念，即科学人文主义、科学人道主义，或者叫作科学人本主义。第二次世界大战以后，尤其是 20 世纪 70 年代以后，人们对科学主义进行反思，在西方哲学界出现了强调人文主义和科学主义融合的要求、呼声和趋势。第二次世界大战对人们的思想理念和哲学体系的挑战是巨大的，战争用最先进的科技来毁灭人类的价值、人类的理想和人类社会。西方哲学界开始追问：科学与人文、事实与价值，哪个是更根本的？开始反思：科学技术应该掌握在谁的手里？在这个过程中强调以价值统驭事实、以人文指导科学，和实践哲学试图弥合事实与价值的鸿沟的努力方向是一致的。

　　第三个背景是人文社会科学——包括教育学——追求自身的科学化。社会科学的发展是建立在自然科学成功发展的基础上的。人文学科的历史非常悠久，但是社会科学的历史并不是很久，它是建立在 17、18 世纪之后，人类用科学方法研究人类自身和社会问题的基础上的，这是社会科学发展的根本动因。上文谈到的生理学、心理学、社会学都是在这个时期建立起自己的规范和传统的。人文学科的历史要悠久得多，可以一直追溯到古希腊时代，中国古代的人文学科也有悠久的历史。因此，我们在区分人类知识体系的时候，简单地区分出社会科学和自然科学，或者自然科学和人文社会科学是有问题的。严格来说，应

---

① 景天魁. 现代社会科学基础：定性与定量 [M]. 北京：中国社会科学出版社，1994：7-11.

该区分出自然科学、社会科学和人文学科。但是，相比之下，社会科学本身的发展并不是非常完善，而社会科学研究的对象和方法与人文学科有高度的一致性——都是研究人的问题、社会问题，所以人们习惯把社会科学和人文学科放在一起，与自然科学相对应，也就是所谓的人文社会科学，或者我们现在通用的一个概念——哲学社会科学。19世纪末20世纪初，随着科学的知识和方法越来越具有本体论的意义，越来越成为一种意识形态，人文社会科学在捍卫自身所特有的认识论、本体论和方法论的同时，一直没有放弃成为真正的科学的努力，所以人文社会科学一直在追求一个目标，那就是追求客观性、可计量、可重复、可验证、可证实、可证伪，追求研究方法的科学性。在这样一种对立和争论的背景下，人文社会科学一方面受到人们的责难，被认为是不科学的；另一方面它自身又在不断地追求科学化。关于人文社会科学如何追求科学化，景天魁教授在《现代社会科学基础：定性与定量》中讲了五个方面①。在教育学领域，追求科学化最典型的代表有两个：一个是赫尔巴特，赫尔巴特第一次把教育学的理论建立在科学的基础上，将心理学作为方法论的基础，将伦理学作为目的论的基础；一个是实验教育学，最集中地体现为把教育学变为经验科学的努力。由于教育学与其他的人文社会科学相比，有自身的特殊性，它对于人生的关注、对于社会的关注、对于人和社会关系的关注比其他人文社会科学更为迫切、更为深刻、更为全面，所以人文与科学的冲突、事实与价值的关系在教育学中表现得尤其突出。比如教育学学科性质的争论，即教育学到底是一门什么样的学科？教育学是一门人文学科还是社会科学？或什么学科都不是，只是一个专门化的综合的问题研究领域？人们对这些问题的回答实际上反映了争论中的不同选择。另外，教育学的研究范式也体现了科学主义与人文主义、事实与价值的争论，体现了教育学在追求自身科学化过程中的矛盾和悖论。人们对教育学研究范式的讨论，至少会涉及以下四种：一是实证实验的教育学研究、经验科学的研究，二是解释学的教育学研究，三是分析主义的教育学研究，四是教育行动研究。这是教育学研究的四种范式。其中第一种范式，所谓实证实验的教育学研究，或者说用经验科学的教育学取代思辨哲学的教育学的努力，实际上是科学主义的传统，像赫尔巴特的努力、实验教育学的努力，都是这样一种类型。但是以狄尔泰、利科、施莱尔马赫为代表的解释学的教育学，则体现了教育学的人文的、价值的、意义和理解的传统。他们反对科学主义对教育学的支配和影响，提出建立精神科学的教育学，不是自然科学或经验科学的教育学。教育学本身的话语中也存在着意义、事实与价值的矛盾和悖论，对立

---

① 景天魁. 现代社会科学基础：定性与定量 [M]. 北京：中国社会科学出版社，1994：46.

和冲突。这个过程，尤其是实证的、实验的、经验的教育学的发展体现了教育学自身科学化的努力。人文社会科学追求科学化的努力还有一个方面，就是在方法论上强调科学的指导。实际上，追求科学化的努力围绕定量的研究或是定性的研究（抑或是质性的研究），存在着不同的看法和争论。教育学也是如此。定量的、经验的研究是自然科学研究的优势和特点，而定性的、思辨的研究是社会科学、人文学科研究的长处和传统。但是为了追求科学化，人文社会科学一直努力把定量研究作为研究方法的重要内容。但是在这个过程中，它自身的传统从来没有放弃，也不可能放弃。这个过程一直围绕着一个矛盾进行争论，即到底是定量优先还是定性优先、价值优先还是事实优先。对此，笔者认为质的研究是把定量研究和定性研究结合起来的一种尝试。这个趋势，与前面所讲的实践哲学的发展、人文主义与科学主义融合的趋势是一致的。

这是我们讨论人文社会科学领域中事实与价值关系问题的背景——哲学的背景、教育学科的背景、人文社会科学发展的背景。当然我们还能列出更多的背景，但是，这三个背景是需要我们集中考虑的。如果我们脱离了这些背景，就很难深入地讨论人文社会科学研究中的事实与价值问题。

（二）事实与价值的关系是一个永恒的哲学话题

这是西方哲学发展历史上人们对事实与价值关系的讨论，从它的源头开始，一直到现在的发展，即对各种不同的看法和观点进行的一个梳理。哲学上的讨论和争论是一切社会科学、人文学科乃至自然科学讨论的根源，因为哲学是科学的"科学"。

第一个方面，从古希腊哲学到当代的后现代主义，本质与现象、客观性与主观性、事实与价值的关系，一直是西方哲学发展和人文社会科学研究中一个经久不衰的话题，是西方哲学永恒的主题。在这一点上，中国哲学与西方哲学的传统是不一样的。西方哲学一开始就强调人和自然的关系，古希腊哲学讨论的问题是"人是什么""自然是什么"，首先把人与自然采取了二分法，把主体与客体、主观与客观、本质与现象区分开来。但是在中国哲学中，无论是传统的儒家哲学还是道家哲学，都强调一个很重要的观念，即"天人合一"——人是自然的一部分，人是上天德性的一部分。儒家讲的天人合一是天人合德，合乎一种超越自然的理性，一种道德，讲的是天命，是人与天命的合一、道德的合一、伦理的合一；道家讲的是人和自然的合一。但是两家都强调天人合一。与此不同的是，在早期西方哲学的古希腊哲学中就出现了二分法。在古希腊哲学中有一个爱利亚学派，爱利亚学派有一个代表人物叫巴门尼德，巴门尼德最早提出"存在"的概念，西方哲学最早的本体论的讨论从巴门尼德开始。巴门尼德第一次在哲学史上把世界区分为现象和本质两个部分，认为世界是一分为二的，现象是变动多样的非真实的非存在，只能由人的感觉来认识，从中获得意见；本质是不变的完满的真实的存在，由人的理性去认识，人们从中获得真理。这实际是最早的理性主义与经验主义的一个分野。感觉看到现象的世界，获得意见，是不真实的、不稳定的，而理性把握本质的世界，是真实的、完满的。直到 20 世纪，西方哲学界依然坚持这样一个思维模式。人是主体，外部世界是人认识的对象。外部世界既包括现象又包括本质，人用感觉认识现象，用理性认识本质。这样一个外部世界是人认识的对象，世界是客观的，具有客观性。人的认识是对主观世界和外部客观世界的反映。承认人的主观可以反映客观，获得客观真理，这就是所谓的可知论。反过来，认为人的认识不能反映世界的本质，人的认识仅仅是人的主观感知的反映，具有主观性，则必然走向另一个极端，也就是不可知论。从巴门尼德开始，西方哲学的传统奠定了主观与客观、本质与现象、事实与价值的分野。

在西方哲学中，最早具体讨论事实与价值关系的是英国哲学家休谟。在哲学史上，休谟是一个不可知论者。休谟强调人的认识主观性的一面必然会走向不可知论。人的认识、人的选择、人的知识是变动的、多样的，没有统一性，没有整体性，是不确定的，这就是认识主观性的一面。

休谟曾说："我们所确实知道的唯一的存在物就是知觉……除了知觉以外……从来没有其他存在物呈现于心中，所以结果就是，我们可以在一些差异的知觉之间观察到一种结合或因果关系，但是永远不能在知觉和对象之间观察到这种关系。因此，我们永远不能由知觉的存在或其任何性质，形成关于对象存在的任何结论。"[①] 这句话否认了外部世界的客观规律性和因果关系的客观性。休谟所说的因果关系是主观的而不是客观的，不是对事实和事实之间关系的反映，而是对观念与观念之间、知觉与知觉之间关系的反映，所以就走向了不可知论。由于不存在客观的因果关系，因此也无法做出客观的事实判断，更无法从事实判断中推出价值判断。没有客观的事实判断，就无从谈起从事实判断推出价值判断的问题，也就是休谟所说的不能从"是"推出"应当"，这就是所谓的"休谟法则"，或称之为"休谟问题"。这是西方哲学正式把事实与价值区分开来，坚持事实与价值二元论、二分法思维的开端。从那时起，经过波普尔和罗尔斯的推动，坚持事实与价值分离、事实与价值二元论成为西方实践哲学尤其是自由主义政治哲学的传统。

---

① 休谟. 人性论：上 [M]. 关文运，译. 北京：商务印书馆，2004：239.

在这样的二元论、二分法的基础上，西方哲学中的人文主义传统坚持把意义和价值作为自己的研究对象，而实证主义和科学主义坚持把经验和事实作为研究对象。当代的后现代主义和实践哲学一方面坚持事实与价值的二分法，另一方面又试图弥合二者之间的鸿沟。其中，后现代主义对现代性的批判，实际是对科学主义的反思和批判。比如，有人认为现代性是西方启蒙运动以来确立的理性原则和科学精神。有人说现代性的核心是启蒙和科学，这就是现代性的本质，尤其是科技理性和科学理性是现代性中最本质、最核心的东西。现代性起源于 18 世纪的启蒙运动，以文艺复兴时期反对神性而建立的人类理性和 18 世纪发展起来的科学与实证精神为基础。后现代主义对现代性的反思和批判，核心就是批判现代性的确定性、统一性、客观性，批判科学理性，批判它追求终极真理，强调不确定性，强调主体之间的差异性和认识的主观性与价值认识的个别性。后现代主义在某种意义上可以追溯到人文主义，跟人文主义很接近，但不可否认的是，在后现代主义的努力中，除了强调事实与价值的二分，强调价值的追求，强调多样性、差异性、个别性之外，还有一个很重要的趋势，就是还存在着实践哲学的发展，还存在着哈贝马斯对罗尔斯的批判。在后现代主义的努力中，在反思科学主义的方法和理论、反思科学理性的同时，试图弥合事实与价值的关系。

事实与价值的关系是一个在西方哲学发展中从古希腊哲学到当代哲学的永恒主题，也是几千年来人们没有解决的一个难题，我们现在试图彻底解决也是不可能的。所以，笔者认为，事实与价值的关系问题是一个久远而常新的方法论问题。但是在现实的社会生活和人文社会科学研究中，包括在教育科学的研究中，我们应该用什么样的态度和规则认识和处理事实与价值的关系。一劳永逸地解决这个问题是不可能的，但是当我们关注研究人的问题的时候，关注研究社会问题的时候，关注研究教育问题的时候，我们总是要有一个态度、一个规则、一个方法论来解决我们所面临的问题，来认识和处理事实与价值的关系问题。这是问题的关键所在。

（三）作为人文社会科学方法论的事实与价值关系的难题及其解答

上文我们讨论了两个问题：一个是事实与价值关系的背景，一个是事实与价值关系的历史发展。

以下我们将讨论作为人文社会科学方法论的事实与价值关系的难题及其解答。我们可以从哲学的角度去考虑事实与价值的关系，但是当从人文社会科学研究的方法论的角度去讨论事实与价值的关系的时候，这确实是一个难题，有的人甚至认为这是一个悖论。怎么来解决，怎么来回答，笔者想通过这样几个方面来进行讨论。通过对这样一个问题不同的观点和回答进行考察，我们就能够找到我们应该走的路径。

第一，关于如何认识事实与价值的关系。不同的学派、不同的学者、不同的理论，对这个问题的认识是不一样的。我们可以大概区分出几种类型：一个是主观主义的价值论，一个是客观主义的价值论，一个是实用主义的价值论，还有一个是马克思主义的价值论。其中，马克思主义的价值论和实用主义的价值论从某种意义上来讲对事实与价值关系的判断有相似的地方。首先讲主观主义的价值论。主观主义的价值论一直强调事实与价值关系的二元论和二分法，也就是我们前面所谈的，区分出事实与价值，而且认为事实与价值是不搭界的，无法从事实判断推出价值判断，因为它认为价值主要归结为主体的需要，归结为主观的方面，割裂了主观和客观的关系，所以它要求严格区分出事实判断和价值判断，认为不能从事实判断推出价值判断。我们提到的休谟、波普尔、罗尔斯，都属于主观主义之列。比如，罗尔斯是一个分析主义者，当然有时候人们也不把他归结到主观主义中去。罗尔斯认为，事实判断不同于价值判断，事实判断是表达肯定或否定的句子，表达一个事实，是说"是什么，不是什么，怎么样"，这是事实判断；而价值判断是表达价值的句子，表达一种内心的情感，而不是陈述事实，所以它表达的是"应该、应当"等语气。两者不能相混，而且我们无法从事实判断得出价值判断，两者没有必然的联系，无法进行推理，无法进行推导。那么如何来看待这个观点呢？我们说主观主义，像休谟等人，把事实与价值区分开来是正确的，事实不是价值；但是主观主义认为"不能从事实判断推出价值判断"，这个结论是值得怀疑和追问的，这里没有说它是不对的，而是说这个结论是值得我们去怀疑和追问的。为什么呢？因为任何一个价值的判断，任何一个价值的选择都不是凭空产生的，不存在一个普适性的价值判断。任何一个价值判断，尤其是与人有关的价值判断，总是在一定的情境中、一定的环境中、一定的社会历史中、一定的社会关系中来做出，所以它必须以一定的事实判断为基础，以对情境的认识、对社会历史的时间空间的认识、对关系的认识的事实判断为依据。要做出价值选择必须认识客观现实，对事实进行研究，也就是说做出科学的事实判断是做出合理的价值判断的基础和前提。主观主义认为两者应该区分开、两者不能相混是对的，认为两者没有联系，不能进行推导，不能进行推理，不能由事实推出价值是有问题的，是要怀疑的，是要追问的。而客观主义呢，它不是二分法，它把价值等同于事实的属性，它与情感、态度、快乐等没有关系，否认价值的主观性的一面。所以，价值是由客观事实的属性所决定的，它和客观事物、事实是合而为一的，价值等同于事实的属性，是一元论的。

　　实用主义是一个需要特别注意的派别。杜威的《人的问题》① 以及《哲学的改造》② 反映了以他为代表的实用主义对事实与价值的关系的观点，它既不是主观主义的二元论和二分法，也不是客观主义的一元论，它对事实与价值的关系的判断采取了一种综合论证的观点，可以把它称作"综合论"。综合论的观点是什么呢？我们来看一下这里面表达的要点。第一，杜威认为主观主义把事实与价值截然分开，认为两者没有联系，不能推导、不能推理是不对的，所以他提出不能把事实与价值、事实判断和价值判断截然分开。那么他怎么来看待价值呢？在这方面，他不是去讨论价值是什么，而是去考察价值是怎样形成的，价值选择是怎样做出的。他认为，形成价值的过程，乃是通过人类的探究活动，把一个有问题的情境转变成一个解决了问题、达到了目的的情境的过程。这样，价值不是产生于主观的方面，也不是单纯来自客观的属性，价值产生于探究的活动。他把有问题的情境转变成一个解决了问题、达到了目的的情境的过程，这就使我们想起了他所讲的"反省思维"。杜威认为，人类认识外部世界，是一个反省思维的过程。人在社会上生活总是会遇到困境，有了困境就会产生问题，有了问题就要去探究、解决，解决问题就要提出假设，有了假设就要按照假设去活动，活动就要产生一个结果。人们往往把活动的结果和原先的假设进行比较，如果活动的结果和原先的假设是一致的，那么原先的假设就是真理；如果活动的结果和原先的假设是不一致的，那么原先的假设就不是真理，所以人要提出新的假设，重新进行活动，产生新的结果，然后再回过头来比较。这就是杜威的反省思维，也是杜威的科学方法赖以建立的一个哲学依据。杜威在教育学中讲到情境、问题、探究、解决、应用，这是他的科学方法的五步法，五步法就来自反省思维。综合看来，价值的产生是一个反省思维的过程，也是一个把有问题的情境转变成一个解决了问题、达到了目的的情境的过程。所以他说价值可以从现实的环境中观察到，而且可以用命题来进行表达。但是他接着又进一步认为，命题实际上分为两类，一类是事实判断，一类是价值判断，这就涉及事实与价值的关系。那么什么是事实判断呢？事实判断所表达的是什么呢？"事实判断表达价值所产生的条件和检验人们行为后果的事实或者情境。"仔细体会这句话的意思。事实或者情境，比如时间、空间、关系、状态，在什么情况下才能够达成价值，在什么条件下才能够做出选择。也就是说，价值产生的条件是什么，人们的探究活动会产生什么样的结果，这是事实判断。事实判断是对条件和结果的描述。那么什么是价值判断呢？价值判断则表达一种关系。

---

① 杜威. 人的问题 [M]. 傅统先，邱椿，译. 上海：上海人民出版社，2006.
② 杜威. 哲学的改造 [M]. 胡适，唐黄擎，译. 合肥：安徽教育出版社，2006.

什么样的关系呢？"是价值产生的条件和人们行为结果之间的关系。"这句话同样需要细细地体会。事实判断一方面表达了一个条件，另一方面表达了一个结果。价值判断表达什么？表达这个条件和结果之间的关系。也就是说，事实判断是陈述事实的，它陈述了价值的条件，陈述了行为的结果；但是价值判断则是根据事实来规定、指导人类的活动。在什么样的条件下会产生什么样的结果，根据事实来说明应该怎样活动、不应该怎样活动。想获得某种价值，想产生某种结果，就应该按照这种方式去活动，这就是由事实到了价值。应该走哪一条路，这就是一个价值选择的问题。但是这个价值选择不是凭空产生的，是根据事实的条件和对结果的描述，在建立起它们之间的关系的基础上做出的。所以，他说事实判断和价值判断是有区别的。价值依存于事实，价值判断就是根据规定来指导活动，这是他关于事实判断和价值判断的非常精辟而深刻的论述。一方面强调两者是不一样的，另一方面又强调价值判断建立在事实判断的基础上。如果没有事实判断对条件的描述，如果没有事实判断对结果的描述，价值判断这个联系就无法建立起来，如果一定要建立起来，那就是纯粹主观的东西。他认为价值是一种关系，这与马克思主义哲学的观点非常接近。所以从这个角度来讲，杜威对事实与价值关系的认识，实际上是一种关于事实与价值关系的综合的乃至辩证的看法。而这一点，与马克思主义关于价值问题的认识是很相似的。马克思主义从方法论上认为价值是来自实践的，价值是主观性与客观性、绝对性与相对性的统一，这是马克思主义的辩证法。从某种意义上讲，实用主义跟它是比较接近的。当然，在本体论上，实用主义是唯心的，它把世界的本质归结为经验，归结为"原始经验"或者是"纯粹经验"，而不归结为物质，它和马克思主义不一样；但是在方法论上，在思维的辩证性方面，关于事实与价值的关系方面，两者很相近。这里需要说明的一点是，杜威是一个很复杂的人，其思想也很复杂。在西方哲学史上，以杜威为代表的实用主义有时候很难归类，它是唯物主义的还是唯心主义的？是主观主义的还是客观主义的？是科学主义的还是人文主义的？人们发现在他的思想体系当中，把他归到哪一个领域都有道理，所以杜威的学说是一个很复杂的思想体系，在事实与价值的关系上也表现了出来。它强调事实与价值的联系，试图用一个综合的、辩证的方法看待事实与价值的关系，认为割裂开来是不对的，事实判断可以推出价值判断，事实判断是价值判断的前提。但是，杜威还有一个特点，他试图用科学方法来研究价值问题，要用科学方法来研究人生、研究社会。所以在《人的问题》这本著作中杜威讲了一句话，他说不仅要接受技术的科学方法，而且要接受人生的科学方法。这实际上就是说，要用科学方法来研究价值问题。杜威的科学方法我们刚才提到了，反省思维、五步法，本质上是自然科学的方法。杜威认为科学方法不仅可以认识事实，解决技术上的问题，也可以用来认识人生的关系和兴趣。从这个意义上来讲，他又是一个科学主义者，在学术归类的时候有人的确把实用主义归结到科学哲学的范畴里。但是杜威的哲学里有没有人文主义的内容？回答是：有大量的人文主义。这就是他的矛盾性。事实与价值的矛盾在杜威的思想里也淋漓尽致地体现出来。这是要谈的第一个方面。

第二，基于事实与价值的二分，人文社会科学研究的方法论要追求客观性，要做到"价值无涉"，这种观点典型的代表人物就是马克斯·韦伯和迪尔凯姆。韦伯的著作，给大家推荐《新教伦理与资本主义精神》① 和《学术与政治》②；迪尔凯姆的著作，给大家推荐《社会学方法的规则》③。在他们的著作中，他们对人文社会科学方法论的选择是：强调人文社会科学方法论要追求客观性，要做到"价值无涉"，要做到"价值中立"，这是这两个人共同的观点。首先我们看一下韦伯，他严格区分了事实与价值，严格区分了工具理性与价值理性，主张事实与价值二分法。他的二分法建立在什么样的基础上呢？建立在他对人类行为的分类基础上。韦伯把人类的行为划分为四种类型，这四种类型是有目的的理性行为、有价值的理性行为、富有感情和激情的行为以及习惯的行为。这四种类型实际上又可以分为两大类：理性的行为和非理性的行为。富有感情和激情的行为、习惯的行为属于非理性的行为，更多的是靠直觉，不需要去"思考"；有目的的理性行为、有价值的理性行为就是理性的行为。他对有目的的理性行为、有价值的理性行为的理解恰恰是区分了工具理性和价值理性，区分了事实与价值，有目的的理性行为是工具理性的基础，有价值的理性行为是价值理性的基础。他通过对人类行为的划分，区分了理性的行为和非理性的行为，从理性的行为中又划分出了价值理性和工具理性，而且他认为，价值理性是一种主观理性，主要是关于不同价值之间逻辑关系的认识和判断。这与休谟的观点很相似。价值理性是什么，是关于价值之间逻辑关系的认识和判断，就像休谟讲的，我们的认识只能观察到知觉和知觉之间的关系。那么韦伯说我们的价值判断是什么？是价值之间的逻辑关系。而工具理性是一种客观理性，主要是关于不同事实之间的因果关系的判断，一个是价值的逻辑关系，一个是事实的因果关系。韦伯和休谟是一致的，和波普尔也是一致的，认为事实的因果关系不能推导出价值判断，所以他在这方面也是主观主义的二分法。以此为依据，韦伯提出了一个观点，他说社会科学的研究要体现客观性原则，要拒绝承担价

---

① 韦伯. 新教伦理与资本主义精神［M］. 康乐，简惠美，译. 桂林：广西师范大学出版社，2004.

② 韦伯. 学术与政治［M］. 钱永祥，译. 桂林：广西师范大学出版社，2004.

③ 迪尔凯姆. 社会学方法的规则［M］. 胡伟，译. 北京：华夏出版社，1999.

值判断的任务，保持科学认识的客观性与中立性。韦伯的《社会科学方法论》①
反复地论述这个观点。由谁来承担价值判断的任务呢，他提出了一个概念叫文
化科学，由它来承担。他区分了社会科学和文化科学，就像本文一开始讲的，
人文学科和社会科学应该是有分界的。而社会科学，他说要强调客观，要强调
价值的中立，要保持科学认识的客观性和中立性。这是韦伯的观点，他代表了
"价值无涉""价值中立"的传统。

第二个代表人物是迪尔凯姆。迪尔凯姆主要用社会学的研究方法来讨论问
题，实质上是反映了人文社会科学方法论的问题。迪尔凯姆在《社会学方法的
规则》的第二章中讲述了关于观察社会现象的规则。第一章讲了什么是社会现
象，怎么来判断社会现象，他在判断社会现象的同时讲了如何去观察和研究社
会现象。迪尔凯姆说："社会学研究的最基本规则是，要将社会现象当作客观事
物来看待。"他说社会学的发展要经历一个"从主观意识阶段迈向客观实际阶
段"的过程。这就是说，要由思辨的、哲学的社会学方法，主观的、意识的社
会学方法逐步过渡到实际的、经验的社会学方法。他还说，各门科学都经历过
主观意识的阶段，这个主观意识的阶段有它的特点。他有一段话讲得很精辟：
"事实上，人类的思考总是先于科学存在的。"就像人文学科、哲学要先于自然
科学和社会科学一样，"而科学只是证实这些思考的方法。人类生活在大地上，
对周围的事物肯定要加以思考，否则就无法支配自己的行动。由于用观念来想
象事物，总比实际考察事物来得方便快捷，因此人们往往用观念来代替实际事
物，有时甚至把自己的想象作为事物的实质"。在教育学的研究中，有很多这样
的研究和结论，它们只是建立在逻辑和观念的基础上，没有事实加以支持，而
有些观念性的东西既不能证实也不能证伪。他说："一件事，须待观察、描述和
比较后才能了解的，人们往往只用思想去分析和综合；对于必须用实际的科学
考察才能掌握的事物，人们往往只进行意识形态的分析。并不是说，这种分析
方法完全排除了实际观察，只是这种方法往往思想在先，事实在后，引证事实
只不过是为了证明人们预先得到的观念或者结论，并非想把事实放在首位来研
究。"比如，我们做教育学的研究，可以找到100个事实来证明一个观点，但是
如果忽略了有另外一些事实可以否认这个观点，那么得出的结论是客观的吗？
是真理吗？这就是问题所在。所以，迪尔凯姆这段话很经典。"在这种方法中，
事实仅仅是作为思想验证的东西，而不是科学的对象，人们用观念估量事物，
而不是用事实归结出观念。"这就是所谓的科学的主观意识的阶段。他实际上区
分了事实与观念，也就是区分了事实与价值。此外，他说社会学目前仍处于主

---

① 韦伯. 社会科学方法论 [M]. 韩水法，莫茜，译. 北京：中央编译出版社，1999.

观意识的阶段，其他社会科学也有类似的情况。客观性是科学的出发点，主观意识的阶段是不行的，社会学的进步取决于客观性的事实。所以在迪尔凯姆看来，社会学的方法论应该是客观性的，应该是追求从事实归纳出观念，而不是预先有一个观念，然后去寻找特定的事实来证实它、证明它，而忽略了那些可以把它证伪的观念，那样做是不科学的。这就是迪尔凯姆的观点。韦伯也好，迪尔凯姆也好，在科学研究的方法论上，表现得非常明显，就是强调"价值中立""价值无涉"，强调客观性，要从事实出发，基于事实去进行研究，这是一种关于社会科学方法论的选择。当然杜威也可以划分到这个范围中，因为他主要用科学方法来研究价值。

第三，在事实与价值二分的基础上，人文社会科学研究方法论要追求主观性的原则，典型的代表就是狄尔泰。狄尔泰像韦伯一样，区分了自然科学和社会科学，但他和韦伯不同的是，韦伯把人类的知识区分出三种类型——文化科学、社会科学和自然科学，而他则把人类的知识区分为自然科学和精神科学。狄尔泰认为，自然科学是要说明、描述、解释有关事物及其原因的事实，它所解释的是关于事物和事物产生发展的原因，也就是因果关系，在这一点上大家的认识都是一致的；而精神科学则是要去理解人类生活的价值和意义，这一点和韦伯所说的社会科学研究的内容不同，一个是研究社会事实和因果关系，一个是研究价值和意义。他特别提出："人类生活是有意义的，这种有意义的人类生活构成了不同于自然科学的历史学和其他精神科学的基础。"[①] 他认为，历史和其他的精神科学是建立在人类生活有意义这样一个判断基础上的，正是因为人类生活是有意义的，所以才需要历史学和精神科学，有意义的人类生活构成了历史学和精神科学的基础。狄尔泰特别解释了意义，他说所谓意义是指："人类生活具有一种时间的结构，而所谓的时间，并不是钟表所标示的时间，而是指人类生活的每一刻都承负着对于过去的觉醒和对于未来的参与。"[②] 意义包括了感觉经验、思想、情感、记忆和欲望等，构成了生活的意义，成为精神科学和历史学的研究对象，所以时间这个概念在狄尔泰那里是一个历史的概念。他讲的精神科学类似于我们所讲的人文社会科学或人文学科。狄尔泰认为生活的意义无法靠实证的、科学的、经验的、归纳的方法把握，所以他提出了理解的方法，从而创立了解释学的方法论，把理解的方法作为把握人类生活意义和人类历史发展的基本手段。那么什么是理解呢？理解是一种内心的体验，是一种完全主观的活动。很明显，狄尔泰所追求的精神科学的方法论或者人文社会科学研究的方法论，是在事实与价值二分的基础上追求人文社会科学的主观性的

---

①② 韦伯．社会科学方法论 [M]．韩水法，莫茜，译．北京：中央编译出版社，1999：3.

一种方法，和韦伯、迪尔凯姆是对立的。我们前面提到的解释学的教育学，就是解释学的方法论在教育学研究中的应用所形成的范式，就是解释学的传统。这是另外一种观点，尽管同样强调事实与价值的二分法和二元论，但是他认为人文社会科学的方法论应该是主观的，他研究的对象应该是人类生活的意义，而且斩钉截铁地提出来，这些有意义的东西是不能用科学的方法把握的。他的这个观点有没有道理呢？有道理，但笔者是不同意的。价值问题也是可以用科学方法去认识的。价值也可以作为"事实"来研究，但是并不能把价值等同于事实，这是问题的关键。

第四，人文社会科学方法论的另一种可能的选择。笔者选择了两个观点，一个是景天魁教授在《现代社会科学基础：定性与定量》中所表达的一个观点。他在对社会与生活或社会与世界进行分层的基础上，强调综合事实与价值的关系，在不同层面上使用不同的方法论来进行社会科学的研究，把它叫作层次论①。他说如果我们撇开二元对立的观点，那么社会世界的二重性表现为多质多层次的复杂结构。具体来说，他把社会生活或社会世界区分为三个层次。其一，任何社会事实、时间乃至社会形态都具有特定的物质承担者，我们称之为社会生活的物质基础，比如说一台电子计算机，它不仅仅是一个自然存在物，还是一个社会存在物，它具有经济的价值，标志着科研和生产的发展水平，这个层面上的意义不需要做特别的解释，但是这个物所承载的蕴含着物化的意义，在这个层面上它属于社会生活的物质基础。其二，任何社会的事实世界乃至社会形态都具有意义层，这个意义层所蕴含的意义需要做出解释，比如，法律条文是刻于竹简之上、载入法典之中还是交流于执法人员之间，无关紧要，紧要的是如何解释法律条文的意义。其三，他说以上两个层面统一于人的活动中，而人的活动又存在于社会活动之中，其中有物质的社会关系也有思想的社会关系。但是关系不是凭空存在的，它既是物质的承担者又具有意义，二者在人的活动中达到统一，他把这个层面称为人的活动。把世界区分为三个层面，这种区分既有主客二分又有主客合一，人的活动也是和世界合而为一的，在人的活动中达到物质的、精神的和意义的统一，事实的和价值的统一。首先是强调主客二分，但是这两者之间不可能是严格分离的，它统一到人的活动中，所以人也是这个世界的一部分。这样他就既强调了主客二分，又主张主客不分，认为人本身是世界的一部分，而这一点恰恰是中国传统哲学和 20 世纪后期西方哲学在本体论上的一个最集中的体现。人文主义、存在主义、后现代主义也都有这样的特点，只有在这个层面上我们才能去讨论解决事实与价值之间的难题。如

---

① 景天魁. 现代社会科学基础：定性与定量［M］. 北京：中国社会科学出版社，1994：13.

果思维方式不变，永远局限在二分法和二元论中，就永远不可能找到答案。在人的活动中，现象和本质、主观和客观、事实和价值是融合在一起的，是分不开的，它们以人的活动为基础融合在一起，这就是他的思维方式和过去的二元对立的不同。在这个基础上，景天魁教授进一步把社会分层，然后把方法分层。他说自然科学的方法主要适用于社会科学的物质基础，自然科学的方法归纳了实证的、经验的、实验的方法，主要适用于社会生活的物质基础。人文社会科学的方法，如理解的方法、解释学的方法、体验的方法主要适用于社会生活的意义。无论是自然科学的方法，还是人文社会科学的方法，适用性都是有限的，它们不是放之四海而皆准的普适的真理。不能超出其适用的限度和范围，把某一种方法绝对化。认为某种方法可以适用于或者独占所有的科学研究活动，就会缘木求鱼，就会暴露出它的局限性。他还指出，由于社会世界的多质性和多层次性，以社会为研究对象的社会科学方法论应该是综合的，从层次论过渡到了综合论，把自然科学和人文社会科学的方法进行综合，这个综合不是简单的结合，而是在融合的基础上，创造出适合社会现象特质的综合的方法论基础，而《现代社会科学基础：定性与定量》一书后边的内容就一直在回答这个问题，即创造出来的综合的人文社会科学方法论的基础是什么？这是景天魁教授在他的著作里讲到的人文社会科学研究方法。当然他也讲到了人文学科和社会科学的差异。这是在单纯主观或单纯客观之外第一个试图把主客观综合起来的方法。

第二个是与这个观点非常相似的马斯洛的观点。马斯洛是人本主义的代表，他是在不同的背景中从不同的角度来讨论问题，也体现了认识的一致性。马斯洛在《人性能达的境界》[①] 这本书中提出"是"和"应该"可以实现融合与统一。怎么实现融合与统一呢？其一，从"是"过渡到"应该"。人首先要认识自己，认清自己的本性、能力、潜能、需要、愿望、欲望、意志、选择等。人本主义对人的主观性的研究是非常独特的，它开辟了心理学研究历史上从来没有仔细讨论过的若干基本范畴，所以我们才把人本主义心理学称作第三思潮。其二，要深刻地认识事实，因为事实会以其客观必然性给人的行为提出建议、提出要求，这和杜威的观点非常相似。事实判断可以指导人们做出价值判断，可以指导人们在价值的条件和行为的结果之间建立起逻辑联系，这是杜威讲的。而马斯洛说，事实会以其客观必然性对人的行为提出建议、提出要求。这表明他和杜威的观点是一样的。其三，马斯洛说事实创造"应该"，也就是事实创造价值。马斯洛在他的《人性能达的境界》这本书中特别提出，如何通过事实创

---

① 马斯洛. 人性能达的境界［M］. 林方，译. 昆明：云南人民出版社，1987.

造价值呢？人必须是在自我实现和高峰体验中才能完成事实创造价值的活动。所以，他和景天魁教授的看法是一致的，也就是说最终事实与价值统一于人的活动中，通过人的把握来把事实与价值统一起来。而且马斯洛最大的特点是进一步解释了人的活动是一种什么样的活动，是不是所有人的活动都能把握事实与价值？是不是在所有的情境之中都能把握事实与价值？是不是每一个人的活动都能把握事实与价值？不是，只有在自我实现和高峰体验之中、在审美的和创造的活动之中、在实践的活动之中才能完成事实与价值的创造。事实上，他也是既强调了主观的方面，也强调了客观的事实的方面。在人的活动中，在审美的、创造的、自我实现的、高峰体验的活动中，我们可以达成事实与价值的统一，这就是马斯洛的观点。

总之，关于人文社会科学研究方法论，在事实与价值的关系这个维度上存在着三种可能的选择：客观主义的，追求客观性原则，"价值中立的""价值无涉的"；追求主观性原则的，追求解释学的理解意义的体验方法；在承认事实与价值二分的基础上，试图讨论人和社会的复杂性、多质性、多层性，试图在人的活动上把事实与价值统一起来的综合方法。哪一种选择是最科学的？这里无法做出结论。怎么选择、怎么判断、怎么认识，需由研究者来决定。但无论如何，我们都要不断地进行审美的活动和创造的活动，不断地体验自我实现。这个问题是讨论的关键之所在，它对于建立起研究者自己的关于人文社会科学研究方法论的认识是极其重要的。

（四）拓展性思考："价值无涉"何以可能？

无论人文学科还是社会科学，真正要做到韦伯和迪尔凯姆所强调的"价值中立""价值无涉"是不可能的。所以，人文社会科学的研究要坚持事实与价值综合的辩证的关系论。这可以分五个方面来阐述。

第一，人文社会科学包括教育学既要研究事实也要研究价值，教育学既要研究教育事实也要研究教育价值，而不是非此即彼，这两个方面都是存在的，既有物质基础层又有生活意义层，都要研究，非此即彼的方法论是不妥的。

第二，要在事实判断的基础上做出价值判断，把价值判断建立在事实判断的基础上，要克服迪尔凯姆所讲的主观意识的阶段，要使价值判断以事实为基础，由事实判断推导出价值判断，或者由事实判断来证实或证伪价值判断，当然这非常困难，能否证实或证伪都是一个问题。杜威、景天魁、马斯洛都是这样的一个思路，即试图弥合二者之间的鸿沟。

第三，要把价值还原为事实，事实的研究也可以把价值作为研究对象，也就是要把价值作为事实来进行研究。当然这里不是强调客观论的事实价值一元论，认为事实就是价值，而是把价值作为事实来研究。比如某些国家往往通过民调去统计不同选民的政治倾向，80％的选民支持某一政党，10％的选民支持另一政党，把价值数量化，这就是把价值作为事实进行研究。又比如政策研究中的德尔菲法，有若干专家对各种不同类型的问题打钩，他们在打钩中对问题的判断包含了对价值的判断，他们所做的是价值选择，我们把若干价值选择变成数量统计就变成事实，而且事实的内容是什么？就是价值判断，所以我们要把价值作为事实来研究，把价值还原为事实，从而弥合事实与价值之间的鸿沟。

第四，用价值统率事实。当代西方的人文主义、精神科学、人本主义的传统，实际上都在强调一个很重要的问题，就是要用价值统率事实，包括质的研究方法的发展和探索都有这样的倾向。美国的永恒主义曾经提出过忠告，20世纪在美国是一个主义的世纪，从实用主义开始有若干不同的主义，如要素主义、改造主义、新托马斯主义、永恒主义、行为主义、新行为主义、分析主义、存在主义、人本主义、后现代主义等，其中永恒主义尤其思考了事实与价值的关系问题。它反思第二次世界大战所造成的破坏，认为实际上用最现代化的最新的科技发展破坏了人类自由、平等、博爱等最基本的价值。它说科学技术是一把双刃剑，科学的方法也是一把双刃剑，根本的问题是要看这些科学技术包括最新式武器掌握在谁的手中，掌握在具有什么样价值观的人手里。所以它提出一个忠告——所有的自然科学家都要接受人文主义的教育，这样才能保证人类未来发展的方向，保证科学不会造成道德的困境，保证科学不会变成反过来对人类的生活和基本价值造成损害的一个工具。在教育和人文社会科学的研究中，我们既要强调价值又要强调事实，哪一个更有优先性呢？用价值统率事实，价值具有优先性是本文特别强调的一个观点。价值具有优先性，在价值理性与工具理性之间，价值理性是具有优先性的。为什么价值理性具有优先性？因为事实判断告诉我们世界是什么样的，价值判断告诉我们在这样的世界里，我们应该怎么做出选择。哪一个更重要？我们知道世界是什么样子的和知道在这样的世界里应该做出什么样的选择，对于人生和社会来讲，后一个选择是更重要的，如果做出了错误的选择，就可能对自身、对社会造成伤害，技术和方法就会变成坏的东西，所以价值的选择是具有优先性的。

第五，以研究者或者人的主体性为基础，以人性的完美境界在审美的创造的实践情境中完成主观性与客观性、事实与价值的统一。真正能够达到事实与价值的统一要靠人的主体性，即在人的活动中达到事实与价值、客观与主观的统一。哈贝马斯提出了交互主体性和商谈伦理，杜威、马斯洛以及景天魁追求的都是这样一个结果。

在梳理历史理论和评价历史理论的基础上，上述五点应该是基本的原则。如果我们能做到这五点，就能处理好在人文社会科学包括教育科学研究中的事实与价值的关系问题。例如，在社会科学研究包括在教育政策研究中，"价值中立"是不可能的，即使所谓的政策知识分子，或者政策分析家，要想从事纯粹技术性的中立性的分析，也是不可能的。我们说政策研究可以分成三个层面、三种类型或三种角色——政策研究者、政策决策者和中间人，或者我们称之为政策分析者、政策知识分子。政策研究者不可能完全做到"价值无涉"，政策决策者也有自己的政治意识形态和政策价值，只有中间人被要求做中立性分析。政策研究者要做研究性分析，政策决策者要做初步分析，中间人要做技术性的中立性的分析，但是即使做技术性的中立性的分析，也不可能完全做到"价值无涉"。在讨论备选方案的时候，人们在讨论各个方案之间的优劣及其关系的时候，必然会受自己主观性的影响。从教育政策的角度来讲，实质价值和形式价值也就是价值理性和工具理性，教育政策也好，教育法也好，都具有实质价值和形式价值，也就是反映了价值理性和工具理性。这两者之间既相互联系又相互区别，而且在这两者之间，价值理性相对于工具理性来说具有优先性。为什么呢？因为"我们进行教育法制建设，应该全面认识法价值的两个基本方面，即价值合理性和工具合理性"①。这里用的是合理性概念，实际上，价值理性和工具理性也是一样的。"价值合理性（实质价值）要通过工具合理性（形式价值）体现出来，法律正义要通过法律秩序来实现；而工具合理性又必须以价值合理性为其存在的根据和基础，并在自身的形式中蕴含价值合理性的特征，即法律秩序又必须是正义的秩序，只有承认法律秩序必须是正义的秩序，才能从根本上消灭恶法亦法的认识和现象。"② 如果程序本身不是正义的，那么法也不是正义的。"另外，从某种意义上讲，在价值合理性和工具合理性两个方面之间，价值合理性具有一定的优先性。"③ 为什么价值合理性具有一定的优先性呢？"因为任何的工具合理性或法律秩序必须在法律规范被社会成员普遍认可、接受并自觉遵守时，才能形成客观的法律秩序。"④ 如果不接受，它就不能形成社会秩序，不能作为社会秩序的规范，它就可能被废除。"而社会成员能否认可、接受并遵守法律规范的一个前提就是，法律规范本身追求的法律秩序必须蕴含着全体社会成员所追求和理解的社会正义的价值理想，否则法律体系就可能丧失其权威性和有效性……或者说，人类任何工具合理性或社会秩序都必须是正义的工具合理性或社会秩序。正是在这个意义上，价值合理性相对于工具

---

①②③④　刘复兴. 实质与形式：两类基本的教育法价值 [M]. 北京：教育科学出版社，2002：202.

合理性具有优先性。"① 那些不正义的、不符合人类基本价值的工具合理性不能形成稳定的社会秩序。正是从这个意义上讲，价值理性、价值涉入对事实来讲具有优先性。尤其是教育学的研究，它关注的是人的发展问题，关注的是社会发展问题，其中人性的张扬、价值的选择和价值的冲突不可避免，教育的领域、人生的领域和社会的领域到处充满了价值和选择，到处充满利益关系和价值冲突。因此，我们的研究活动不可能摆脱人的需要，不可能摆脱个人选择和集体选择而保持"价值中立"。关键在于，在讨论价值涉入问题时，我们不要忘记把我们的价值判断建立在事实判断的基础上，把价值作为事实来研究，用研究者自身的主体性、创造性、交往理性来把握事实与价值的关系，实现事实与价值的融合。如果我们走向另一个极端，那么讨论价值涉入本身也会遇到方法论的困境。

二、国家与市场的关系

国家与市场的关系是人类进入现代社会以来政治学、政策科学研究的一个重要主题。特别是 20 世纪以来，在这个主题上，国内外都经历了许多包括教育政策在内的重大变革。

（一）20 世纪迄今的教育改革始终贯穿"国家与市场"这一主题

20 世纪以来，世界范围内的教育改革此起彼伏。从美国来看，首先是 20—30 年代以杜威思想为指导的教育改革，这是一种自由主义与自然主义的教育改革。其次是 1958 年《国防教育法》颁布以后，50—60 年代布鲁纳的课程与教学改革，这次改革把教育作为国家增强国防的一种手段。再次是 80 年代颁布《国家在危急中：教育改革势在必行》，开展标准运动，提高和制定全国统一性的教育标准。最后是《2000 年美国教育战略》颁布与 2002 年《不让一个孩子掉队法案》（NCLB）实施，开始制定统一的国家教育目标，同时设立家长择校项目。其中，由于深受自由主义、新自由主义以及崇尚自由市场、自由选择文化传统的影响，特别是在 20 世纪 70 年代末期以后，市场机制深度介入美国教育领域，逐步形成了公立学校的私有化运动。允许跨区择校，建立契约学校、特许学校、磁石学校、家庭学校，实行教育券制度，建立营利性教育公司等是这一运动的具体表现。英国也不例外，20 世纪 80 年代以来，在撒切尔主义（新自由主义在英国的代名词）的影响下，英国开始了以市场为导向的教育改

---

① 刘复兴. 实质与形式：两类基本的教育法价值［M］. 北京：教育科学出版社，2002：202.

革。1988 年英国颁布《教育改革法》，1992 年颁布《继续和高等教育法》，试图建立一种"完全面向市场的教育体制"（a fully market-oriented system）。在高等教育领域实施对大学的公共补贴，削减高等教育的政府拨款 15％，把高等教育作为产业，扩大留学生规模并提高高校收费标准。在基础教育领域实施学校的地方化管理，向学校或董事会下放权力，按学生数向学校拨款，家长与学生自由选校，定期公布学校相关信息。但 1997 年，布莱尔政府的教育改革开始强调实施让小学生"提高计算能力和读写能力"的战略，开始重视教育的国家目标。

20 世纪以来，以英美为代表的欧美国家的教育改革，从 1929 年为应对大萧条而采取的罗斯福新政开始到 70 年代末期，主线基本上是在凯恩斯主义大背景下强调国家与社会目标，美国的《国防教育法》、布鲁纳的课程与教学改革以及对美国教育改革具有持续性重大影响的要素主义的教育改革主张都是比较典型的代表。实际上从 20 世纪 60 年代末的两次石油危机开始，以欧美国家为代表的发达国家长期奉行的高福利发展模式受到挑战，国家包揽一切的做法难以为继，欧美国家为了解决国家、社会经济发展中的难题，借助市场力量实施社会、经济改革，管理领域在 70 年代中期兴起的行政现代化改革以及后来的新公共管理主义都是这个趋势的一种反映。从 20 世纪 70 年代末开始，新自由主义（又被称为撒切尔主义或者里根主义）取代凯恩斯主义在欧美盛行。上述英美等国家在教育改革领域引入市场因素的做法，大致上都是这种趋势的结果。直到 20 世纪 90 年代中期，新自由主义在西方才得到反思与调整，由此产生了所谓的"第三条道路"。2008 年国际金融危机进一步强化了这种趋势。在这个过程中，如何处理教育改革中国家与市场的关系，保障国家的、公益性的、公平正义的教育目标始终贯穿其中。目前来看，随着二战以后建立起来的国际格局的调整，经济全球化、经济贸易一体化与教育国际化趋势的调整，加之新冠肺炎疫情所带来的不确定性，国家与市场的博弈变得更为复杂了。

中国也不例外。中国的改革开放恰恰是在 20 世纪 70 年代末期世界范围内开始盛行新自由主义的时候开始的。教育领域的改革则是从 1985 年印发《中共中央关于教育体制改革的决定》开始的，1993 年颁布《中国教育改革和发展纲要》，市场机制对教育改革的影响日益明显。一是民办教育得到了比较快的发展。二是中外合作办学从无到有。三是资源配置机制市场化，如出现转制学校、试行教育券制度等。四是高等教育领域引入市场机制尤其突出，如 1999 年的高等教育招生并轨建立成本分担制度，国家允许高等学校贷款扩招，2003 年出台《中外合作办学条例》和《关于规范并加强普通高校以新的机制和模式试办独立学院管理的若干意见》等。五是资本逐步深度介入教育领域，如教育集团办学、校外培训机构崛起以及上市运作等。

整体来看，改革开放 40 多年来，市场机制对中国教育改革的影响大致可以概括为以下一些方面：（1）以权力转移为特征的基础教育体制改革；（2）以人的发展为本的素质教育改革；（3）以参与、创新、建构、选择为特征的新课程改革；（4）以市场为导向的高等教育改革；（5）以开放性为特征的教师教育体制改革；（6）重视市场与企业参与的职业教育改革；（7）社会化与市场导向的学前教育改革；（8）事业单位改革背景下的教育人事与管理制度改革；等等。

（二）教育民营化及其制度特点[①]

1. 教育民营化

教育民营化是 20 世纪 70 年代中期以后世界主要国家在教育改革中的一项重要政策选择。作为一种政府行政改革的理念，民营化（privatization）是公共选择理论和新公共管理理论的基本观点之一。其中，公共选择理论更多地关注政府与社会的关系，主张打破政府对公共物品和公共服务的垄断，通过非市场的集体选择（公共选择）来提供公共服务。新公共管理理论则更多地关注政府与市场的关系[②]，它同样主张打破政府对公共供给的垄断，要求在政治领域引入市场机制，由政府选择和市场选择共同提供公共服务。民营化的根本目的就是打破完全由政府垄断提供公共产品和公共服务的状况，实现公共产品和公共服务提供机制的多样化。民营化至少包括两种制度选择倾向：一是公共选择理论的选择，民营化意味着利用非政府的社会选择（如第三部门和非营利组织）打破政府对公共服务的垄断；二是新公共管理理论的选择，民营化意味着利用市场机制打破政府对公共服务的垄断和利用市场机制改造传统的政府及其附属机构的运作模式。所以，从完整的意义上说，教育民营化本质上就是利用社会选择机制和市场机制来打破传统上政府及其附属机构对公共教育的垄断，形成一种包括社会选择和市场机制在内的多样化的公共教育供给机制。其中，在教育领域（包括传统的公立学校系统）引入市场机制是教育民营化的一个重要含义。目前世界上许多国家的教育改革正是力图在教育中引入市场机制，来提高传统的建立在科层制度基础上的公立学校的效率和质量，在教育领域中引入社会资本（或资金）来减轻政府公共财政的负担，为公众提供更多的、可供选择的、高质量的教育机会。

---

① 这部分内容曾发表于《北京师范大学学报（社会科学版）》，2003（5）。

② 萨瓦斯. 民营化与公私部门的伙伴关系［M］. 周志忍，等译. 北京：中国人民大学出版社，2002.

2. 教育领域引入市场机制的可能性与现实性

（1）理论上的可能性。

教育领域引入市场机制是否具有合理性与可能性？这是引起学术界和教育政策实践领域广泛争论的问题。即使在市场理论和市场经济发展最为激进和成熟的美国，提出对公共教育和公立学校系统进行市场化的改革都曾经而且正在招致许多激烈的批评①。从 20 世纪 80 年代初开始的教育本质问题的争论到目前为止，我国学术界仍然在争论教育能否产业化、能否市场化的问题。但是，公共选择理论和新公共管理理论关于"集体选择"、"公共物品分类"、"政府职能"和"公共事务民营化"的观点，已经在理论上较为充分地论证了在教育领域引入市场机制的可能性。

人类在社会生活中所使用的一切如实物、信息、教育、习俗、制度、法律等都可以被称为"物品"。经济学理论一般把人们所需要的物品区分为私人物品和公共物品。按照物品消费竞争性和效用可分性的"程度"，公共物品又可分为纯公共物品和准公共物品。公共选择理论认为，市场可以有效地为公众提供私人物品。公共物品的效用不可分性和消费的非排他性，决定了追求利润最大化的营利组织如果生产和分配公共物品就会无利可图，导致营利组织不能有效率地提供公共物品，即存在市场局限或市场失灵的现象。公共物品不能通过私人交易即通过市场提供，而必须通过集体选择提供。不同性质的公共物品应该由不同的社会主体来提供。纯公共物品必须是由政府组织这样的单一主体来提供的物品，因此又称为垄断性公共物品；准公共物品则是可以同时由多个非营利组织提供的物品，由于非营利组织可以由多类主体组成，因此准公共物品又可称为非垄断性公共物品。

按照上述的分类标准，现代社会中的教育具有多样化属性，且具有非垄断性。在不同的教育领域中，教育具有不同的性质。现代义务教育制度把义务教育界定为由国家规定和保证的人人必须接受的教育。所以，义务教育对所有适龄儿童来说具有非竞争性和非排他性，义务教育是应该完全由政府提供的具有垄断性的公共物品。而在非义务教育领域，人们的教育消费则体现出明显的竞争性、排他性和非垄断性，教育是非垄断性公共物品，甚至在某些特定环境中具有私人物品的特征。现代社会教育属性的多样化，说明教育不应完全由国家或政府垄断提供。从理论上来说，教育既可以利用政府机制提供，也可以利用市场机制提供；既可以由政府组织提供，也可以由非营利组织或营利组织提供。尤其是在现代社会，人们在非义务教育领域的教育需求的急剧增长，教育主体

---

① 丘伯，默. 政治、市场和学校［M］. 蒋衡，等译. 北京：教育科学出版社，2003.

的多样性和教育需要的多样化，使政府不可能单独高效率地提供教育服务，要求通过多个主体和多种机制为人们提供教育服务。

新公共管理理论关于政府职能转变、公共事务民营化和利用市场机制改造包括政府机构在内的公共部门的观点，也为市场机制介入教育领域（包括公立学校系统和义务教育阶段的改革）提供了理论依据。新公共管理理论强调现代社会的政府应不断转变自身职能。转变政府职能的根本目标是实现"公共供给"提供者的多元化，即把原来由政府承担的一些公共管理职能交给社会和市场来承担，形成由政府、市场和社会组织共同提供包括教育在内的公共服务的格局，以克服政府垄断提供公共服务所造成的低效率和低质量。一般来说，公共服务可以分为四种类型：（1）宪法明文规定属于政府职责范围，而又没有其他竞争者的公共服务项目，如国防、民政、民族事务等；（2）宪法明文规定属于政府的职责，但同时有其他竞争者存在的公共服务项目，如文化教育、医疗卫生、体育以及城乡建设等；（3）宪法没有明文规定是政府职责，而又存在许多市场竞争者的公共服务项目，如影视业、娱乐业、旅游业和通讯业等；（4）宪法既无明文规定是政府的职责，但社会上又缺乏实际竞争者的公共服务项目，如高等教育、科研事业、消防环保等[①]。对于其中必须由政府来提供的具有排他性和非竞争性的公共服务，应作为政府的基础性职能由政府承担全面责任；而对于可以由政府和其他社会组织共同提供的具有竞争性的、选择性的公共服务，则应按照兼顾效率和公平的原则，主要由市场组织、自治性和半自治性的社会组织来提供。

"在政治领域引入市场机制"是新公共管理理论的一个重要特征，或者说是新公共管理实现"替代直接的公共供给"的一种主要措施。所谓"在政治领域引入市场机制"可以从两个方面来理解：一是把传统上完全由政府直接提供的公共物品进行分类，其中一部分公共物品不再通过政府选择的方式提供给社会，而是改由市场机制来提供，或者通过政策与制度的创新（如委托代理、政府采购等）把部分公共物品转化为私人物品利用市场机制来提供。二是在政府机构内部和政府机构之间引入竞争机制，赋予下级部门和职员更多的自主权，以保证政府部门能够高效率地直接提供包括教育在内的公共服务。这种形式就是盖伊·彼得斯所描述的"市场式政府"[②]。

现代社会教育属性的多样化、政府职能转变的需要和公共事务民营化趋势，要求教育领域的资源配置方式和教育运作模式应该是政府选择、社会选择和市

---

① 金太军. 政府职能梳理与重构［M］. 广州：广东人民出版社，2002.

② 彼得斯. 政府未来的治理模式［M］. 吴爱明，夏宏图，译. 北京：中国人民大学出版社，2001.

场选择的合理平衡。政府及其附属机构、非营利组织、营利组织分别利用不同的选择机制为社会公众提供教育服务，实现各自的目的。教育活动完全可以与市场机制联系起来，市场机制是现代社会提供公共教育服务的途径之一。

(2) 实践中的现实性。

20 世纪 70 年代以来，在世界范围内，教育与市场机制的结合已经成为不争的事实，在教育领域引入市场机制已经成为世界教育发展的一个重要趋势。美国、英国、新西兰、澳大利亚、瑞典等国家在重建其公共教育的过程中都不同程度地和用不同方式引入了市场机制[①]。这种世界范围的教育民营化趋势，在强化国家对教育内容等领域主导的同时，一般的做法就是把市场机制引入教育领域，为教育创造一个更具竞争性的类似市场的环境，把教育朝着自由化方向推进。具体的做法往往是，一方面要实现公共教育权力的转移（或称为放权），即将教育的具体管理、运营权限进一步下放给学校，以使学校类似市场竞争中的独立企业一样，拥有可以进行创造性活动的充分的自主权和独立性。另一方面是允许自由择校，即建立家长自由选校制度，扩大家长替子女自由选择学校的权利与机会，以使家长、学生如同市场上的顾客、消费者一样，成为教育的消费者[②]，而不再仅仅是受教育者。

从国内的教育改革来看，改革开放以来，在从传统的计划经济体制向社会主义市场经济体制过渡的进程中，民办高等学校已形成了三分天下有其一的发展格局。在义务教育领域和学前教育领域，也有相当数量的民办学校存在。民办学校的发展充分表明，我国教育资源的配置方式已逐步由传统的单一政府机制主导的资源配置方式转变为政府机制和市场机制共存的资源配置方式。甚至在有的地方（如浙江省长兴县）目前已经开始利用实施"教育券"制度来改革传统的教育投资体制，试图建立一种公立学校与民办学校、普通学校与职业学校之间公平竞争，学生自由选择学校的新型教育制度。国家宏观教育政策层面已经初步形成了在教育领域引入市场机制的政策环境。

（三）市场化进程中教育改革的制度选择及其问题

新自由主义影响下的私有化、市场化、自由化在世界范围内对教育产生了深刻的影响。一是竞争机制的出现，二是越来越多的选择，三是管理上的权力下放与权力分散，四是产生了付费、追求利润乃至资本的运作，五是对教育机

---

① Geoff, W., Sally, P., David H. Devolution and Choice in Education: the School, the State, and the Market [M]. Buckingham: Open University Press, 1998.

② 郝克明, 等. 新世纪教育展望: 96 国际学术报告会 [M]. 南宁: 广西教育出版社, 1997.

构提出了服务与回应性等要求。所有这些，无一不是在私有化、市场化与自由化这样一个改革方向的影响下产生的。

一般而言，市场机制的强化往往会提高资源配置的效率，但又会带来更大的社会竞争与差距，在一定程度上会对教育公平正义产生不利影响。一是市场带来的竞争、选择与权力分散赋予强势群体在竞争中的某种"特权"。在学校之间、人（群）之间竞争能力、选择能力存在显著差别的情况下，竞争机制和选择机制一方面可能加剧学校（公办与民办、重点与非重点）之间发展的差别，另一方面可能加剧现有社会分层，并导致新的社会分层。二是社会资本追求利润甚至进行资本运作可能损害教育公平。三是教育部门和学校之间的质量竞争与追求绩效会影响教育公平。四是市场机制强化了学校"再生产生产关系"和复制社会分层的功能。

法国学者布迪厄分析了这种新自由主义政策造成的恶果[①]。一是同经济学家们的分析相反，现实世界及其实施新自由主义伟大神话的直接而可见的后果却是：在大多数经济发达国家中贫困人口所占比例日益增大，人们的收入差距超常增大。二是文化生产的自主领域也由于商业价值入侵而逐渐消失。三是各种集体机构有解体的倾向。这些集体机构主要是国家机构，它们是同公共领域的理念相关的所有那些普遍性价值的承担者。四是无论在经济领域还是国家的上层领域，人们都被迫接受道德达尔文主义作为一切行为和行动的准则。这种道德达尔文主义狂热地崇拜成功者，并将一切人反对一切人的战争和愤世嫉俗思想制度化了。

当然，美国的阿普尔在讨论美国的《不让一个孩子掉队法案》时，也从另一个侧面提出了美国联邦政府强力控制教育就等于一场灾难的观点[②]。一是联邦政府拨款不足，州政府压力大；二是联邦政府开始对教育实行集权化管理；三是联邦政府强制推行了许多不合理的计划；四是降低了教师的能动性，教师正逐渐丧失自主开发课程的能力，教育变成了应试教育；五是标准运动是一种退步，以学生为中心变成了以标准、教师和教科书为中心。

可以看出，20世纪70年代末期以来的教育改革的历史表明，国家控制教育与市场机制介入教育都是一把双刃剑，关键是用得好还是用不好。它们之间关系的本质特点就是在国家控制教育与市场介入教育之间做出不同程度的政策选择。尤其是70年代末期以来在教育改革中引入市场机制成为一个趋势，很多

---

① 何增科. 法国学者布迪厄谈自由主义的本质 [J]. 国外理论动态, 1999 (4)：15-17.
② 周文叶, 兰旋. 批判教育学视野中的美国教育政策：美国威斯康星大学阿普尔教授访谈 [J]. 全球教育展望, 2009, 38 (12)：3-6.

人称之为教育的市场化或者民营化。其核心问题表现为国家对市场介入教育的监管与控制，其本质是国家对市场竞争所造成的教育差距的焦虑以及对教育公平、教育共享的保障。2021 年 7 月 24 日，中共中央办公厅、国务院办公厅印发的《关于进一步减轻义务教育阶段学生作业负担和校外培训负担的意见》则是新时代我国宏观教育政策应对这个问题的最新反应。

（四）中国教育改革的政策选择及其理论自觉

中国应该走一条不同于欧美国家的教育改革道路。这是因为中国教育改革所面临的问题与欧美国家是不同的。

20 世纪 70 年代在欧美兴起的新自由主义的目标是解决凯恩斯主义所带来的资源配置效率低、社会福利负担重等问题，其特点是扩大市场与社会的自由选择，提高资源配置效率，但却带来了公平程度低与社会差距大的后果。

反观中国，新中国成立后的前 30 年，完全是国家控制教育，没有市场选择机制，教育公平程度比较高，教育是一种社会福利，但属于低水平的福利。改革开放以后，市场机制逐渐深度介入教育改革，教育资源配置效率大大提高，教育质量提升很快，但之前作为福利的教育受到较大影响，教育公平受到极大挑战。因此，中国教育改革的目标应该是追求更高水平的教育福利，同时追求更多样化的教育选择。其本质上与欧美国家是不同的。因此，我们应该找寻一条与凯恩斯主义、新自由主义不同的道路，即一种平衡、公平与共享的教育政策。所谓平衡，就是要寻求国家（政府）责任与市场限度之间的平衡。所谓公平，就是要把教育公平正义作为国家的基本教育政策并保障其优先性。所谓共享，就是全体人民共享教育改革发展的成果。

1. 在公共教育权力转移的背景中保持教育政策的有效性①

公共教育权力变迁引发的新的教育问题，要求转变教育政策活动的范式和做出新的制度安排。那么，在社会转型和公共教育权力转移的背景中，教育政策范式要做怎样的改变，教育政策活动要提供什么性质的制度安排，才能保证在新的社会条件下教育的公益性和教育利益分配的公平？

（1）转变政府职能，调整公共教育权力结构。

改革开放的实践表明，当代我国的社会转型是不可逆转的。在教育领域，公共教育权力转移的进程正在深入发展。为有效应对在这个进程中产生的新问题，政府的教育行政应发挥主导作用，主动引导改革的进程，而不是被动适应这种社会的变革。因此，必须在教育体制改革的基础上，根据社会转型的需要

---

① 这部分内容曾发表于《教育研究》，2003（2）。

进一步调整公共教育权力结构，立足于从体制内部的权力下放和向体制外部的权力转移两个方面建立一个均衡的公共教育权力体制。一是下放政府的公共教育权力，改变过去以命令和服从为主要特点的权力关系，在政府各级行政组织机构之间、中央和地方之间建立以命令、指导、监督为特征的权力关系，以最大限度地提高地方各级政府组织和人员的积极性。二是将政府的公共教育权力向市场领域和社会领域转移，在非义务教育领域，改变主要由政府垄断公共教育的状况，把过去由政府提供的具有竞争性的、选择性的公共教育交由市场和社会提供，在政府与市场、社会、学校之间建立以参与、协商、谈判、监管为特征的权力关系。

（2）把保证教育的公益性和教育公平作为教育政策的基础性目标。

在新的社会条件下，公共教育权力变迁对教育政策的挑战有：一是市场领域的教育活动追求私人利益而可能对教育公益性造成损害；二是在市场力量、社会选择和参与介入教育领域的条件下，教育公平方面会产生更为复杂的问题。因此，保证教育的公益性和教育公平是解决教育领域新问题的关键。教育政策应改变把教育公益性与通过教育活动追求私人利益尖锐对立起来的倾向，在追求公共利益和追求私人利益之间寻找一个结合点，提供合理的制度安排把市场领域中追求私人利益的教育行为导向实现公共利益的方向。这是把社会资本引入教育领域的一个基本条件。另外，教育政策必须做出新的制度安排，比如建立可选择性的教育制度、弱势补偿制度、教育机构之间公平竞争的制度、地区之间教育资源配置的均衡制度等来保证新的社会条件下的教育公平。

（3）改变教育政策活动中"受益人缺席"的状态。

在教育政策活动中，"受益人缺席"的状态往往会限制教育政策的利益相关者表达其多样化的利益诉求，从而危害教育公平。为了使各类教育利益相关者自由表达他们的利益诉求，除了重大教育决策实施教育行政听证制度和咨询制度以外，应在各级教育决策系统特别是学校管理的决策活动中建立教育行政听证制度、咨询制度和监督制度，保证教师、家长、学生、社区人员等能够参与教育的公共管理，并对公共教育权力的行使进行监督。

（4）改变教育政策做出制度安排的路径。

在教育政策活动中，政府选择作为唯一的选择模式，提供的主要是"外在制度"。所谓外在制度，是指由政治共同体的政治权力机构自上而下地设计出来、强加给社会并付诸实施的规则①。提供外在制度的过程是一种设计和执行

---

① 柯武刚，史漫飞. 制度经济学：社会秩序与公共政策［M］. 北京：商务印书馆，2001：119 - 130.

规则的政治行为，也就是一种教育政策活动。在"国家共同体"时代，以唯一的政府选择为特征的教育政策范式提供的主要是外在制度。而在社会转型和公共教育权力变迁的背景中，仅靠外在制度显然不能应对社会和教育环境的变化。因为，在市场领域和社会领域存在大量的内在制度有效地规范着人们的行为。所谓内在制度，是指群体内随经验而演化出来的规则，它往往是被横向地运用于平等的主体之间①。在社会转型的背景中，教育政策要有效地解决新的教育问题，就不能忽略内在制度或"制度的内生性"问题。因此，教育政策活动必须在提供外在制度安排的同时，具备促进和引导内在制度供给的品质。在特定的情境中，教育政策活动应实现"外在制度的内生化"，即要实现政府选择和市场选择、社会选择的平衡。在一些特定的情境中，应模糊外在制度供给和内在制度供给的界限，追求外在制度和内在制度的"趋同"，而不是简单地用外在制度取代内在制度。

2. 强化政府教育公平责任，保障市场条件下的教育公平②

为了全面落实政府对教育公平的责任，政府应直面和突破政策与制度性障碍，而不是绕过或漠视现有的政策与制度性障碍。

(1) 明确界定政府的教育公平职责。

应努力改变政府的经费保障职能不到位的现象，改变中小学集资办校、收费办学的状况，投资于基本的教育公共服务与基础设施，均衡配置教育资源，使政府成为教育经费尤其是义务教育经费的首要责任者和最终保障者。应努力改变政府规制市场的职能缺位的现象，使政府成为市场失灵的规制者，保障市场机制在实现私人利益最大化的同时，实现教育的公平，或者防止市场因素损害教育公平。应努力改变政府推进教育公平的职能错位的现象，把教育公平作为最基本的政策伦理，保障教育的底线公平与机会公平，不断提高教育公平的水平。应努力改变各级政府教育职能没有很好定位的现状，明确、具体划分各级政府的相关责任，保护和扶持教育中的处境不利人群。应努力为全社会提供多样化的教育服务，把能否促进教育公平和教育均衡发展作为评价各级政府教育工作的一项基本指标。

(2) 推进教育决策与政策实施的科学化与民主化。

公平的教育政策是科学的、民主的教育政策。提高教育政策决策的科学化与民主化是教育改革发展和提高教育领域执政能力的必然要求，也是促进教育

---

① 柯武刚，史漫飞. 制度经济学：社会秩序与公共政策 [M]. 北京：商务印书馆，2001：119 - 130.

② 这部分内容曾发表于《北京师范大学学报（社会科学版）》，2009 (1)。

公平的基本要求。重大教育政策决策的科学化与民主化是关乎提高党和政府在教育领域的执政能力和保障我国教育事业健康发展的一个重大问题。为了全面贯彻落实习近平新时代中国特色社会主义思想，切实保障和促进我国教育的持续、健康发展，必须进一步加强我国重大教育政策决策的科学化与民主化。

一是努力改变教育政策的城市偏向、高等教育偏向、公办教育偏向以及精英教育与效率优先的特征，努力提高教育决策的民主参与程度。其中，各级政府应该对过去若干偏颇的重要政策与制度安排做出适度调整。

二是建立科学合理的教育决策与政策实施制度。比如建立重大教育问题的预警机制，以及时、准确地预测与把握可能出现的重大教育问题。建立重大教育政策决策的实证调研制度，以帮助决策者全面、准确地认识政策问题之间的联系，制订科学、有效的政策方案。建立重大教育政策决策的咨询制度和论证制度，以充分发挥智囊机构和专家学者的作用。建立重大教育政策决策的公众听证制度，以保证多样化的教育政策相关利益群体参与和了解决策进程和政策诉求。建立重大教育政策执行评估与改进制度，以不断改进政策设计的科学性，提高政策的有效性。

三是完善现有的教育信息统计管理系统，把教育公平状况作为教育信息统计调查的一个基本维度。改进教育信息统计调查中缺乏反映城乡之间、区域之间、校与校之间、人群之间教育差距的权威统计数据的状况，把反映城乡之间、区域之间、校与校之间、人群之间教育差距的统计数据作为国家教育信息统计调查系统的一个基本向度。

四是改变"精英决策"模式，引入"渐进决策"模式。实现教育政策决策与实施中政策"突变"和"渐进调整"的结合，增强政策的稳定性和对于新的教育政策问题的适应性。

（3）建立政府主导下市场与社会力量充分参与的教育公共治理模式。

现代政府机制本质上是以强制追求公共利益，政府的强制机制是实现公共利益的保障，在政府的基础性教育职能中，保障教育公平是最重要的职能之一。而且它必须实现公共利益，才有自身存在的合法性。市场机制本质上是以志愿追求私利，但市场是一把双刃剑，它既可以通过增加教育供给和提供多样化的教育服务促进教育公平，又可能因为追求私利、追求效率、强调竞争和选择而损害教育公平。在一定条件下，社会机制的广泛参与有利于实现教育公平。市场机制与社会参与机制要促进教育公平，依赖于政府机制的主导作用与调控作用的发挥。

为了推进教育公平，应充分发挥政府的主导作用，合理处理政府机制、市场机制与社会选择机制的关系，建立以政府主导、市场介入、社会参与为主要特征的教育公共治理模式。

政府应发挥主导作用。政府要对教育实施宏观调控，为全体公民提供基本的教育服务，营造公平竞争的教育制度环境，促进受教育机会的公平分配，保障教育的公共性。应实现政府角色的多样化。政府既可以作为教育服务的生产者、提供者，也可以作为教育服务的购买者、管理者与监督者。政府有责任加强对市场提供公共教育产品的行为的激励和监管，并建立完善的学校税收制度引导和保障教育领域的营利性行为，实现教育的公益性。

充分利用市场机制促进教育公平。鼓励市场领域的营利性组织参与提供原来由政府负责的非义务教育产品，可以允许有条件的营利性组织参与义务教育产品的提供。形成政府与市场共同提供非义务教育产品的格局。在教育领域引入市场机制，允许非义务教育阶段学校利用市场机制配置教育资源，形成由政府机制与市场机制共同配置教育资源的格局。在各级各类学校和其他教育机构之间引入竞争机制，在提供义务教育产品的学校和其他机构之间也引入竞争机制，并且政府应保障学校之间平等竞争的制度环境。政府应为教育领域尤其是营利性民办学校的市场化经营行为提供合法性保障，从政策和法律上认可教育领域非政府办学的营利行为的合法性。

鼓励社会力量积极参与教育的公共治理。积极鼓励非营利性社会组织、中介组织参与提供教育服务，形成政府与非政府的公共选择合作提供公共教育服务的新格局，克服政府失灵与市场失灵，为公众提供多样化的教育服务。赋予社会力量参与教育决策与教育管理的权力，改变教育政策活动"受益人缺席"的状态，使公众尤其是处境不利的群体拥有表达其教育诉求的渠道，保障公众尤其是处境不利的群体的教育利益。充分发挥社会力量的监督作用，促进和保障教育公平。

3. 建立并规范教育的准市场制度①

（1）教育的准市场制度：条件与限度。

一般认为，市场机制是人类社会一种有效的资源配置机制。但必须指出的是，无论是利用市场机制有效地提供私人物品，还是利用市场机制来提供公共物品和公共服务，都是有条件的。就通过市场机制提供私人物品而言，必须在活动主体是"理性经济人"，完全竞争，生产要素充分流动，信息充分，交易费用是零，没有外部性等条件下，市场才会是最有效率的。制度经济学已经对这些条件及相应的制度安排做了大量的研究。就利用市场机制提供公共物品和公共服务而言，在市场选择与公共物品提供的目的之间往往存在天然的矛盾，这

---

① 这部分内容曾发表于《北京师范大学学报》（社会科学版），2003（5）。

种矛盾集中表现为公共利益与私人利益的矛盾。公共物品的提供要求实现公益性，要符合公共利益。市场主体作为"理性经济人"，在运用市场机制时必然要追求私人或利益集团利益的最大化。为了达到这个目的，市场主体往往利用信息不对称追求私人利益的最大满足，从而导致机会主义与败德行为出现，导致市场在提供公共物品和公共服务时产生"失灵"现象。

市场选择提供公共物品时产生的公共利益与私人利益的矛盾，依靠传统的自由市场制度是难以克服的。特别是在教育领域，通过市场选择给社会和公众提供公共物品时产生的矛盾和问题，决定了市场机制对教育领域的介入是有条件的和有限度的。市场机制介入教育领域的有条件性和有限性主要表现为：教育领域的市场机制只能是一种"准市场"（quasi-market）① 制度环境，或者说是一种类似市场的制度环境，而不是把完全意义上的自由市场机制照搬进教育领域。

首先，市场机制对教育的介入是有条件的。在市场机制介入教育领域的情况下，"教育消费的排他性"和"经营者追求个人利益的最大化"往往会导致：1）消费者之间教育机会与教育条件分配的不公平——许多人可能会因为经济原因（如付不起学费）或其他社会和政策原因（如区域性教育资源匮乏）而得不到受教育的机会或良好的教育条件。2）教育服务的提供者可能会因为一味追求个人利益而利用信息不对称等市场机制运作的特点来降低教育的标准或质量，甚至欺诈消费者，滋生"权力寻租"等教育腐败。而教育资源配置的公平性和教育服务的高质量恰恰是教育公益性的主要内涵。也就是说，在市场介入教育领域的过程中可能会存在市场"失灵"的状况，教育作为一种具有多样化属性的社会公共服务活动，如果完全由市场机制提供，其作为公共物品的公益性就可能会丧失，即按照自由市场机制配置教育资源有可能威胁教育公平，降低教育的标准与质量，从而危害教育的公益性。这决定了市场机制对教育的介入必然是有条件的，这个条件就是市场化运作的教育活动必须保障教育的公共性质，否则市场机制对教育领域的介入就不具备充分的合法性。

其次，市场机制介入教育领域是有限度的。市场是指建立在社会分工和私人所有权基础上的商品交换体系②。市场机制与民主管理机制（如政府机构的科层管理制度）是人类社会两种最普遍的社会资源分配机制。一般认为，公共领域要依赖民主管理机制，而私人领域则要依赖市场的力量。关于哪种机制更

---

① Geoff，W.，Sally，P.，David H. Devolution and Choice in Education：the School，the State，and the Market ［M］. Buckingham：Open University Press，1998.

② 斯密. 国民财富的性质和原因的研究 ［M］. 郭大力，王亚南，译. 北京：商务印书馆，1997.

有效率和更为公正的问题，一直都是政治学和经济学争论的焦点。公共选择理论和新公共管理理论主张把市场机制引入公共领域，依据就是它们"相信市场作为分配社会资源的机制的效率"①。市场机制配置社会资源的高效率是通过供求机制、价格机制、公平竞争机制和自由选择机制来实现的②。与市场环境中的私人产品和服务相比，教育活动和教育服务具有强烈得多的"外部性"，教育领域的供求关系、价格机制具有根本性的不同。在现代社会，国家和政府既是教育的最大供给者，又是主要的教育需求者和受益者。这就会导致政府一方面鼓励教育的正外部性生产，要求不断提高教育的质量和效率；另一方面，又要限制教育的负外部性生产，尤其是在主要由政府付费的义务教育阶段，要求尽可能降低教育的成本和提高教育的质量。这样，必然导致政府的教育政策对教育供求关系和价格机制保持强有力的干预和控制。因此，试图在教育领域完全引入自由市场机制，完全按照自由市场机制实现教育服务的供给是不可能的。

在教育领域引入市场机制，只能是把市场机制的某些"成分"如选择机制、竞争机制引入教育领域，建立教育的准市场制度环境。其本质就是实现教育服务的"消费者与供给者分离以及需求者可以在不同的供给者之间进行选择"③，其目的就是提高公共教育的效率、质量和公共教育供给者对于公众教育需求的"回应性"程度。这种教育的准市场制度环境包括以下三个方面的特征：

第一，借鉴自由市场供求机制的精神改造教育领域的供求关系。一是公共教育服务的提供者（如公立学校）与其必然享受的政府公共财政支持相分离，国家和政府不再是垄断性的公共教育的提供者，而成为教育的消费者和管理者。这就需要剥离公立学校系统与政府之间的依附关系，使公立学校与民办学校都有可能享受公共财政的资助。二是改变政府和公立学校垄断公共教育的局面，实现包括私人和社会团体在内的教育服务供给者的多样化。三是使学校（特别是公立学校）的教育活动要对教育消费者的需求做出及时的回应，而不是特别注重对政府的需求做出回应；政府的教育政策的出发点是要保护教育消费者的利益，而不是重点保护学校和行政机构的利益。

第二，在教育领域充分引入市场的公平竞争机制和自由选择机制。传统公立学校在科层管理体制之下出现教育低效率与低质量问题，其根本原因在于学

---

① 彼得斯. 政府未来的治理模式［M］. 吴爱明，夏宏图，译. 北京：中国人民大学出版社，2001：27.

② 杨春学. 当代西方经济学新词典［Z］. 长春：吉林人民出版社，2001.

③ Geoff, W., Sally, P., David H. Devolution and Choice in Education：the School，the State，and the Market［M］. Buckingham：Open University Press，1998.

校过度依赖公共财政支持，决策权力过分集中，学校之间缺乏公平竞争机制和教育资源的自由选择机制。公平竞争机制和自由选择机制赋予参与竞争的学校自主权和家长、学生对学校和教育的自由选择权。通过家长和学生的自由选择分散决策权力，通过公平竞争机制则能够使学校在公平竞争中获取更多的优质资源，不断提高办学效率和质量。在构成自由市场机制的供求机制、价格机制、竞争机制和自由选择机制当中，公平竞争机制和自由选择机制可以充分地引入教育领域和学校系统。尤其是在传统的公立学校系统中，更需要引入竞争机制和自由择校制度来激励公立学校革除科层管理的弊端，提高教育活动的效率和质量。学校之间的公平竞争机制和消费者自由择校的制度是教育的准市场制度环境的两个最典型的特征。

第三，保持政府对教育领域市场运作的强有力的规制。与自由市场机制不同，教育的准市场制度环境需要政府较高程度的干预。政府必须控制"新的教育供给者的准入、投资、服务质量……和价格"等方面的问题，加强政府的干预是教育准市场与理想的"自由"市场的重要区别①。在教育的准市场制度环境中，政府能否更完善地承担自己的教育治理责任是一个至关重要的问题。例如，当前在我国民办学校发展中存在着一种现象，就是由于现行政策与法律不完善和管理不健全，许多地方民办学校"一方面免收投资额相关所得税、土地征用费和配套费、收益应付的税费，另一方面又允许以股份集资、向银行贷款和获得收益"，使民办学校"把非营利机构和营利机构的优惠政策占全"，从而导致教育市场的不公平竞争，甚至助长了部分民办学校举办者以追求公共利益之名而谋个人私利之实。为了民办学校的健康发展，政府必须对市场化运作的民办学校进行更为严格的政策与法律规范。在我国教育的语境中，公共教育权力高度集中在政府手里是长期以来的传统。教育的准市场制度的建立意味着教育政策承认教育领域的市场机制的合法性，意味着政府开始向市场领域转移自己治理教育的权力，意味着教育领域的准市场主体具有更大的独立自主的办学权力。但与此同时，为了更好地履行自己的职能，为了确保教育改革中按照市场机制模式来运作的教育活动能够体现教育的公益性和教育公平，针对准市场制度环境中的教育活动，政府需要制定新的规则，做出新的制度安排，以加强规制和监管。如果在公共教育权力变迁的过程中，针对教育中新的活动主体和活动领域制定新的规则时出现政府"缺位"现象，教育的公益性和教育公平就会受到损害。

---

① Geoff, W., Sally, P., David H. Devolution and Choice in Education: the School, the State, and the Market [M]. Buckingham: Open University Press, 1998.

（2）准市场制度环境中保障教育公平正义与教育公益性的制度安排。

市场机制介入教育领域带来两个核心问题。一是市场机制介入教育领域将会挑战教育的公益性①。在市场条件下，政府和非营利性的教育组织由于受到其活动宗旨的限定，即使引入竞争机制来提高活动效率，这类教育组织提供教育服务时也能够保障教育的公益性。但是以市场化运作的社会资本为主要经费来源的营利性教育组织在实现教育公益性时是有条件的。首先，资本的寻利性与教育的公益性存在矛盾。追求私人利益的满足和利润最大化是市场化运作的社会资本的本性，一味追求私人利益的最大满足可能会损害教育的公益性。其次，在实现公共教育提供者的多样化以后，营利性的教育组织就获得提供教育服务的合法性。如果营利性的教育组织像其他私人组织一样缺乏强烈的"可进入性"（access）②，其运作就难以保障教育的公益性。二是社会的教育选择问题。公平竞争机制和自由选择机制引入教育领域，必然提出社会的教育选择问题。比如家长和学生对学校的选择，家长和学生对学校内部教育活动的选择，家庭和社区对教育治理活动的参与，市场化运作的教育组织出于宗教、质量标准、收费标准和其他社会原因而对招收对象做出选择。教育制度安排必须为社会的教育选择提供选择的权利和机会，教育政策必须就如何制约和防止准市场制度环境中的腐败行为、损害教育公益性和教育公平的行为做出合理的制度安排。能够切实保障教育的公益性，是教育的准市场制度获得合法性的前提。如果教育的准市场制度在追求效率的时候，无法保障实现教育的公益性，这种准市场制度也不会具备政治上的合法性。在准市场制度环境中，良好的、合理的制度安排是保障营利性教育机构在追求私人利益的同时，实现教育公益性的最有力手段。

第一，把营利性办学行为导向实现公益性方向的制度安排。

一是在制度层面认可教育领域的营利行为的合法性。

在教育领域，政府和非营利性的教育组织主要是通过强制性或志愿性的集体选择机制（所谓公共选择）为社会成员提供教育服务，实现教育的公益性目的，但它们也可以有限度地利用市场机制来提高自身教育服务的效率③。营利性的教育组织则是通过志愿性的市场交换机制为社会成员提供教育服务，在实现自身利益的同时，满足了社会成员多样化的教育需求，最终也实现了教育的公益性目的。营利性的教育组织是利用市场机制配置教育资源的一个联系教育与市场的重要中介，其独特的资源配置方式决定了它具有公益性和营利性双重

---

① 劳凯声．面临挑战的教育公益性［J］．教育研究，2003（2）.

② 亨利．公共行政与公共事务：第8版［M］．张昕，等译．北京：中国人民大学出版社，2002.

③ 世界范围内的教育市场化或教育自由化改革的一个重要方面，就是在公立学校系统内引入市场机制，以提高公立学校的竞争能力和办学效率。

的性质。这个结论与我国现行政策和法律的规定并不一致。

国内外民办学校或私立学校发展的实践都说明，营利性民办学校有相当数量的存在。而且事实证明，真正在市场合法经营中盈利的学校，往往是办学质量高而且有信誉的学校，因而也往往比较好地实现其社会效益和公益性。在教育的准市场制度环境中，教育公益性与盈利行为之间并不是非此即彼的矛盾关系。实际上，"公益性与营利性是两个不同层面的话题，前者涉及的是价值取向，后者则指向行为的结果"①。在保障实现教育公益性的前提下，可以给予民办学校合理盈利的空间。市场化运作的教育活动能否实现教育的公益性，并不取决于其办学的结果盈利与否，而取决于办学者办学的根本目的，取决于教育准市场制度的成熟程度，取决于政府对于这类办学行为的监管水平和力度。在政府充分严格监管、市场竞争充分公平、办学者合法经营（预示着其经营活动必然会按照法律的引导而实现教育的公益性）的条件下，合理盈利不仅不会与公益性对立，反而会成为实现教育公益性的有力手段之一。

营利性的办学行为是营利性的教育组织应有的一个重要特征。在国家政策和法律规范的范围内合理盈利，是采用市场机制进行资源配置的必然结果。如果教育组织主要是采用市场机制配置教育资源，那么，具有营利性就是它的一个重要特征。我国现有的有关政策导向一方面鼓励采用市场机制配置教育资源，希望民办学校能够补充政府教育资源供给的不足；另一方面又不允许民办学校的投资者盈利。按照市场机制的运作逻辑，当投资者或生产者无利可图时，他们就会放弃相应的市场行为，从而使大量追求投资回报的社会资金无法被吸引到教育领域。

二是对不同性质的教育组织实施分类管理。

应区分营利性与非营利性的民办学校。应明确区分社会的捐资办学与集资、投资办学，根据投资的性质和投资者的意愿，把民办学校区分为营利性民办学校和非营利性民办学校②，并对不同性质的民办学校实施不同的管理。对于营利性民办学校，可以充分发挥市场机制配置教育资源的作用，允许其按照市场机制以营利性组织（像企业或公司一样）的角色进行运营，政府参照《公司法》对其进行管理。

三是确立民办学校的法人地位并明晰其产权关系，使民办学校成为具有自主性的准市场主体。

---

① 胡卫．民办教育的发展与规范［M］．北京：教育科学出版社，2000：81．

② 对于目前大量存在的混合性学校，由于情况相当复杂，应具体情况具体分析。但从教育的公益性优先的角度出发，在区分营利性与非营利性学校时，应把混合性学校限定为非营利性学校。

办学活动的自主性是人们所公认的民办学校的一个重要特征。民办学校的办学自主权和财产的所有权（如财产占有、使用、收益、处分的权利）是其自主性的重要内容，也是保证其自主性的前提。要使民办学校成为具有自主性的市场主体，就必须明确民办学校的法人地位并明晰其产权关系。一方面，确立民办学校的法人地位是保证民办学校在准市场制度环境中独立自主实施办学行为的基本条件，它可以保证学校的举办者对学校的人、财、物、事具有支配权，从而使学校获得办学自主权。民办学校法人的性质则应根据国家有关政策、法律和现实教育发展的需要来具体认定。如果确认一所民办学校的营利性质，应该把营利性民办学校法人归属于营利性社团法人，使营利性民办学校成为依法自主经营、自我发展、自我约束的相对独立的办学主体，成为独立享有民事权利和承担民事责任的法人实体，按照市场机制进行运作，建立合理投资回报机制，以吸引更多的社会资金投入教育领域。另一方面，应根据民办学校的不同性质明晰不同类型学校的产权，以防止学校产权不清所带来的不良后果。目前，《中华人民共和国民办教育促进法》等相关法律法规对民办学校的产权归属采取了一种折中的规定，即承认民办学校举办者对其投资的有限的所有权，同时又以较为模糊的方式规定投资者具有获得合理回报的权利。而对于民办学校终止以后的财产归属却仍然按照捐资办学的思路做出规定。在民办学校发展的实践中，学校产权不清晰产生了许多弊端，严重损害了教育的公益性。根据民办学校的不同性质明晰其产权，如果投资者注册一个营利性学校，就可以按照市场环境中的营利组织（如企业或公司）进行运营和管理，办学投资归属投资者所有，可以撤回、转让或用于担保抵押，学校以营利组织的身份照章向国家交纳各种税费，投资者可以办学收入作为投资回报。如果投资者注册一个非营利性学校，则按照捐资办学的思路进行管理，举办者的办学投资就成为公共资产，投资者无权撤回、转让或用于担保抵押，可按规定免除学校的相关税费，也可以依法获得政府的有关资助，学校的相关收益要返回学校作为校产而不能分配给投资者。

四是建立政府采购制度和学校税收制度对学校营利性办学行为进行调节[①]。

为了建立以"公共教育的供给者与消费者相分离"为特征的准市场制度环境，重构政府与学校的关系，应把市场领域的公平竞争机制引入教育领域，建立关于教育服务的政府采购制度。政府采购制度可以使政府从集公共教育的提供者、管理者和消费者于一身的状态转变为管理者和消费者的角色，实现了公

---

① 中国教育与人力资源问题报告课题组.从人口大国迈向人力资源强国［M］.北京：高等教育出版社，2003.

共教育供给者与消费者的分离。在对教育组织进行非营利性与营利性分类管理的基础上，可以对纯粹公益性的办学行为与营利性的办学行为采取不同的税收政策。对于纯粹公益性的办学行为实行减免税收等优惠政策；而对于营利性的办学行为，则进行严格的税收征管并用于教育事业，使进行市场化运作的社会资本在获得一定利润的基础上，最终实现其在教育领域中的公益性。

第二，保障营利性的教育组织具备"可进入性"的制度安排。

教育准市场制度环境中营利性的教育组织更多地具有私人组织的特征，营利性民办学校的这种私人组织特征意味着这些组织的"可进入性"不强，不利于其在办学活动中实现教育的公益性。具有私人组织特征的教育组织是否具有较强的"可进入性"，是这类组织最终能否承担公共服务职能的组织性标志。建构保障营利性的教育组织具备"可进入性"的制度，是准市场环境中保障教育公益性的另一类重要的制度安排。这类制度安排除了要依靠营利性的教育组织自身追求社会公共利益的自觉性以外，更重要的是要依靠政府的干预和监管来实现。

一是建立营利性学校的资格认证、注册审批与解散或淘汰的标准和制度，并公之于众，把好教育准市场的入口关。只有那些符合政府标准，通过资格认证的学校，才能注册为营利性学校。而对于缺乏"可进入性"，利用信息不对称等手段欺骗、坑害教育消费者的学校，要及时进行处罚和淘汰，取消其按照市场机制进行运作的权利，直至取消其办学资格。二是政府要在相关教育政策和法律中严格、明确地规定各级各类教育的最基本的具体质量标准，并公之于众，建立一定的管理机制对营利性学校的办学条件、办学过程、办学结果和财务状况进行审查和监督，定期公布学校绩效的相关信息，以保证营利性学校的教育质量。三是明确规定营利性学校的收费上限，把教育成本控制在最低限度，以最大限度地保证更多的人有能力进入营利性学校学习。四是建立校务公开制度，赋予社会参与学校治理的参与权，保证社区和家长可以进入学校的空间，参与学校的管理活动，使具有私人组织特征的营利性学校具备公共组织开放性。

4. 推动学校多样化、特色化、办学条件均衡化和保障人民群众的选择权[①]

制度主义理论认为，政策就是制度输出的过程[②]。从某种意义上说，教育政策就是做出教育与学校制度安排的活动过程。我国以政府职能转变和市场机制介入为主要特征的教育改革不可逆转，学校类型的多样化已不可能退回到过去单一的学校制度。为了更有效地管理日益多样化的学校，为了使学校的运行机制有效地帮助学校解决制度变迁中面临的新问题，教育政策应及时就中小学

---

① 这部分内容曾发表于《教育研究》，2005（4）。

② 戴伊. 理解公共政策：第 10 版［M］. 彭勃，等译. 北京：中国人民大学出版社，2004：12.

的运行机制做出合理的制度安排，引导中小学学校的制度变迁能够适应政府职能转变和市场机制介入教育领域条件下建立新型的政府、市场与学校关系的需要。

（1）在市场条件下建立新型的学校与政府的关系。

当前，我国中小学与政府的关系正在发生变化，市场机制尤其是竞争机制和选择机制已经影响了学校的制度变迁。学校与政府、市场机制的关系面临着诸多新的问题，如政府选择与非政府选择（市场选择与社会选择）的矛盾和冲突、公共利益与私人利益的矛盾和冲突、公平与效率的矛盾和冲突等①。解决这些矛盾和冲突的一个关键环节是建立市场条件下的新型的学校与政府的关系。对于学校制度的建设来说，学校在运用多样化的运行机制时，廓清政府选择与非政府选择的边界，并在政府管理与学校自主两者间保持合理张力是必须解决的一个问题；学校在利用市场机制配置资源和向作为消费者的受教育者收取服务性费用的同时，充分实现学校代表国家和社会行使公共职能是必须解决的另一个问题；在举办者多样化、学校产权关系日益复杂化的条件下，建立学校内部和外部的合理利益分配关系是必须解决的第三个问题。对于政府职能来说，面对市场对教育的影响和学校利用市场机制甚至直接参与市场的行为，政府必须担负起解制与规制两方面的责任。一是政府转变职能，下放权力；二是加强管理，加大对学校运用市场机制的规范力度。

（2）对中小学的分类管理是教育政策做出制度安排的基本选择。

在事业单位改革和中小学类型多样化的背景下，教育政策不可能使用单一的制度设计来管理学校，教育政策做出制度安排的一个基本选择应是按照对学校进行分类管理的原则来规划事业单位改革中的学校制度改革。

首先，在承担国家兴办或鼓励、支持的社会公益性事业，为社会公众提供服务的事业单位即社会公益类事业单位中，学校不同于一般意义上的事业单位。学校承担社会服务职能的方式主要是人才培养，学校以人才培养服务社会，与其他事业单位服务社会的方式有明显的不同，应遵循不同的规律和不同的运行机制。培养现代社会人才的重要性，使学校的社会服务职能在国家社会发展和全球化时代的综合国力竞争中具有基础性和战略性的地位，这是其他事业单位难以具有的。另外，我国的学校及其他教育机构规模巨大，在政府职能转变和事业单位改革的进程中，所有学校及其他教育机构都要参与其中，大多数的教师和教育工作者要受到影响，改革的制度设计如果不能与学校实际的发展道路契合，产生的不利影响将是巨大的。

其次，对不同性质的教育领域的学校要区别对待。一是义务教育与非义务

---

① 刘复兴. 公共教育权力变迁与教育政策的有效性 [J]. 教育研究，2003（2）.

教育阶段的学校应分类管理。义务教育涉及国家、社会与公众的基本利益，属于政府的基本职能，义务教育阶段学校的经费应该全部由财政给予保障，对于义务教育阶段的民办学校也应采取适当形式和机制体现政府的基本责任。非义务教育阶段学校则可以综合使用财政定额、定项补助或者自筹经费等多种方式运行。二是基础教育阶段学校与高等教育阶段学校应分类管理。对于基础教育阶段的学校尤其是属于非义务教育阶段的高中阶段学校，在允许运用多样化机制的同时必须体现基础教育的政府责任。三是现有的公办学校、民办学校、混合制学校应分类管理。利用政府机制配置教育资源是所有公办学校的主要运行机制，公办学校可以利用市场的竞争机制和选择机制，但是无论在理论上还是在法律上，公办学校是绝对不能营利的。对于民办学校来说，主要是依赖市场机制和社会选择机制运行。《中华人民共和国民办教育促进法实施条例》把民办学校区分为出资人要求取得合理回报的民办学校和出资人不要求取得合理回报的民办学校两大类，初步承认了教育活动中获取利润的合法性。以此为依据，对于非营利性民办学校与营利性民办学校应进行分类管理。混合制学校可以综合利用政府机制、市场机制、社会选择机制，可以允许混合制学校利用有偿服务弥补办学经费的不足，也可以通过政府的定额或定项补助获得经费，但在事业单位改革中应强化混合制学校的非营利性组织特征，明确规定混合制学校不能盈利，并设计相应的制度，保障混合制学校的非营利性组织功能的实现。

（3）建立以完善的学校法人制度为核心的现代学校制度是实施学校分类管理的前提。

对多样化的中小学校实施有效的管理，首先需要建立与其他事业单位如医院等的运行与管理制度不同的现代学校制度。近年来，关于现代学校制度，学术界有许多研究，对其内涵也是见仁见智。笔者认为，建立现代学校制度的目的应该是在政府职能转变和市场机制介入教育领域的条件下，通过建立现代学校制度来确定不同教育领域、不同类型学校的法律地位，理顺学校与政府的关系，理顺学校与市场的关系，建立民主科学的学校内部治理结构和合理的多样化的利益分配制度。其中，完善的学校法人制度应该是现代学校制度的核心内容。

1995 年颁布的《中华人民共和国教育法》第 31 条规定："学校及其他教育机构具备法人条件的，自批准设立或者登记注册之日起取得法人资格。"按照这条规定，具备条件的中小学都可以被赋予法人地位。但从现实状况来看，目前"我国的学校法人治理结构尚未完善"[①]，不利于实施对学校的分类管理。按照

---

① 中国教育与人力资源问题报告课题组. 从人口大国迈向人力资源强国 [M]. 北京：高等教育出版社，2003：355.

目前我国对学校法人制度的正式和非正式的设计，我国的公办学校往往被界定为非企业法人中的事业单位法人，混合制学校一般被认为是混合型法人，同时具备事业单位法人和民办非企业单位法人的一般特征。民办学校由于不属于事业单位，只能注册为民办非企业单位法人。这种关于学校法人制度的设计把各种类型的学校全部归属为非营利法人，政府举办的学校性质和社会力量举办的学校性质没有从法人制度的意义上做出明确的区分和规范。对混合制学校的法律规范十分模糊，对中外合作办学也缺乏相应的规范①，对事实上大量存在的学校参与市场盈利的行为的规范也不清晰。这种关于学校的法人分类方式难以充分体现我国当前所有学校类型的特征，难以有效调节学校、政府与市场的关系，不利于在事业单位改革的背景下对学校进行分类管理。因此，在调节学校、政府与市场的关系时，在解决学校合理利用市场机制从事营利性活动而产生的与教育公益性的矛盾时，现行的学校法人制度设计往往缺乏有效性。为了有效地调整学校、政府与市场的关系，解决学校参与市场活动特别是营利性活动与教育公益性的矛盾，为了对学校实施有效的分类管理，应该按照学校举办的目的和举办主体的不同来划分不同的学校法人类型。由国家和政府机构举办的公办学校为公益法人，由公办学校举办、合作举办和社会举办的学校可区分为非营利法人和营利法人两类。所有公办学校注册登记为公益法人，所有混合制学校注册登记为非营利法人，举办者要求取得合理回报的民办学校和部分经营服务性教育机构则注册登记为营利法人，不要求取得合理回报的学校则注册为非营利法人。对于注册为公益法人和非营利法人的学校，政府按照非营利组织的管理模式对其进行管理，而对于注册为营利法人的学校则基本按照公司、企业的办法管理，学校要依法进行工商注册，依法纳税。

三、人性与制度的关系

相比于事实与价值、国家与市场两个关系，人性与制度的关系是一个更为抽象、更为复杂的问题，又是一个更为基本的问题。它既涉及主体，又涉及客体，还牵涉主体与客体的关系，从某种意义上对上述两个关系具有哲学层面的统领性。它本质上是关于主体行动的内在原因以及由此所决定的主体行为与有效的社会规范的关系。

---

① 中国教育与人力资源问题报告课题组. 从人口大国迈向人力资源强国 [M]. 北京：高等教育出版社，2003：355.

（一）人性问题是一个与制度安排密切相关的永恒话题

"人为何物?"是一个历久弥新的问题，也是人文社会科学绕不过去的一个问题。首先它是哲学的一个核心问题。西方哲学中关于人性问题就曾出现过道德本质论、宗教本质论、自然属性论、理性本质论、社会属性论、现代非理性主义、实用主义等众多学说，以及马克思主义关于人的本质的思想及其对费尔巴哈的批判。中国传统哲学中也有性习说、性善论、性恶论等观点。

人性问题是心理学的重要论题，弗洛伊德的力比多、阿德勒的权力欲、荣格的人格心理学、马斯洛的自我实现的人等都是心理学关于人性的观点。

人性问题更是管理学、行政学、政治学与政策科学的重要主题。管理学理论中陆陆续续提出了理性经济人（经济人）、社会人、复杂人、决策人、文化人等各种不同的人性假设，实际上都是在不同的侧面试图解释管理活动中人的本质问题。

回顾一下学科发展史可以看出，不论在哪个学科领域里，不同的人性假设理论基础都产生了不同的管理理论与制度安排。

（二）公共政策与制度安排无法忽略人性问题

1. 公共政策都是在做出制度安排

所有的公共政策活动都是在做出制度安排[①]。为了降低决策成本，避免公地灾难、利益冲突、"搭便车"，监督败德行为，公共政策必须建立适当的规则，对公共选择活动进行监督和强制执行。教育政策是公共政策的一部分，是教育领域的公共选择，必须建立相应的规则，对教育活动中的公共选择活动进行监督和强制执行。教育政策就是教育制度输出的活动。政府通过赋予教育政策活动合法性、普遍性和强制性做出制度安排。国家与政府是制度的最大供给者。政治学与政策研究就是关于政府机构及其制度安排的研究，公共政策就是由这些机构来（权威性的）决定、执行和改进的[②]。

公共选择具有复杂性。公共选择有可能导致决策成本过高、公地灾难、利益冲突、"搭便车"与败德行为。一般认为，（1）决策有较多的参与者，达成决策比较困难，决策成本往往大于双边的私人选择。（2）由于要达成一致，集体决策无法像私人选择那样充分地满足个人愿望的多样性，可能导致公地灾难与利益冲突。（3）在互惠、等价的私人交易中，付出与收益是直接、明确相连的。

---

① 戴伊. 理解公共政策：第 10 版 ［M］. 彭勃，等译. 北京：中国人民大学出版社，2004：12.
② 同①50.

集体选择牵涉多边的付出与收益，利益的获得常常是间接的和非相互性的（如政府用纳税人的钱去修一条路），容易出现"搭便车"现象。（4）集体选择一般要靠代表来进行，代表往往是理性的经济人，把个人偏好掺入集体决策，出现败德行为。（5）选民往往由于无力支付相对昂贵的政治信息成本，处于"理性的无知"（rational ignorance）状态（选民明白获取新的信息和公正结果往往成本太大、劳而无功或所获甚微），而不去投票或付诸行动（如3·15维权投诉等），使政府容易被特殊利益集团所操纵。

2. 制度的核心要素是人

在构成制度的众多要素中，人是最核心的要素。一般而言，制度是由人（主要是管理者与决策者等）、机构（教育厅、教育局、中小学校、教师培训机构、妇联、团委等）、机构之间的关系、人与机构的行为规则等要素构成的。

制度分析尤其是新制度经济学倡导的制度研究特别关注人的问题，如谁是利益相关者、领导能力、人力资源、知识-态度-行为、激励机制、参与和声音、利益和影响、改革的动力等问题。

3. 依据合理人性判断建立的教育政策与制度安排才是最有效的

在教育活动中，对人性的判断不同，会导致完全不同的制度安排。如果从性善论的角度出发，在教育中就会倡导自然主义、以人为本、选择权、创造性等。如果从性恶论的角度出发，在教育中则会强调社会中心、纪律、规训甚至体罚。教育理论与实践中的教师中心与儿童中心、实质教育与形式教育、经验主义与理性主义及其争论，也建立在对人的本质的不同认识基础之上。管理理论与实践中为什么会有激励制度与约束制度之说？主要是因为人性中存在利己与利他两个方面[①]。

哲学、心理学、管理学中关于人性的众多理论观点，经济学中的二八定律、马斯洛的需要层次理论等都启示我们，人性具有复杂性与层次性。无论在宏观领域（如国家治理体系和治理能力问题）、中观领域（经济、社会、民族或者文化意义上的区域治理问题）还是在微观领域（最小单位的治理问题），都需要以合理的人性假设为前提，都需要对人性问题进行深入、细致、系统的研究。否则，政策与制度安排的有效性就会打折扣。

特别需要指出的是，在学术传统上，中国的学术研究在讨论人性问题的时候有两个弱点：一是传统文化主要立足于讨论人性的善与恶，并不深究人的本质是什么这个问题；二是尽管马克思主义指出了"人的本质是一切社会关系的总和"，但多是从国家与社会的宏观视角来研究和讨论人的本质，缺乏对中观视

---

① 参见美国哲学家杜威的关于人性的观点。

角特别是微观视角（最小单位的治理问题）的描述与研究。在这个问题上，宏观的、中观的、微观的视角都是必要的。在继承和发扬马克思主义宏观视角研究优势的基础上，要重视中观视角特别是微观视角的研究。例如，大学治理问题是一个典型的最小单位的治理问题。大学教师的人性特征是什么，是理性的经济人，还是学术人、公益人、文化人？或者说是在什么样的工作、生活情境中（如年龄段、性别、不同的出身、不同的职称阶段等）大学教师体现出什么样的人性特点？从微观叙事的角度看大学教师从事教学与科研的动机是什么？是生存的需要还是学术的兴趣？能不能对这些问题进行深入、细致、系统的研究，是决定现代大学治理体系能否建立的一个重要因素。

第四章
当代中国教育政策的理论与实践问题[①]

---

① 这是近年来本书作者在学术研究中重点思考和研究的一些问题，大部分内容曾正式发表。

这一章涉及一些当代中国教育政策的前沿性理论与实践问题，带有鲜明的中国特色与独特的空间色彩。改革开放以来，特别是中国特色社会主义进入新时代以来，国家社会经济发展、人民生活需要、国际国内环境等不断提出教育改革创新的新要求，伴随着教育改革创新的不断深入，中国的教育政策也在理论与实践层面不断变革。主要表现在以下一些关键问题上：

一、教育公平问题①

教育公平是全社会普遍关注的一个重要问题，也是目前我国的一项基本教育政策。新中国成立以来，特别是改革开放以来，中国共产党带领全国人民大力普及文化教育，我国的教育公平取得了历史性成就，如全面普及九年义务教育，实现高等教育大众化，建立覆盖义务教育、高中教育和高等教育的学生资助体系，进城务工人员随迁子女接受义务教育问题基本得到解决，等等，极大地促进了社会公平和民生改善。但由于长期以来发展的不平衡，城乡之间、东西部地区之间的教育还有差距。

可以说，教育公平是人类的朴素理想，是国际社会的共同目标，也是中国共产党人的不懈追求。建设惠及全民的公平教育，是广大人民群众的强烈呼声和我国教育改革发展的基本政策。

（一）为什么把促进公平作为国家基本教育政策

1. 教育公平是人生的起点公平

新中国的全体公民依法享有平等的政治、经济、文化和社会权利，但是由于个人无法选择自己出生的家庭和地域，既有的社会阶层、社会差距和生存环境的差异仍然存在并将长期存在的现实，必然造成人们在许多方面先天性的差距。教育是促进人的社会化的最有效手段，是实现个人发展的主要途径；接受公平而有质量的教育，对于每个社会成员的生存和发展都是必不可少的。教育上的差距会进一步加剧人们先天性的差距，教育不公会严重影响个体的发展及其竞争力，公平的教育则是缩小、消除甚至超越这种先天性差距的最有效手段，因而是人生的起点公平。

2. 教育公平是社会公平的重要基础，是建设社会主义和谐社会的基本要求

教育是民族振兴、社会进步的基石，是国家社会发展的重要基础。教育的公平正义是现代社会公平正义的重要组成部分，对社会分配和再分配具有决定

---

① 这部分内容曾以《建设惠及全民的公平教育》为题发表于《求是》，2011（19）。

性作用。没有教育公平，社会公平就难以真正实现。因而，教育公平是社会公平的基础。建设社会主义和谐社会是解决我国当前日益扩大的社会差距的战略举措。和谐社会的构建要通过实现社会的公平正义来实现，因而建设和谐社会必须首先建设和谐教育。和谐教育就是公平的教育，就是均衡发展的教育，就是要使全体人民共享优质教育资源，共享教育改革和发展的成果。

3. 教育的不公平影响民生发展与社会稳定

目前，我国教育改革与发展中还存在较严重的不公平现象，如优质教育资源在区域之间、学段之间、人群之间的配置不均衡，处境不利的人群难以接受公平的教育，难以得到合理的补偿与优先扶持等。社会主义市场经济的发展在一定程度上加剧了社会与教育的不公，因为资本的逐利性使教育资源更多地流向那些给教育服务提供者带来最大化利润的地区、群体和个人。某些教育部门和学校追求绩效、升学率、学校排名等因素，往往导致弱势学校和弱势学生处于不利地位。在现代社会中，教育具有社会分配与社会分层的功能，接受教育成为人们获得教育利益和政治、经济、文化与社会利益的手段。现实教育的不公平必然导致社会成员之间教育利益分配的不公平，使一部分社会成员尤其是处境不利的社会成员享有教育权益时受到不公正的对待，从而对他们产生实质性的不利影响。

因此，教育公平是一个影响个人发展、社会稳定和民生发展的基本问题，我们要把促进公平作为国家基本教育政策，作为政府和人民共同的奋斗目标。

（二）如何全面科学地理解教育公平

政策与法律，在本质上就是对社会利益进行权威的分配。从这个意义上说，教育公平的基本内容就是实现教育利益分配的公平，就是在现实社会条件下实现最大多数人的最大可能的教育平等，就是全体人民平等共享教育改革与发展的成果。全面、科学地理解教育公平，应该确立以下两个观念：

首先，教育公平是现实性与理想性的辩证统一。教育公平必然与其社会历史条件相一致。从当下来看，解决教育公平问题必须从现实的社会条件出发，不能提出不切实际的发展目标。从历史发展趋势来看，教育公平又是对社会现实的超越，人类社会对教育公平水平的追求是不断提高、永无止境的。

其次，教育公平是绝对性与相对性的辩证统一。教育公平的绝对性，是指教育公平是教育利益分配和教育资源配置的首要原则，也是公民的法定权利，任何教育政策如果违背了这个原则，都将是不正义的。受教育权利属于每个公民以及机会面前人人平等的原则是绝对的，不能因为社会成员的身份不同而区别对待。同时，公平又是一个因时、因地不同的问题。我们不能把教育公平理解为人人都接受一样的教育，也不能脱离具体的社会制度和教育现实水平来谈教育机会均等。

教育公平具有多层次的丰富内涵。一是全体公民的政治权利平等与法定教育权利平等、人格平等是教育公平的基础。二是教育公平包括起点公平、过程公平、结果公平三个基本的方面。教育起点的公平主要是公民入学机会的公平，就是要保障所有的公民都享有平等接受义务教育的机会和平等参与非义务教育选拔的机会。教育过程的公平是教育活动中发展条件与发展机会的平等，就是要保障公民在受教育过程中具有平等的发展机会和条件，不因个人天赋、家庭出身、贫富、性别、种族和残疾与否等而受到不公正的待遇。教育结果的公平主要是指每一个受教育者都能接受与其天赋和能力相适应的教育，每一个受教育者都能接受达到基本质量标准的教育，每一个社会阶层或群体在各级各类教育中的受教育人数与该阶层或群体在社会人口总数中所占的比例大致相当，每一个受教育者的潜能都得到发展。三是教育公平可区分为同质公平与差异公平。同质公平是指无差别的公平，就是入学、资源配置和评价等方面用同一个标准无差别地要求所有的人。差异公平就是根据受教育者的天赋和兴趣对他们实施不同内容与特点的教育，以及在不损害他人教育利益的前提下尊重人们自由选择教育的权利。四是对处境不利群体的教育补偿与优先扶持是教育公平的基本要求，也是不能违背的一个原则。五是教育公平既可理解为数量公平，也可理解为质量公平。数量公平主要是指不同的受教育者在受教育年限和资源配置数量等方面的平等，质量公平则是指所有受教育者都能接受有质量的教育。教育结果的公平、差异公平、有质量的教育公平是高水平的教育公平。

从人类历史发展趋势来看，伴随着经济、社会、文化和教育发展水平的提高，教育公平不断向更高的水平发展：从等级制度到政治权利与法定教育权利平等，从保障起点公平到追求过程公平与结果公平，从重视同质公平到追求差异公平，从强调全体社会成员共同享有的普遍意义上的公平到重视对处境不利人群的补偿与优先扶持，从满足数量公平到追求质量公平。

（三）促进教育公平的政策选择

对任何一个国家和社会来说，教育公平的发展都是一个客观的历史进程。要解决当前我国面临的教育公平问题，必须全面理解教育公平的基本含义，尊重教育公平发展的特点与规律，循序渐进、重点突破，不断提高我国教育公平的水平。

1. 保障公民的法定受教育权利全面转化为现实权利

新中国成立以来，特别是改革开放以来，我国在实现公民法定受教育权利方面取得了举世瞩目的成就，但同时还在一定程度上和一定范围内存在公民法定受教育权利不能顺利转化为现实受教育权利的现象，还存在公民法定受教育权利受到侵犯而不能及时得到纠正的现象。《国家中长期教育改革和发展规划纲要（2010—2020年）》（简称《教育规划纲要》）指出，教育公平的"基本要求是保障公民依法享有受教育的权利"，保障公民现有的法定受教育权利全面转化为现实的受教育权利，这是保障教育机会公平的基本要求。当前，要特别着力解决贫富差距带来的教育机会不公平问题。

2. 在保障受教育机会公平的基础上积极追求有质量的公平

《教育规划纲要》指出"教育公平的关键是机会公平"，明确提出了我国现阶段经济、社会、文化和教育发展水平基础上教育公平的基本目标。保障公民都享有平等接受义务教育的机会和平等参与非义务教育选拔的机会，保障公民在受教育过程中具有平等的发展机会和条件，是现阶段我国教育公平首先需要实现的基本目标。在保障机会公平的同时，教育政策要高瞻远瞩，积极追求教育的质量公平，不断把我国的教育公平推向更高的发展水平。

3. 推进义务教育均衡发展

《教育规划纲要》指出，教育公平的"重点是促进义务教育均衡发展"。要把义务教育均衡发展作为战略任务，合理配置教育资源，加快缩小校际、城乡和区域教育差距，着力解决择校问题。要建立健全义务教育均衡发展保障机制，大力推进义务教育学校标准化建设。

4. 扶持困难群体

《教育规划纲要》指出教育公平的重点是扶持困难群体。为了实现教育公平，教育政策必须坚持对教育弱势群体进行教育补偿和优先扶持；切实解决进城务工人员随迁子女平等接受义务教育和在属地接受高中阶段教育的问题，重视新生代农民工职业教育和社会融入问题；切实保障残疾人的受教育权利，加大对处境不利群体的扶持力度，使教育补偿和优先扶持的政策制度化、法制化。

5. 全面落实政府的教育公平责任

《教育规划纲要》指出，"教育公平的主要责任在政府"。在现代社会，政府是促进教育公平的主要力量和主导力量，供给公平教育的政策是政府的基本教育责任。全面落实政府的基本教育责任，就要明确界定各级政府的教育公平职责，落实各级政府财政性教育投入、发展农村教育、规范和监管教育领域市场行为、建设覆盖城乡的基本公共教育服务体系等方面的责任。要把能否促进教育公平和教育均衡发展作为评价各级政府工作的一项基本指标，建立政府主导下的社会各方面力量充分参与的教育公共治理结构，推动全社会共同促进教育公平。

二、教育质量问题[①]

提高教育质量，是教育规模扩张基础上教育改革的必然选择，是"办好人民满意的教育"的根本要求，是实现教育现代化、建设教育强国的重要保障。全面提高教育质量已经成为当代中国教育改革发展的战略任务，成为我国的一项基本教育政策。

（一）全面科学地理解教育质量

教育质量在理论上是一个很复杂的概念，提高教育质量也是一个很复杂的政策与实践问题，其核心是培养什么人和怎样培养人的重大问题。全面提高教育质量，必须在科学发展观的指导下，全面理解教育质量的基本含义，树立科学的教育质量观。

1. 全面理解教育质量的含义

教育目标是理解教育质量的首要出发点，其核心是解决培养什么人的重大问题。在教育实践过程中，教育方针、教育目的往往具体化为各级各类教育的培养目标，具体化为各个层级的教育实践活动的目标，从而构成指导整个教育活动的一个目标体系。这个目标体系代表着党和国家关于教育质量的根本标准。《教育规划纲要》提出要"全面贯彻党的教育方针，坚持教育为社会主义现代化建设服务，为人民服务，与生产劳动和社会实践相结合，培养德智体美全面发展的社会主义建设者和接班人"。这是理解教育质量问题的一个根本性标准，各级各类教育和各个层级的教育活动的质量标准都必须以这个根本标准为准绳。

教育教学是保障教育质量的主要环节，其核心是解决怎样培养人的重大问题。提高教育质量必须深化教育教学改革，把怎样培养人作为各级各类教育的核心任务，大力提升人才培养的水平。人才培养，是教育的本质要求和根本使命，是提高教育质量的重中之重。提高教育质量，就要在科学发展观的指导下，牢固树立人才培养的中心地位，把学校工作的重点集中到强化教学环节、提高教育质量上来，以改革人才培养模式为核心，在教师、教材和教法三大重点上下功夫，在建设有利于人才培养的良好环境上下功夫。

教育结果特别是人的发展水平是教育质量最主要的内容，是教育质量最本质的表现，也是教育赖以满足国家与社会需求的基础。教育质量直接地体现在学生的能力和学业成就上。提高教育质量必须在科学发展观的指导下，坚持以

---

① 这部分内容曾以《提高质量：教育改革发展的核心任务》为题发表于《求是》，2013（12）。

人为本，坚持以学习者为中心，不断提高人才培养质量。

2. 树立科学的教育质量观

全面提高教育质量，必须摒弃以分数论英雄的质量观，树立科学的教育质量观，把促进人的全面发展与适应社会需要作为衡量教育质量的根本标准。

一是合理处理人的全面发展与国家社会需要的关系，树立新的人才观。按照《教育规划纲要》的要求，树立全面发展、人人成才、多样化人才、终身学习、系统培养等观念，在新的人才观指导下促进人的全面发展。同时，要合理处理人的全面发展与培养高水平人力资源的关系，把促进每一个受教育者的全面发展与为国家、社会培养合格人才有机结合起来。

二是合理处理教育质量与其他政策目标的关系，树立综合多样的教育质量观。教育质量绝不仅仅体现在高分数和升学率上。全面提高教育质量，要追求有公平、有效率、有安全、有选择、有创新的教育质量。要把提高教育质量与追求教育公平、提高教育效率、保障教育安全、提供教育选择和实现教育创新统筹协调地加以安排。

三是合理处理立足国内培养与开阔国际视野的关系，树立国际视野的教育质量观。把是否学习国际先进教育观念、是否引进和利用国际优质教育资源、是否引进国外优秀人才与智力、人才及其他教育成果是否产生国际影响作为衡量教育质量高低的重要标准。

（二）提高教育质量的主要政策选择

相对于教育规模的扩张，提高教育质量是一个更复杂、更艰巨的长期任务，必须制定系统化的教育政策措施。

1. 建立国家教育质量标准和质量评估制度

建立符合我国国情的教育质量标准和质量评估制度，是当前提高教育质量迫切需要解决的一个关键问题，是提高教育质量政策与实践活动的根本依据。提高质量首先要有标准，没有标准就无法衡量教育质量的高低。教育质量国家标准是国家教育制度的组成部分和根本规范，要根据教育方针、教育目的和《教育规划纲要》提出的培养创新型、实用型、复合型人才的新要求，积极开展基础教育各学科学业质量标准制定工作，推动建立普通本科和高职高专的教学质量国家标准，制定硕士、博士学位基本要求。有了标准，还要加强评估，要根据基础教育、高等教育等阶段的实际情况，建立有关教育阶段的质量监测与评估制度。

2. 创新人才培养模式

改变单一的人才培养模式和陈旧的教育教学方法，是提高教育质量迫切需要解决的另一个关键问题。提高教育质量，必须注重学思结合，不断创新教育教学方法；必须注重知行统一，增强教育教学的实践性；必须注重因材施教，促进学生的个性发展。把创新思维、创新能力的培养融入各种教学内容和活动中，重视培养拔尖创新人才。实现大中小幼各级教育衔接，实现学校与有关部门、科研院所和行业企业联合培养人才。

3. 切实提高教师队伍素质

没有一支高质量、创造性的教师队伍，就不可能有高质量的教育。提高教师队伍整体素质是提高教育质量迫切需要解决的又一个关键问题。要加强师德师风建设，强化师德教育特别是职业理想和职业道德教育。加强教学能力建设，提高教师业务水平，以农村教师为重点，提高中小学教师队伍整体素质；以"双师型"教师为重点，加强职业院校教师队伍建设；以中青年教师和创新团队为重点，建设高素质的高校教师队伍。

4. 推进学校多样化、特色化发展

提高教育质量，必须根据各级各类教育的实际情况，推动学校的多样化、特色化发展。"千校一面""千人一面"的教育不可能是高质量的教育。要推行义务教育的小班教学，推动普通高中的多样化发展，鼓励高校办出特色。落实和完善学校办学自主权，鼓励各级各类学校自主发展，增强学校办学活力。

5. 不断扩大教育的国际交流与合作

在经济全球化时代与后疫情时代，不可能关起门来办教育，封闭式的教育绝不是高质量的教育。开放了，才有开阔的视野、更新的观念，才能引进资源和人才。提高教育质量必须大胆借鉴国际先进的理念和成功的做法，不断学习和更新教育质量观，充分利用优质的国际教育资源培养拔尖创新人才。

三、创新发展与创新人才培养问题

（一）新时代提出创新人才培养的新要求[①]

党的十八大以来，习近平总书记提出了系统的关于教育改革创新的理念，主要包括创新是引领发展的第一动力、深化教育领域综合改革、全面推进依法治教、全体人民共享优质教育、建设世界一流大学和一流学科、加强党对高校的领导等六个方面的主题。作为习近平总书记关于教育的重要论述的一部分，习近平总书记关于教育改革创新的思想引领着新时代我国教育领域的改革发展

---

① 这部分内容曾发表于《兰州学刊》，2018（1）。

与创新进步的方向，已经成为中国特色社会主义教育理论的有机组成部分。

改革开放初期，中国特色社会主义理论的创立者邓小平同志在继承和总结马克思主义关于"科学技术是生产力"命题的基础上，创造性地提出"科学技术是第一生产力"的科学思想①，从而为我国提出"科教兴国"战略指明了方向。在新时代，习近平总书记在科学把握创新发展、新科技革命和产业变革、数字经济的历史性机遇基础上，明确提出了"创新是引领发展的第一动力"和"创新驱动实质上是人才驱动"的思想，成为指导我国在新时代继续改革开放和实施教育改革创新的重要思想。

1. 创新是引领发展的第一动力

党的十八大以来，习近平总书记十分重视创新与改革对于我国经济、社会、教育发展的原动力作用，明确提出"要向创新要动力，向改革要活力"的要求②。2015 年 3 月 5 日，习近平总书记在参加十二届全国人大三次会议上海代表团审议时首次提出"创新是引领发展的第一动力"论断，认为"创新是引领发展的第一动力。抓创新就是抓发展，谋创新就是谋未来"。习近平总书记强调："我们必须把创新作为引领发展的第一动力，把人才作为支撑发展的第一资源，把创新摆在国家发展全局的核心位置，不断推进理论创新、制度创新、科技创新、文化创新等各方面创新，让创新贯穿党和国家一切工作，让创新在全社会蔚然成风。"③

习近平总书记提出的"创新是引领发展的第一动力"的论断与"科学技术是第一生产力"的思想是一脉相承的，是对新时代我国经济社会发展方向、路径和着力点的精辟概括，也为我国确立创新驱动发展战略和建设世界科技强国战略指明了方向。

2. 创新驱动实质上是人才驱动

在强调"人才是支撑发展的第一资源"的基础上，习近平总书记提出了"创新驱动实质上是人才驱动"这一精辟论断，从而把创新驱动发展、建设世界科技强国与教育改革发展紧密地联系在一起。习近平总书记历来十分重视人才培养的重要性，他在 2014 年 8 月主持中央财经领导小组第七次会议时指出："创新驱动实质上是人才驱动。为了加快形成一支规模宏大、富有创新精神、敢于承担风险的创新型人才队伍，要重点在用好、吸引、培养上下功夫。"习近平总书记"创新驱动实质上是人才驱动"的论断，精准地抓住了当今世界创新发

---

① 邓小平. 邓小平文选：第 3 卷. 北京：人民出版社，1993：274.
② 习近平. 习近平在二十国集团工商峰会开幕式上的主旨演讲. 新华网，2016 - 09 - 03.
③ 习近平. 在党的十八届五中全会第二次全体会议上的讲话（节选）. 求是，2016（1）.

展趋势的本质，丰富和发展了党和国家的科教兴国战略与人才强国战略的内涵，把教育在创新发展中的战略地位提到了一个新的高度。

3. 建设世界科技强国要靠人才，人才的培养要靠教育改革与发展

在全国科技创新大会、两院院士大会、中国科协第九次全国代表大会上，习近平总书记提出"建设世界科技强国"的战略目标，并反复论述了建设世界科技强国要靠人才的思想。习近平总书记指出，我国要建设世界科技强国，关键是要建设一支规模宏大、结构合理、素质优良的创新人才队伍，激发各类人才创新活力和潜力，努力造就一大批能够把握世界科技大势、研判科技发展方向的战略科技人才，培养一大批善于凝聚力量、统筹协调的科技领军人才，培养一大批勇于创新、善于创新的企业家和高技能人才。

习近平总书记突出强调了人才的培养要靠教育，尤其指出了在创新驱动发展和建设世界科技强国的背景下，教育所培养的人才资源是应对国际竞争的潜在力量和后发优势，教育的基础性、先导性、全局性地位和作用更加突显出来。习近平总书记指出："当今世界的综合国力竞争，说到底是人才竞争，人才越来越成为推动经济社会发展的战略性资源，教育的基础性、先导性、全局性地位和作用更加突显。'两个一百年'奋斗目标的实现、中华民族伟大复兴中国梦的实现，归根到底靠人才、靠教育。源源不断的人才资源是我国在激烈的国际竞争中的重要潜在力量和后发优势。"

（二）创新人才的概念、类型、特征及理论[①]

1. 创新人才的概念

（1）创新的概念。

要明确创新人才的概念，首先要把握创新的概念。"创新"最早由美国经济学家熊彼特在 1912 年出版的《经济发展理论》中首次提到。在这本书中，"创新"是经济增长的一个内生变量。因此，创新首先是一个经济学的概念，但它并不局限于经济学的范畴。如果以经济学的视角观察世界，那么人类的生产实践、社会实践和科技实践都贯穿了人类的创新活动。随着经济学外延的扩大，创新一词逐渐成为社会生活各个方面的常用语。

瑞士学者戈特利布·冈特恩[②]解释了创造的含义，认为任何创造都必须满足下述四个方面的要求：1）新的形式必须是唯一的，即具有独创性、排他性；2）新的形式必须具有足够的功能，即为了一定的目的而创造；3）新的形式必

---

① 这部分内容曾发表于《中国教育政策评论》，2009。

② 冈特恩. 创造性领导的挑战［M］. 郑泉水，等译. 北京：清华大学出版社，1997.

须是美的；4）新的形式必须代表一种社会的价值观，即具有某种用途。

按照《现代汉语词典（第7版）》的解释，创新就是指抛开旧的、创造新的及具有创造性和新意。创新就是用一种与众不同的方法和思维去解决问题并提出新思想、新认识，探索出新规律，做出新发明和新创造。简言之，创新就是人的创造性劳动及创造性结果。它包括理论创新、科技创新和其他创新。

创新的一个同义语是"创造性"。著名心理学家林崇德先生认为[1]，已有研究主要有三种倾向：一是认为创造性是一种或多种心理过程；二是认为创造性是一种产品；三是认为创造性是一种个性，不同人有不尽相同的创造性。林先生认为，创造性既是一种心理过程，又是一种复杂而新颖的产品，还是一种个性的特征或品质。据此，他把创造性定义为：根据一定的目的，运用一切已知信息，产生出某种新颖、独特、有社会或个人价值的产品的智力品质。这里的产品是指以某种形式存在的思维成果，它既可以是一个新概念、新思想、新理论，也可以是一项新技术、新工艺、新作品。

（2）创新人才的学理性定义。

一般来说，创新人才是指具有创造与革新才能的人，其创造与革新才能的表现有非一般性和非重复性。

林崇德先生对创新人才（创造型人才）的定义具有较大的代表性。他认为，创造型人才＝创造性思维＋创造性人格。

所谓创造性思维，也叫创造性智力因素，主要包括这样几个方面：新颖、独特且有意义的思维活动；思维加想象，即通过想象，加以构思，才能解决别人所未解决的问题；在智力创造性或创造性思维的过程中，新形象和新假设的产生带有突发性，常被称为"灵感"；智力创造性是分析思维和直觉思维的统一、辐合思维和发散思维的统一。

所谓创造性人格，也即创造性非智力因素，主要包括健康的情感，即情感的程度、性质及理智感；坚强的意志，即意志的目的性、坚持性（毅力）、果断性和自制力；积极的个性意识倾向，特别是兴趣动机和理想；刚毅的性格，特别是性格的态度特征，如勤奋，以及动力特征；良好的习惯。

除了林先生建构在心理学基础上的创新人才概念之外，也有学者[2]提出了对创新人才所必需的专业发展维度的思考。这种观点认为，对于创新人才内涵的理解，应关注创新思维、创新人格与专业发展三个维度。创新人才的专业发

---

[1] 林崇德. 教育与发展：创新人才的心理学整合研究［M］. 北京：北京师范大学出版社，2004：331.

[2] 李宣海. 教育：塑造未来奇迹的创造者［M］. 上海：华东师范大学出版社，2007：179.

展维度主要包括三方面的内容：专业高度、专业智慧与专业执行力。具体而言，专业发展基础的内容指标包括广而实的知识基础、专业兴趣与追求、专业洞察力、良好的专业敏感程度与专业实施基础（如将思想、成果转化为行动的组织能力等）。

（3）创新人才的操作性定义。

除了对创新人才的学理性定义外，当前的研究中也不乏对创新人才的操作性定义。

比较具有代表性的创新人才的操作性定义是：能够运用智慧和技能创造经济社会价值的新奇迹的各种人才，包括如下几个要素：具有智慧和技能（包括思想、知识和各种能力），能够创造价值（推动经济增长、提高生活水平和促进社会进步的价值），成果是新的奇迹（与众不同的新发明、新技术、新思路、新途径、新方法等），人才（生活和工作在各个领域的各类人）[①]。创新人才既指能做出重大贡献的优秀人才，也包括在各个领域取得创新业绩的劳动者。

实际上，也有学者就创新人才的学理性定义和操作性定义给出了综合的定义。王义高先生认为[②]，就创新人才领域而言，有心理、精神层面的创新，包括智力领域的创新（如创造性思维和创造性智力运作能力等）、情感领域的创新（如敢于、迷于、乐于创新的情感、心态和精神等）、意志领域的创新（如坚强的、迎难而上的、百折不挠的创新意志和毅力等）；有实际操作、动手能力的创新，包括物质生产领域、精神生产领域、社会活动领域的创新，含科技、艺术、日常生活等人类活动无所不及的所有大小环节上的创新。创新应是随时随地、无时不在的。

（4）创新人才概念的国际比较。

刘宝存教授在研究了国内外关于"创新"的定义后认为，尽管国内外都强调创新人才必须具有创造性、创新意识、创新精神、创新能力等，但是又有很大的差异，主要表现在以下几个方面：其一，我国明确提出了创新人才、创造型人才的概念，而国外并没有明确提出创新人才、创造型人才的概念，只有创造性思维、创造性人格等外延较窄的概念。其二，我国对创新人才的理解大多局限于"创新"上，主要从创造性、创新意识、创新精神、创新能力等角度阐释创新人才或创造型人才，而对人的知识结构、能力结构、个性品质的全面关注不够；国外则强调在全面发展的基础上培养创造性、创新意识、创新精神、创新能力等素质，强调个性的自由发展。其三，我国对创新人才的理解差异很

---

① 李宣海．教育：塑造未来奇迹的创造者［M］．上海：华东师范大学出版社，2007：6.
② 王义高．创新人才理论初探［J］．比较教育研究，2000（1）.

大，有的受领导人讲话或政府文件的影响较大，有的受西方心理学的影响较大，表现出很强的实用性，多没有支持其概念的理论基础；而国外对创新人才的理解往往把当代社会对创新的需要融入对全面发展的人才培养理念之中。其四，无论在国外还是在国内，创新人才概念的内涵都不甚明确。

我国在创新人才理念上的局限性，容易导致对创新人才的误解和实践上的偏颇。例如，有的学者把创新人才与理论型人才、应用型人才、技艺型人才对立起来；有的学者认为培养创新人才就是要使学生具有动手能力，而把创新能力与知识对立起来；有的学者认为培养创新人才就是为学生开设几门"创造学""创造方法"课程，而把创新素质与人的全面发展特别是个性发展对立起来。

在对创新人才的理解上，刘宝存教授认为应该坚持以下几点基本认识：1）创新人才是与常规人才相对应的一种人才类型。2）创新人才的基础是人的全面发展。3）个性的自由发展是创新人才成长与发展的前提。4）无论是创新还是创新人才都是历史的概念，在不同的历史时期，人们对创新和创新人才的理解都会有所不同。

2. 创新人才的类型

关于创新人才的类型，目前学界比较认可的是科学创新型和技术创新型的划分。

科学创新又称知识创新。知识创新是指通过科学研究获得新的自然科学和技术科学知识的过程。从宏观看，以知识创新为目标的科学研究已形成了特定的结构。这个结构由基础研究、应用研究和开发研究三部分组成。知识创新的目的是追求新发现、探索新规律、创立新学说、创造新方法、积累新知识。

技术创新又称技能创新。根据美国国会图书馆研究服务部的定义[①]：技术创新是一个从新产品或新工艺的设想到产生市场应用的完整过程，它包括从设想的产生、研发、商业化到扩散的一系列活动。

我国学者的研究[②]认为，技能型创新人才与其他类型的人才相比，突出强调的是技能，这是技能型创新人才的本质属性；而与传统型技能人才相比，技能型创新人才在知识经济背景下应运而生，既脱胎于传统型技能人才，又完善和丰富了传统型技能人才的内涵。研究者认为，时代变迁呼唤新一代技能型创新人才。技能型创新人才，是增强国家核心竞争力的基础力量；自主创新，需要技能型创新人才发挥"手脑并用"的特长。

3. 创新人才的素质特征

近年来，关于创新人才素质的研究层出不穷。总的来说，由北京师范大学

---

① 常东坡. 当代科技创新的特点与科技创新人才的培养 [J]. 自然辩证法研究，2005（4）.
② 钟秉林. 中国大学改革与创新人才教育 [M]. 北京：北京师范大学出版社，2008：18.

前校长钟秉林教授主编的《中国大学改革与创新人才教育》一书总结出来的创新人才应具有的素质特征较有概括性和代表性，具体包括以下几个方面：第一，博专结合的充分的知识准备。创新人才应该具备深厚的文化积淀和文化修养，应该掌握高深的专业知识和技能，并能将深厚的文化积淀和文化修养与高深的专业知识结合起来，形成一个完整有效的创新知识体系。第二，以创新能力为特征的高度发达的智力和能力。创新人才应具有如下一些特征：对创新需求的敏锐预测和正确把握能力，较强的探究能力，较强的语言表达能力，创新成果的转化能力，独立获取知识的能力。第三，以创新精神和创新意识为中心的自由发展的个性。创新人才必须具有创新精神和创新意识，要有强烈的好奇心、求知欲和探索精神，应有基本的科学态度，还要有开放的意识与合作的精神和强烈的个人责任感，以及稳定的情绪、乐观的心境、坚强的意志等。第四，积极的人生价值取向和崇高的献身精神。创新人才应有积极的人生价值取向，把创新作为人生价值观的组成部分；应有正确的义利观；应树立正确的道德评价标准。第五，国际视野、竞争意识和国际竞争力。

有学者[①]提出了相当详细的一系列创新人才的素质特征，具体包括创新意识、创新情意、创新思维、创新个性、创新品德、创新美感和创新技法等。在这里，我们着重讨论创新思维、创新人格两个方面的特征。

有研究认为[②]，创新思维中包含十大创新因子，具体包括思维的求异性、观念的批判性、观察的敏锐性、想象的丰富性、类比的深刻性、需要的紧迫性、动机的强烈性、意志的坚忍性、情感的热烈性和成功的自信性。创新思维过程中存在六大心理障碍，分别是胆怯懦弱、倦怠闲懒、兴趣狭隘、人云亦云、过早判断和墨守成规。

关于创新人格，有学者认为[③]，健康人格的培养与创新人才的培养之间具有必然的联系。而人格培养的内容包括肯定个性的存在价值、肯定人的自由意志的力量和强调合作精神。在心理学领域，吉尔福特和斯滕伯格的创造性人格理论得到较广泛的认可。吉尔福特的创造性人格特征包括：高度的自觉性和独立性，有旺盛的求知欲；有强烈的好奇心；知识面广，善于观察；精益求精；有丰富的想象力，敏锐的直觉；富有幽默感；意志品质出众。斯滕伯格的创造性人格特质七因素包括：对含糊的宽容，愿意克服障碍，愿意让自己的观点不断发展，活动受内在动机的驱动，有适度的冒险精神，期望被别人认可，愿意

---

① 张武升. 冲破创新人才培养的"壁垒"：以创新的评价体系引导创新人才的创生 [J]. 人民教育，2008（10）.

② 赖廷谦. 创新精神的培育和高校创新人才的开发 [J]. 理论与改革，2009（2）.

③ 蒋伟. 创新人才的人格素质培养 [J]. 当代教育科学，2003（2）.

为争取再次被认可而努力。

在实践性较强的领域，尤其是职业教育领域，对技能型创新人才素质的探讨也有很多。李宣海等人在研究报告中指出，技能型创新人才主要表现出七大特征：

（1）对职业环境和岗位目标有全面的认识，与传统型技能人才相比，根本区别在于在生产实践中变被动为主动，从一线操作者变成创新者。

（2）对技能的掌握到了熟能生巧的程度。

（3）具有扎实的专业知识和广泛的兴趣。

（4）既十分听话，又能有所甄别，遵循技能传承的一般规律。

（5）很守规矩又敢于突破。

（6）十分勤快又勤于学习。

（7）特别能干，参与合作。

也有学者认为[①]，技能型创新人才的素质特征包括深厚的知识基础、突出的创新精神、卓越的实践能力和高度的责任心。

4. 创新人才的理论

（1）教育在创新人才培养中的作用。

北京师范大学前校长钟秉林教授主编的《中国大学改革与创新人才教育》一书，对创新人才培养与教育的关系进行了深刻探讨。该书认为，创新教育需要进行横向和纵向两个维度的探讨。纵向包括学前、小学、中学和大学。横向包括：1）创新人才的培养需要有先进的理念来指导；2）制度是创新人才培养的有力保障；3）培养模式是创新人才培养的具体途径；4）方法是创新人才培养的重要手段；5）内容是创新人才培养的基础。

此外，该书还专门提到了大学在培养创新人才中的地位和作用：首先，大学是创新人才成长的关键阶段。这主要是由大学生的身心特征决定的，大学阶段对于创新人才来说是一个从培养到应用的转折点。其次，大学是创新人才培养的重要阵地。学术自由的传统为创新人才的培养提供了较为宽松的大环境，使学术更加繁荣，为创新人才的培养提供了平台。此外，学科多、基础扎实为大学培养创新人才提供了宽广的领域，大学具备现实条件。最后，大学是高层次创新人才培养的重要基地。大学是高深知识的发源地，是高科技创新的主体之一，并且大学教师对高级创新人才有精神感召作用。

（2）创新人才的成长条件和环境。

李宣海等人的研究认为，影响创新人才培养的因素有四个，分别是政府、

---

① 翁庆余. 科技创新人才的素质特征［J］. 现代大学教育，2002（5）.

科研机构、企业和教育。

有学者[1]研究了英美名校创新人才形成（成长）条件，认为这些条件值得我们学习，具体包括：确定多元化的"好学生"标准、以勤奋为创新人才的基石、将诚信作为人的道德底线、提倡批判性思维、创造宽松的环境和创新的氛围。

有学者[2]认为，转变教育观念，摒弃传统的教育模式，形成有利于创新人才培养的氛围，抓好培养创新人才的条件建设，要注重以下几方面：首先，良好的育人环境是培养创新人才的前提条件；其次，建立新的教学模式是培养创新人的基础条件；再次，教师素质转型是培养创新人才的关键条件；最后，建立有效的激励机制是培养创新人才的保障条件。

清华大学的教务人员从实践层面提出要完善学分制以营造创新人才成长的环境。他们的研究[3]认为，培养创新人才的关键在于营造创新环境，而学分制有利于优化人才培养体系，使管理模式更加灵活，更具有适应性，同时有利于增强学生的主体意识，发展他们的个性，从而优化办学资源，提高办学效率。从这个意义上说，学分制为创新人才的培养提供了空间。

还有学者[4]研究了国外科技创新人才的培养环境，提出了诸如加大政府的资金投入、引进科技创新人才、完善科技创新人才管理机制以及创造多元化的投资环境、宽容失败的环境、信息公开、创造资源共享的环境和加强大学与企业的密切合作等可供借鉴的创新环境措施。

（3）建立和完善创新教育体系。

有学者认为[5]，创新教育体系一般由创新人才培养系统、创新人才成长环境系统和创新教育实施管理系统三大部分组成。创新人才培养系统是核心，由培养计划规范的第一课堂与充分尊重学生个性的第二课堂有机结合；创新人才成长环境系统是保证，主要包括师资队伍、教学硬件、校园文化和教与学的激励与导向机制等；创新教育实施管理系统是保障，主要包括组织机构、工作条例和经费保障机制等。

李宣海等人的研究认为，完善创新人才培养体系必须确立三个核心理念：学生主体性理念、教育开放性理念和育人整体性理念。同时要构建三个系统：学校教育各环节互为联动的系统，大中小幼各学段纵向衔接的系统和政府、学

---

① 王运来. 从英美名校的大学文化看创新人才的形成条件［J］. 现代教育管理，2009（2）.
② 周强，葛翠茹. 论高校培养创新人才的条件建设［J］. 理论观察，2003（2）.
③ 顾佩，邓丽曼. 完善学分制 营造创新人才成长环境［J］. 清华大学教育研究，2002（3）.
④ 宋克勤. 国外科技创新人才环境研究［J］. 经济与管理研究，2006（1）.
⑤ 彭小波. 创新教育与创新人才培养研究［J］. 河南社会科学，2008（5）.

校、社会与家庭横向沟通的系统。

现有关于创新教育体系的研究多集中在对高等教育的关注上。有学者①认为，高校创新教育体系的框架可以概括为：确立一个前提，加强三个基本建设，实施五个方面的创新。具体来说，树立创新教育观念是开展创新教育的前提，三个基本建设即教学硬件建设、师资队伍建设和校园文化环境建设，而五个方面的创新则包括人才培养模式创新、教学内容和教学方法创新、实践教学创新、课外教育创新以及管理机制创新。具体来说，有学者②建议可以采取这样几个措施：第一，开设全校性的"创造学系列课程与讲座"；第二，设立具有创新精神的全校性的"核心课程体系"；第三，拓宽教学时空，转变传统的课堂教学、实验教学、课程设计、毕业实习、毕业设计或社会调查与毕业论文的训练方式，将校园文化、科技活动、多种社会实践融入学生的培养途径中，使学生创新能力培养向多渠道、开放式、规模化发展；第四，创建创新教育活动基地，加强创新实践教学；第五，成立大学生创新协会，下设分会，进行各种各样的创新活动，并定期举行创新活动竞赛和创新成果评比，对优胜者进行适当的奖励。

（4）现行教育体制在创新人才培养中的问题。

总的来说，各方面的问题主要有：在学校方面，教育体系过于封闭，人才培养模式单一；在课程方面，高校陈旧封闭，中小学偏多偏难；在学生方面，创新意识和创新能力发展受到抑制；在教师方面，知识结构老化，自身创新素质欠佳；在评价方面，单一僵化和急功近利现象严重；在政府方面，管理职能转变迟缓，制约学校自主办学；在社会方面，支持并参与学校教育的机制缺乏；在文化方面，传统文化的负面影响制约创新人才培养。

李宣海等人的研究还总结了上海基础教育在创新人才培养上存在的主要问题及其原因：首先，青少年创新素质现状堪忧。具体表现在过于追求基础知识扎实，迷信权威，视野较窄，缺乏对问题的分析和判断能力；科学素养和人文素养不容乐观，课余时间多去上文化课辅导班，科技活动太少；好奇心逐渐减弱，创新思维能力较为薄弱；习惯于课本学习，创新实践体验较为薄弱；缺乏开拓进取心，创新意志品质较为薄弱；自我中心思想突出，缺乏团队合作精神。而学生创新能力不足的主要原因在于：宏观决策与具体行动策略相脱节；功利化的人才培养模式制约了学生创新精神和能力的培养；课程缺乏选择性、开放性，难以适应学生创新能力的发展；招生考试评价制度改革滞后，制约了基础

---

① 张国梁，朱泓. 大学生创新能力的培养途径与机制［J］. 中国大学教学，2003（6）.

② 周红. 对高校建立创新教育体系的思考［J］. 煤炭高等教育，2001（3）.

教育的改革与创新；教师自身的创新能力严重不足，直接影响学生的创新能力发展；学校依法自主办学能力不强，制约了教育创新；校外教育机构的功能正在异化与弱化；"科举""中庸"的传统文化不利于创新人才的培养。

（5）发达国家的经验。

已有研究对于发达国家在培养创新人才方面的经验介绍主要集中在国家、学校、社会这三大方面。

首先，国家为创新人才培养提供了强大的政策支持和雄厚的资金支持。发达国家将培养创新人才作为一项国家计划，先后发表了一系列的重视科教、加强创新人才培养的政策文件。比如日本的《科技白皮书》，推行"21世纪COE计划"（注：特别优秀的研究教育基地计划）；美国总统签署《美国竞争力计划：在创新中领导世界》；英国发表《21世纪的技能：实现我们的潜力》等白皮书；韩国通过了《资优教育法》，并实施英才教育振兴计划；等等。在资金方面，发达国家采取给大学增拨科研经费、设置创造教育专项经费、将国家实验室下放至大学、设立资助创新教育的项目和奖项等措施，为创新人才的培养提供资源支撑。比如美国政府设立了技术创新挑战资助项目、杰维茨天赋学生教育项目、国家年度教师奖等。英国文化、媒体与体育部建立了保证所有学校都有创造教育的专项经费机制。日本政府不仅为"21世纪COE计划"提供重点资助，还制定了"支持万名博士生计划"，支持大学实施"创新教育工程"，并出资在日本学术振兴会设立了"推进开拓未来的学术研究事业"，以此推进日本富于创新的前瞻性研究。

其次，在学校方面，培养方式灵活多样不拘一格。学校以学生为中心，关注学生的兴趣、爱好，学校课程门类多样化、国际化，开设小班研讨课，实行学分制，注重个性教育。大学注重学科群、学院群的建设。高校建立创新研究中心，开设创新学位课程，如美国佐治亚大学设立的"托伦斯创新研究中心"、哈佛大学的"零项目"等。在教学上，注重激励启发、指导研究和鼓励创新。此外，建设优秀师资队伍以及适宜的学术环境，也是培养创新人才的保证。

最后，在社会方面，注重社会的积极参与及有效合作。这主要表现在社会对学校创新人才提供的实践机会以及资金上的支持。

在培养技能型创新人方面，发达国家也有一些可供借鉴的经验[①]，如创新能力的培养通过教学大纲来贯彻，教材编写"生活化"，相信每个学生的能力，发挥教师的引导作用，发挥企业在职业教育中的重要作用，等等。

总结发达国家的经验，对我们的启示主要有：在培养目标上，需要深入分

---

① 李宣海. 教育：塑造未来奇迹的创造者 [M]. 上海：华东师范大学出版社，2007：401.

析我国人才培养的"薄弱点"，让创新人格与创新思维成为可能；在课程设置上，走出课程的"教科书态"，做到课程设置的刚性与弹性相结合；在教学方法上，让"自主探究式"学习成为可能。

（6）创新人才培养。

培养创新人才，就是要从提高学生的创新素质、开发学生的创新思维、增强学生的创新意识和创新能力开始，使学生今后能够发展成具有创造能力的创新人才。

综合已有研究，创新人才的培养主要应从这几方面入手：第一，要确立学生的主体地位，充分尊重学生的个性和自由，这样才能充分激发学生的创造潜能。第二，要改革课程教学体系。传统的课程重知识传授，轻探索发现，重视理论基础建构，忽视学生实践能力的培养，而创新需要在思考和实践中产生，这样学生无疑连创新的机会都失去了。另外，很多学校专门开设"创新课程"，并列为学生的必修课。有学者认为①开设几门创新课程就能培养创新人才，这显然是把创新知识等同于创新能力与创新素质，是狭隘的理解。第三，要加强教师队伍建设，培养创新型教师。有学者认为②，由于教育过程是通过教师的言传身教以及对于文化的身体力行实现的，要坚持教育创新，就必须从教师的工作入手，让教师从传统教育观念与陈旧僵化的教学方法桎梏中解放出来，使他们不仅成为知识的传播者，更成为一个教学过程中自觉带动学生进行知识建构和知识创新的探索者。第四，要改变传统的教育评价方式，建立有利于创新人才成长的评价体系。李宣海等人通过对发达国家创新人才评价体系的研究，认为我们的教育评价方式应有如下转变：减少终结性评价，增加形成性评价；评价标准应多元化；重视评价的激励与监督作用，淡化其选拔和考评作用。第五，要培养学生良好的心理素质，如坚强的意志、执着的探究精神、乐观向上的积极心态以及稳定的心态等。第六，要创造良好的学校文化氛围。在一种宽松和谐的校园文化环境中，学生的创造力能够得到更充分的发挥。

在创新人才培养的教学内容方面，有很多学者不约而同地提到了人文素养和科学素养的融通这一方法。持这种观点的学者认为，重视人文素养教育，有利于提升创新人才的整体智慧水平，有利于创新人才非智力因素的培养，使创新人才个性品质真正得到发展。

还有学者从教学方法方面提出了建议。这种观点③从多元智慧理论出发，

---

① 熊丙奇. 高校创新人才培养的两大误区及调整策略［J］. 中国高等教育，2008（5）.

② 王宇航. 教师与创新人才的培养［J］. 教育发展研究，2004（4）.

③ 肖海涛. 多元智慧理论观照下的创新人才培养［J］. 深圳大学学报（人文社会科学版），2007（7）.

认为它既包含又超越了智商和情商理论，强调人的智慧的多元性和可发展性。这对于创新人才培养具有很大的启发意义。创新人才的培养需要充分开发人的多元智慧，需要尊重与激励，需要重新审视这些基本的教育思想，如有教无类、因材施教、全面发展等，使它们焕发出新的生机。

此外，还有学者指出了实践教育、交往教学等方式在培养创新人才中的重要作用。

在具体的人才培养模式中，有学者提出了技能型创新人才培养模式[①]，主要包括以下几点：第一，"工学结合"，如校企合作中高职相通等。这是有利于培养技能型创新人才的办学模式。第二，"项目导向"，这是有利于培养技能型创新人才的教学模式。第三，实践为本、创新为魂。

（三）建设我国的教育创新政策体系[②]

党的十八届五中全会提出"创新、协调、绿色、开放、共享"五大发展理念，不仅重申了党的十八大提出的实施"创新驱动发展战略"的重大举措，而且将创新发展摆在首位，这标志着创新发展已经成为我国的重大战略部署。教育创新是创新发展和建设创新型国家的基础和核心内容，实施政策与制度创新是推进我国教育创新的关键举措。实施创新发展和教育创新，亟待建设系统化的教育创新政策体系。

1. 教育创新是创新发展和建设创新型国家的基础

（1）教育创新是创新发展的基础。

2014年6月9日，习近平总书记在中国科学院第十七次院士大会、中国工程院第十二次院士大会上指出："党的十八大作出了实施创新驱动发展战略的重大部署，强调科技创新是提高社会生产力和综合国力的战略支撑，必须摆在国家发展全局的核心位置。这是党中央综合分析国内外大势、立足我国发展全局作出的重大战略抉择。"党的十八大以来，习近平总书记关于创新和创新发展的系列重要讲话，确立了我国实施创新发展战略的重大政策方向。

创新是当今世界的趋势。进入21世纪特别是后金融危机时代，自主创新能力成为世界各国综合国力竞争的核心要素。知识经济、全球化、信息化和智能化已经成为世界发展的基本趋势，国家之间的竞争日益体现为以自主创新能力为核心的综合国力的竞争。在这样的背景下，反思和革新传统发展观已成为一种历史潮流。在从传统发展观历经科学发展观到提出创新发展理念的过程中，

---

① 李宣海. 教育：塑造未来奇迹的创造者 [M]. 上海：华东师范大学出版社，2007：387.
② 这部分内容曾以《论建设我国的教育创新政策体系》为题发表于《教育研究》，2016（10）。

全球的产业链条加速调整，以知识和技术创新为基础、以产业结构升级为主要内容的新发展方式已被普遍接受。世界主要国家都将创新作为提高国家竞争力的重大战略，纷纷谋划和建设本国的创新体系。

创新也是我国实现可持续发展的必然要求。一是我国人口目前正在快速老龄化。2020 年，我国 60 周岁及以上人口 26 402 万，占总人口的 18.7％，65 周岁及以上人口 19 064 万，占总人口的 13.5％。根据联合国发布的最新预测，到 2050 年，中国 60 岁及以上老人将达 34.1％，远远高于大部分发达国家。在快速老龄化的背景下，我国经济社会快速发展所依赖的低成本劳动力带来的人口红利正在消失，必须转向依靠"教育红利"或者"人才红利"推动经济增长。二是改革开放 40 多年来，经济社会高速发展所积累的社会与民生问题集中显现，传统发展方式已经不可持续，产业结构和发展方式亟须转型。三是无论从人才培养、科研水平还是全球竞争力等方面来看，与发达国家相比，我国的自主创新能力仍存在较大差距。面对这些新的复杂问题，我们要顺利实现"两个一百年"奋斗目标，必须尽快改变经济社会发展战略。中国的发展需要从要素驱动、效率驱动转变为创新驱动，需要从世界工厂转变为世界的实验室，需要从"中国制造"转变为"中国智造"，需要从高成本、高能耗的单一 GDP 增长模式转变为"创新发展、协调发展、绿色发展、开放发展与共享发展"的模式。

教育是培养人才和增强民族创新能力的基础，必须放在现代化建设的全局性战略性位置[1]。在建设创新型国家的进程中，教育起到基础性、先导性、全局性的作用[2]。"建设创新型国家，教育是源头，人才是关键。"[3] 世界经合组织（OECD）在《国家创新体系》报告中指出，创新是不同主体间生产、传播和应用不同类别知识过程中方向复杂的互相作用的结果。一个国家的创新能力在很大程度上取决于这些主体在创造知识的大系统内彼此如何发生作用，这些主体包括政府部门、企业部门、科研部门和教育部门，它们在各自范围内各司其职，并且协同合作，组成一个网络系统，推动国家创新体系的协调运行[4]。而且，作为教育核心功能的人才培养、科学研究、社会服务和文化传承等方面，既是创新发展的核心内容，也是国家创新体系中发挥基础性和纽带作用的重要因素。可见，教育创新在创新发展和建设创新型国家进程中的作用是基础性的、不可替代的。

---

① 江泽民．在庆祝北京师范大学建校一百周年大会上的讲话［N］．人民日报，2002 - 09 - 08.
② 刘川生．教育创新：建设创新型国家的根本动力［N］．光明日报，2009 - 06 - 03.
③ 胡锦涛．在全国科学技术大会上的讲话［N］．科技日报，2006 - 01 - 10.
④ 李东．美国的国家创新体系［J］．全球科技经济瞭望，2006（3）.

（2）创新型人才培养是教育创新的核心内容。

本文所说的教育创新，主要是指在创新概念提出和创新型国家建设的背景下，教育系统与企业创新、非企业创新（如理论创新、制度创新、组织创新、科技创新）和国家创新体系等其他创新系统之间以及教育系统内部各要素之间基于一定的价值观、在相互作用过程中所发生的一系列理论、制度与实践层面上的变革。教育创新的内容主要包括教育理论创新、知识创新、人才创新、管理创新、文化创新和提升教育的国际化水平。

教育创新的核心任务是培养创新型人才。人的现代化是国家现代化、社会现代化和教育现代化的基本与核心。人才培养是教育的根本任务。在创新驱动发展的时代，如何培养创新型人才更是现代化教育必须回答的问题。现代化人才的核心素养之一就是创新精神与创新能力。《教育规划纲要》就已经提出了培养"创新型、复合型、实践性人才"以及培养创新创业人才的迫切要求。《中国学生发展核心素养》则明确提出我国学生发展的六大核心素养，即人文底蕴、科学精神、学会学习、健康生活、责任担当、实践创新。

在学生核心素养培育日益受到重视和创新已经成为国家、社会发展新动力的现代社会，教育必须以培养创新型人才作为自己不可推卸的责任。一方面，就基础教育来说，在培养创新型人才的过程中，基础教育具有鲜明的基础性、奠基性作用。早期教育的理论和实践研究表明，人的创新性的发展早在人生的婴幼儿时期甚至胚胎时期就已经开始了。在基础教育中，高中阶段教育对于创新型人才培养具有关键作用。尽管高中阶段并不像高等院校那样直接培养科学家，但从生理和心理发展阶段看，创新型人才的创造精神和创新能力的培养，主要是在高中阶段奠定的基础。另一方面，就高等教育来说，高等院校在国家创新体系中主要具有人才创新、知识创新和技术创新三大功能[①]。其中，人才创新是高等学校的根本任务和核心功能。人才是一切创新活动的主体，没有人才的创新，就不可能有整个国家的创新。对于高等教育来说，人才创新就是要培养更多的创新型人才。培养富有时代精神的创新型人才，核心途径就是不断提高高等教育的教学质量和有针对性地进行创新创业教育。前沿知识创新与技术创新是进行人才创新的前提和基础，知识创新依赖教师和研究生的科学研究，而技术创新则必须通过产学研合作与校企融合来实现。提高高等学校教学质量，进行创新创业教育，加强科研创新和实施产学研结合、校企融合，是实现人才创新的必备要素。

通过教育创新来培养创新型人才，已经逐渐成为世界主要国家实现创新战

---

① 周绍森．科技创新论［M］．北京：高等教育出版社，2002：326–328.

略目标的核心措施。在这方面，以北美和北欧等为代表的发达国家已经走在了世界前列。美国在 2004 年的《国家创新启动计划》中明确了实现创新的三种途径，即人才、资金和基础设施建设，突出了创新型人才培养的重要意义，为教育创新提供了有力支撑。德国也推出"教育起飞"等三项人才培养和动员计划，不断加大人才培养投入，以此作为提升国家竞争力的根本。芬兰政府早在 20 世纪 90 年代就建立了以企业为主体、市场为导向、产学研结合、创新型人才培养为主线的创新体系，其国家创新战略的核心是通过教育创新和大学改革大幅提高国家创新力。日本政府高度重视以人才培养为核心的教育创新工作，通过国家层面深化大学改革来培养拔尖创新人才，通过在教育领域加大投入，促进技术创新活动的开展。

2. 科学认识和处理教育创新与国家创新体系的关系

随着创新发展理念和教育创新理念的提出，我国围绕创新型人才培养这个关键环节，在教育领域实行了一系列改革。如陆续提出了科教兴国战略、人才强国战略、建设人力资源强国战略和建设世界科技强国的要求，基础教育领域坚持推进素质教育，高等教育领域坚持提高质量，推进高考招生制度改革，实施了高等学校教学质量与教学改革工程、基础学科拔尖学生实验计划、"五个卓越人才培养计划"、试点学院改革项目等等。尽管提出了许多明确的政策要求和推进了一系列改革计划，但教育创新的各个系统和要素之间还存在彼此难以协同的现象，还处于各自为战的状态，教育创新领域自身及其与现有的国家创新体系之间尚未形成完整的、完善的、高度融合的政策体系。特别是教育创新目前尚未全面纳入国家创新体系，教育创新的基础性、动力性作用尚未得到充分发挥。

按照 OECD 的分类，国家创新体系包括知识创新体系、技术创新体系、知识传播体系和知识应用体系四个主要部分[①]。2006 年，全国科技大会颁布《国家中长期科学和技术发展规划纲要（2006—2020 年）》，提出自主创新、建设创新型国家的战略，并设计了一个国家创新体系的框架。在这个框架中，我国国家创新体系包括知识创新体系、技术创新体系、国防科技创新体系以及区域创新体系和科技中介服务体系。

按照《国家中长期科学和技术发展规划纲要（2006—2020 年）》的描述，这五个部分都具有特定结构和功能指向，其中只有知识创新体系与教育领域具有直接的明显的关系，且主要涵盖了高等学校尤其是高校之中的研究型大学。这样一个国家创新体系的设计具有明显的弱点，主要表现为，五个系统中各子

---

① 路甬祥. 建设面向知识经济时代的国家创新体系［N］. 光明日报，1997 - 07 - 13.

系统之间缺乏深度融合，存在创新动力不足，各股创新力量各自为战，绩效不显著，资源投入分散、不充分，难以形成合力等突出问题。导致问题的根本症结有两个：（1）国家创新系统中的各个子系统之间没有形成协同创新的工作机制；（2）没有一个可将五个系统紧密联系在一起的纽带，没有体现教育这个领域的核心要素与五个系统之间的实际存在的密切联系。第一个症结，已经通过实施"2011 计划"在一定程度上得到解决，至少是得到了缓解。而第二个症结迄今为止始终没有得到很好解决，已经成为制约我国国家创新体系建设和国家创新竞争力提升的一个主要问题。

实际上，教育领域的核心要素与现有的国家创新体系的五个部分之间具有密不可分的联系（见图 4-1）。

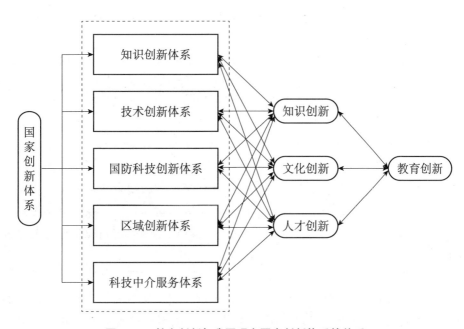

图 4-1 教育创新与我国现有国家创新体系的关系

教育的核心价值在于为其他创新体系和主体提供前沿知识、创新型人才以及孕育创新所需的先进文化。前沿知识、创新型人才、创新文化这三个核心要素，就像一条纽带，把知识创新体系、技术创新体系、国防科技创新体系、区域创新体系、科技中介服务体系有效地联结起来。如果缺少了这三个核心要素的支撑和联结，很难想象一个创新系统能够正常运行，更不要说能够不断优化和发展了。同时，教育系统特别是高等学校的科技研发及其成果转化又是技术创新体系和管理创新体系的有机组成部分。其中，创新型人才的培养是支撑国家创新体系高水平运行和不断优化的最本质、最核心的要素。正是从这个意义上说，教育创新为建设创新型国家提供了源源不断的动力，是联结现有国家创新系统各个子系统的纽带，是创新发展和创新型国家建设的坚实基础，也是创新型国家建设在教育领域的一种实践创新。

基于教育创新的重要地位、我国现有国家创新体系存在的弱点以及教育创新领域还未形成系统政策体系的现状，在创新发展的大背景中，我国的教育政策活动必须做出主动的、系统的、前瞻性的反应。我们必须通过体制改革，充分释放社会创造力①。必须关注创新问题，必须认真研究公平与创新的关系，必须着力建设创新优先的教育政策体系，必须着力建设有利于促进系统教育创新活动的教育创新政策体系，以推动建设与现有国家创新体系紧密联系、相辅相成乃至高度融合的教育创新体系，最终形成以知识创新为基础、以技术创新为龙头、以创新型人才培养为核心的符合社会主义市场经济规律和教育、科学研究自身发展规律的国家创新体系与宏观科教管理新体制。

在原有国家创新体系所包括的知识创新体系、技术创新体系、国防科技创新体系、区域创新体系和科技中介服务体系五个部分的基础上，把教育创新体系作为第六部分，有机地嵌入原有的国家创新体系中，建设新的"5+1"国家创新体系（见图4-2）。

"嵌入"的意思是：一方面，教育创新体系作为一个相对独立的部分，成为国家创新体系的有机组成部分，充分发挥基础性、动力性作用；另一方面，教育创新体系以其特有的知识创新、人才创新和文化创新要素成为联结知识创新体系、技术创新体系、国防科技创新体系、区域创新体系和科技中介服务体系五个部分的纽带。此外，利用人才培养和文化建设为国家创新体系的运行与发展提供源源不断的动力。

在新的国家创新体系中，还要注意明确不同国家创新主体的分工，建立不同创新主体之间的沟通网络，建立区域教育创新中心及联动机制，优化高等教育布局结构，并以现代互联网技术为基础，构建起知识创新、技术创新与人才培养一体化的新的国家创新体系。

3. 建设我国教育创新政策体系的基本要求

(1) 推进科教融合，合作培养创新型人才。

应及时采取科学的政策和制度安排，改进当前科教分离的体制，发挥优势、克服劣势，推进科研系统与教育系统的融合，探索中国特色的科教融合路径，加快促进创新型人才的培养。要建立跨部门合作机制，建立尽可能融合科研系统和教育系统的宏观科教管理体制；在实践中淡化领域界限，充分发挥协同创

---

① 陈宝生. 政治体制改革在深化 [J]. 求是，2016 (5).

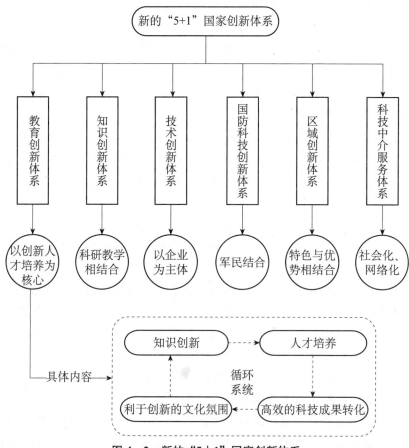

图 4 - 2 新的"5+1"国家创新体系

新中心的作用,促进科研院所与高校的实质性合作,高校特别要重视基础研究,并努力在科研实践中培养创新人才;推动组织战略转型,建立具有实际可操作性的"旋转门"制度,以融合为导向促进科研组织和教育机构的共同改革;重视建设多层级的资源、信息共享平台,建设完善的高等院校、科研院所、政府和企业一体化知识创新网络,形成免费共享与有偿使用相结合的知识、信息资源使用机制。

(2)提高高等教育质量,培养拔尖创新人才。

高等教育是培养创新型人才的主阵地。在我国高等教育从规模扩张过渡到提高质量的进程中,建设世界一流大学与一流学科,是培养创新型人才的必然要求。要改革大学的拨款制度,逐步从按学生规模进行拨款过渡到按大学发展的绩效进行拨款,激励大学控制规模,提高质量。要稳步改革高考制度,在保障基本教育公平的基础上,重视创新型人才的选拔和培养,构建人才培养的立交桥；以人事制度、科研评价制度改革和有利于创新的大学文化建设为核心，推进大学综合改革；持续提高大学的国际化水平，加强双向的国际学术交流，充分利用国际化进程提高人才培养质量。特别需要注意的是，在高等教育大众化进程中、在关注教育公平的过程中，务必保留和发展"精英教育"的传统，重点培养拔尖创新人才和各级各类高层次人才。

（3）重视基础教育在培养创新型人才中的基础作用。

基础教育在培养创新型人才中具有基础性作用。创新型人才的培养不是高等教育的专利，实际上在人的早期教育阶段，创造性的培养就开始了。其中，高中阶段教育在培养创新型人才方面具有关键作用。所以，要特别重视早期教育、义务教育、高中阶段教育和高等教育的协同育人在培养创新型人才方面的重要性。应逐步建立系统的创新型人才鉴别与选拔机制，尽早发现具有创新性的人才，并进行以家校协同为基础的追踪化系统培养。严格遵守《教育规划纲要》的要求，开全开齐高中阶段课程，为创新型人才成长奠定综合的知识基础和坚实的文化基础。切实加强学校体育美育工作，发挥体育、艺术教育在培养创新型人才中的特殊作用。重视大中小学以及幼儿教育在培养创新型人才方面的衔接，特别是高中阶段教育与大学教育的衔接，为创新型人才早期的发展和健康成长提供有利的环境和条件。

（4）改革人才培养模式，建设系统化的创新人才培养体系。

各级各类学校应全面贯彻落实《教育规划纲要》关于人才培养模式改革的基本要求，在教育教学中真正做到"学思结合、知行统一、因材施教"，把社会责任感、创新能力、实践能力的培养融入各种教学内容和活动中，推进教学方式和学习方式的变革，探索多种培养模式。注重培养学生，使其具备综合的知识结构，具有高度的社会责任感，具有从事创造性劳动并取得创造性成果的能力，如终身学习的能力、学思结合的能力、独立探究的能力、知行统一的能力、合作的能力等；注重按 T 型素质结构培养创新型人才[①]。积极推进课程教材与教学改革，改革教学内容呈现方式，改革教学制度，充分利用现代信息技术改革教学系统。要促进学校与家庭、学校与企业、学校与社会、学校与政府以及大中小学与幼儿教育之间的协同育人，特别是要注重建设系统化的创新型人才培养体系，把实施素质教育，开展动手、动脑和联系社会的实践活动，进行通识教育，培养社会责任感，推进课程教材和教师教育改革，进行有利于创新的文化变革等方面有机结合起来，形成一个创新型人才的系统化的培养体系（见图 4-3）。

---

① 林崇德. 创造性人才特征与教育模式再构 [J]. 中国教育学刊，2010 (6).

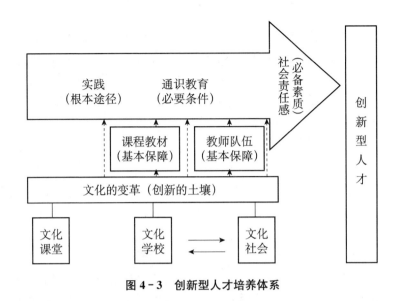

图 4 - 3　创新型人才培养体系

（5）建设一支富有创新精神的高素质专业化教师队伍。

教师富有创新精神才能培养出创新型的人才，推进教育创新必须着力建设一支富有创新精神的高素质专业化的教师队伍。要坚持立德树人，培养有理想信念、有道德情操、有扎实学识、有仁爱之心的德才兼备的"四有好老师"。坚持不断提高教师学历标准，提高教师队伍的专业化水平，破除幼儿教育、基础教育教师学历可以低一点的传统观念，吸引高素质、专业化教师从事幼儿教育和基础教育。坚持利用信息化、国际化和终身学习的途径，建设富有创造精神和创新能力的教师队伍；逐步实施教师职称制度改革，破除论资排辈的陋习，使年轻有为的教师脱颖而出。坚持建设开放的教师教育体系，克服封闭师范教育体系的弊端，推动教师教育综合发展和开放发展，充分利用师范院校的开放发展和综合化进程反哺教师教育，提高人才培养质量和人才的竞争力。不断提高教师待遇，引导、激励教师追求卓越，并善于引导全体教师不断从中华优秀传统文化中汲取教育改革创新的营养。

（6）重视在全社会推进科普教育。

习近平总书记指出："科技创新、科学普及是实现创新发展的两翼，要把科学普及放在与科技创新同等重要的位置。"[①] 不断完善素质教育体系，把科普教育作为素质教育的重要内容，加快科普教育在中小学教育中的制度化、系统化

---

① 习近平．为建设世界科技强国而奋斗：在全国科技创新大会、两院院士大会、中国科协第九次全国代表大会上的讲话［N］．人民日报，2016 - 05 - 30.

和普及化，并探索把科普教育内容纳入学校教育评价体系的可能性；充分利用家庭教育和社会教育系统推进科普教育，充分利用博物馆、图书馆、少年宫等校外教育机构的优质资源推进科普教育，并通过家校合作、政校合作、校企合作来提高科普教育效果；在科教融合的整体进程中，积极推进科研与教学融合、科研工作者与教育工作者合作，特别是广大科技工作者要"以提高全民科学素质为己任，把普及科学知识、弘扬科学精神、传播科学思想、倡导科学方法作为义不容辞的责任"①；重视科普读物的写作、出版和传播。改进科研评价制度，把科普读物、科普教材、科幻文学作品等纳入高校和科研机构的绩效评价中，建立公共利益与市场机制相结合的科普读物、科普教材、科幻文学作品出版制度；借鉴历史和国外经验，建立系统的青少年科普实习、实践、实训基地制度和相应的保障制度，确保实施科普教育的积极性和科普教育的实效性。

（7）推进有利于创新的文化变革。

文化是创新的灵魂和土壤，文化越来越成为民族凝聚力和创造力的重要源泉，越来越成为综合国力竞争的重要因素，越来越成为经济社会发展的重要支撑。创新文化是教育创新和培养创新型人才的土壤，教育创新依赖于创新文化建设。应致力于建设创新性的课堂文化，根据创新型人才培养的要求创新教学制度安排，注重培养学生的创新思维、批判性思维和动手动脑解决问题的习惯与能力。彰显学校精神、历史传统和时代要求的学校文化，将创新文化作为校园文化建设的核心内容之一。建立健全激发创新意识、优化创新环境、鼓励创新思想和创新行为的社会制度体系，培育有利于创新人才脱颖而出的社会文化，形成尊重劳动、尊重知识、尊重人才、尊重创造的良好社会风尚。

四、教育评价问题②

新时代提出了我国教育评价改革的新要求。2020 年 6 月 30 日，中央全面深化改革委员会第十四次会议审议通过了《深化新时代教育评价改革总体方案》。会议指出，教育评价事关教育发展方向，要全面贯彻党的教育方针，坚持社会主义办学方向，落实立德树人根本任务，遵循教育规律，针对不同主体、不同学校不同类型教育特点，改进结果评价，强化过程评价，探索增值评价，健全综合评价，着力破除唯分数、唯升学、唯文凭、唯论文、唯帽子的顽障痼

---

① 习近平. 为建设世界科技强国而奋斗：在全国科技创新大会、两院院士大会、中国科协第九次全国代表大会上的讲话［N］. 人民日报，2016 - 05 - 30.

② 这部分内容曾发表于《中国高教研究》，2020 (11)。

疾，建立科学的、符合时代要求的教育评价制度体系。

新时代我们要实现教育现代化与建设教育强国，教育改革创新面临着许多重大的挑战和新的历史任务。教育评价改革在教育改革创新中具有关键的、前瞻性的、引领的地位，事关教育发展方向。新时代我国的教育评价改革必须从中国特色社会主义发展的总体要求出发，以习近平总书记关于教育的重要论述为指导思想，以教育评价的全面性、整体性、系统性改革为方法论原则，把握好教育评价改革的若干新要求。

1. 教育评价改革要树立新标准

党的十八大以来，特别是党的十九大以后，习近平总书记做出了一系列关于教育的重要论述，在全国教育大会上提出了教育"九个坚持"新理念新思想新观点，确立了新时代我国教育改革创新的指导思想。在 2016 年全国高校思想政治工作会议上习近平总书记鲜明地提出了教育的"四为"方针，明确了新时代我国教育改革创新的基本方针。党和国家陆续提出了一系列人才培养的新标准新要求，如坚持立德树人，培养创新型人才，培养学生的必备品格与关键能力，培养担当民族复兴大任的时代新人，实施劳动教育，等等。新时代党和国家人才培养的新标准新要求是教育改革创新的新任务。教育评价改革必须遵循教育"九个坚持"，贯彻"四为"方针，把立德树人作为根本任务，把党和国家一系列人才培养的新要求作为新标准。

2. 教育评价改革要面向新问题

近代以来，为了救亡图存、富国强兵，我们开始逐步学习国外特别是西方的科学技术。西学东渐成为过去 300 多来我国知识传播的基本特点。特别是改革开放以来，这个进程大大加快了，范围大大拓宽了，并且从某种意义上成为改革开放的重要智力支撑。依靠西学东渐已不可能支撑我们实现第二个百年奋斗目标。在创新驱动发展的时代，我国必须更多地依靠本土的创新。教育是创新的沃土，是培养创新人才的主要途径。如何大力促进培养创新人才，如何鼓励和扶持中国本土科技创新，如何实现中国本土创新与西学东渐之间的平衡，是新时代教育评价改革必须面对的新问题。

3. 教育评价改革要完成新任务

一般而言，人类社会的知识体系是由自然科学与人文社会科学两个主要的部分组成的。自然科学承担着认识自然、改造自然的任务，人文社会科学承担着认识人与社会、改造人与社会的重任。自然科学往往是"价值无涉"的，人文社会科学则承担着构建一个国家民族价值体系与传承民族文化传统的根本任务，是不同于自然科学的知识体系，是与文明、思想、价值、文化、意识形态等要素息息相关的，也是因文明而不同、因民族而不同甚至是因国家而不同的。

在新时代，我们要全面建成社会主义现代化强国，就要具备领先世界的中国特色知识体系，不仅要有领先世界的自然科学技术，还要有引领世界的人文社会科学体系。在教育领域，主要是大学特别是研究型大学肩负着创造知识体系的重任。如何解决人文社会科学评价的难题，以马克思主义为指导，以继承中华优秀传统文化与弘扬社会主义核心价值观为引领建设中国特色知识体系特别是建设中国特色人文社会科学知识体系，是新时代教育评价改革的新任务。

4. 教育评价改革要确立新主体

传统上，我国的教育评价十分注重结果的评价、学科教学的评价和科学研究的评价，而且许多的评价活动以内部评价为主。教育评价的主体与内容是比较狭窄的、单一的。这种倾向也是导致出现"五唯"现象的原因之一。在新时代，我们要建立科学的、符合时代要求的教育评价制度和机制，就必须拓宽教育评价的主体和内容。要重视外部评价、社会评价与学生评价，加强受教育者在教育评价中的地位；要特别突出人才培养评价的重要性，切实建立健全落实立德树人体制机制；要改进结果评价，强化过程评价；要探索增值评价，健全综合评价，系统研究与建立软性指标的评价机制，补足在德育、体育、美育和劳动教育评价方面的短板；要注重发展性评价和诊断性评价，把评价作为学生、教师和学校发展的重要手段。

5. 教育评价改革要利用新技术

新时代是一个未来已来、将至已至的时代，以5G、人工智能、互联网、物联网、大数据、区块链和量子科学等众多前沿科技创新叠加发展为标志的第四次工业革命正在来临。技术变革正在决定与改变着社会结构，不断变革的社会结构又要求教育结构的变革。第四次工业革命背景下的教育结构是以人工智能、互联网、物联网、区块链为物质和技术基础，嵌入万物互联的社会结构，是万物互联的组成部分。教育的形态由工业时代的教育转变为信息化教育、算法教育、互联网＋教育、物联网＋教育、人工智能＋教育、区块链＋教育，教育制度体系由金字塔状的以正式制度、刚性制度、等级制度为主要特征的制度体系转变为立体的甚至是一种边际不断扩展的球状的多回路、网络式的由正式制度和非正式制度共同构成的弹性制度体系。新时代教育评价必须前瞻性地适应这种教育结构体系的变革，充分利用5G、人工智能、互联网、物联网、大数据、区块链等前沿技术构建科学的高效的评价制度。

6. 教育评价改革要明确新路径

面对当今世界百年未有之大变局，我们绝不能关起门来搞教育评价改革，应该进一步解放思想、实事求是，以更加开放的姿态推进我国教育的改革创新；

进一步加强教育评价领域的国际交流与合作，在持续加强与欧美发达国家交流合作的基础上，特别要加强"一带一路"沿线国家的交流与合作，在后疫情时代有效恢复和开展与疫情控制良好的国家与地区的合作与交流。

五、教育治理体系和治理能力现代化问题

党的十九届五中全会提出实现国家治理体系和治理能力现代化的战略目标。教育治理体系和治理能力现代化是国家治理体系和治理能力现代化的重要组成部分。实现教育现代化，建设教育强国，必须首先实现教育治理体系和治理能力现代化。

（一）教育治理体系和治理能力现代化面临的形势和主要任务

教育治理体系和治理能力现代化的根本目的是坚持和完善中国特色社会主义教育制度，为我国实现教育现代化和建设教育强国、服务"两个一百年"奋斗目标提供制度支撑与智力保障。教育"十四五"规划要在准确阐释教育治理体系和治理能力现代化的内涵和实质、新时代政府-社会-学校之间的关系、第四次工业革命对教育治理的影响等理论研究的基础上，明确"十四五"时期加快教育治理体系和治理能力现代化的指导思想、目标与任务。

1. 如何理解教育治理体系和治理能力现代化的内涵和实质

（1）教育治理体系。

教育治理体系是高质量教育体系的一部分，指在习近平新时代中国特色社会主义思想的指导下，发挥中国特色社会主义国家制度和法律制度的优越性，以中国特色社会主义制度下的多样化教育利益主体及其关系为核心，以根本制度、基本制度、重要制度为主体内容的中国特色社会主义教育治理制度及其结构体系。

（2）教育治理能力。

教育治理能力主要包括教育立法与决策的能力、教育法律与政策执行能力、教育评价评估能力以及在教育治理中适应社会变革与实现政策法律改进能力等方面。

（3）高质量教育体系。

高质量教育体系是指在习近平新时代中国特色社会主义思想指导下，基于新发展理念、新发展格局与新发展阶段，应对世界百年未有之大变局和新工业革命的挑战，面向实现教育现代化与建设教育强国，服务制造业强国、创新型大国与现代化强国的人才培养目标而建立起来的具有中国特色、世界水平的教

育体系。高质量教育体系的核心是面向新技术革命的中国特色高质量教育结构体系。建设高质量教育体系必须处理好若干重大的关系：一是国内教育与国际教育的关系，二是线上教育与线下教育的关系，三是国民教育和终身教育的关系，四是学校教育、家庭教育和社会教育的关系，五是全面发展、全面培养和全面评价的关系，六是面向制造业大国建立的教育体系与面向新技术革命、创新强国所要建立的新教育体系之间的关系。

2. 新工业革命等因素背景下教育治理体系与治理能力面临挑战

"十四五"时期仍然是我国发展的重要战略机遇期，是中国特色社会主义教育改革创新的重要战略关键期。我们面临着世界百年未有之大变局、全球百年未遇之大疫情以及实现中华民族伟大复兴的大局面，面对着第四次工业革命的巨大挑战。这是一个从旧的教育体系向新的高质量教育体系转化的关键期，是一个处理好国内教育与国际教育关系的关键期，是一个处理好线上教育与线下教育关系的关键期，是一个处理好学校教育、家庭教育与社会教育关系的关键期，是一个处理好全面发展、全面培养与全面评价关系的关键期，对教育治理体系和治理能力现代化提出了前所未有的新任务、新挑战。

特别是要面向第四次工业革命，在人工智能技术等条件下，教育发生着结构性、革命性变革，教育政策如何应对新的发展趋势及其带来的问题，如何规划、规范和管理教育活动，是我们实现教育现代化、建设教育强国必须面对和解决的新问题，是一个从现在起就需要着手研究和考虑的重要问题，也是一个决定着未来中国教育能否站在世界前沿的关键问题。

3. 国外教育治理的理论研究及制度设计

（1）政府主导的教育治理及具体实践。

政府主导的教育治理强调政府控制教育，确保教育为实现国家利益的治理思维。在教育目标上，突出国家的目的；在教育意识形态上，突出强烈的国家意识；在教育权上，通过法治化的进程来确立国家干预教育的合法性[①]。

一是彰显国家利益。

国家支持和主导公共教育，是为了实现公共教育为国家利益服务的目的。虽然这种目的在不同时期不同阶段有所不同，但是为国家利益服务的共性却是一致的。19世纪末20世纪初，无论是美国的"进步主义教育运动"还是欧洲的"新教育运动"，都将资产阶级民主作为公共教育的灵魂。第二次世界大战的爆发，使各国清醒地意识到科学技术对于国家的重要性，要维护国家安全必须

---

① 吴景松，吴志宏．政府职能转变视野中的公共教育治理范式研究［J］．高等教育研究，2009，30（8）：54.

依赖高科技人才的培养。因此，以课程和教学方法为核心的教育改革此起彼伏。诸如，美国1958年的《国防教育法》，苏联的《关于加强学校同生活的联系和进一步发展苏联国民教育制度的法律》(1958)、《关于进一步改进中等普通学校教育学校工作的措施的决议》(1966)等等。推动教育改革的这些教育政策与法律，都是以国家利益为中心的。

二是制定全国教育目标和统一的课程，实施教育改革法治化。

20世纪末期以来，西方国家在教育改革中一个明显的标志就是制定统一的教育目标和推行统一的教育标准，并通过政府制定若干的教育政策文件和法规以及相应的财政拨款来确保国家干预和主导教育的合法性，这是政府主导公共教育治理的重要趋势和特征①。在1989年美国历史上的第一次教育首脑会上，后来的美国总统、时任阿肯色州州长的克林顿宣称，"在美国历史上第一次设立国家教育工作目标的时机已经来临。这些目标将使我们保持国际竞争的能力"②。美国联邦政府史无前例地制定了国家教育目标和国家统一课程，以增强国家对教育目标和教育内容的控制和管理③。

(2) 市场主导的教育治理及具体实践。

市场导向是在对政府主导公共教育治理的批判与反思过程中形成的一种治理思维。在20世纪八九十年代，新自由主义理论借助公众对公立学校教育质量低下的责难迅速进入公共教育领域。这一流派的学者运用市场交易的观点，提出教育是一种消费的观念，学生及家长是学校教育服务的"顾客"，公共教育不再是由垄断的"生产者"(国家)说了算。政府只有提供给学生和家长选择教育服务的自由，促进公立学校之间的效益竞争，才能最终提高公立学校教育质量，从而实现真正的"教育国家化"④。

一是公共教育体制内外的分权改革：地方政府向学校和市场分权。

政府向学校分权，最著名的成果就是校本管理 (school based management, SBM)。校本管理指将教育的具体管理、运营权限进一步下放给学校，以使学校类似市场竞争中的独立企业，拥有可以进行创造性劳动的充分的自主权和独立性。这是学校进入类似市场的环境的前提条件。校本管理于20世纪80年代末首先在达德县、芝加哥、洛杉矶等美国的大学区进行实验，进入90年代以后，

---

① 李盼.世界教育改革走向 [M]. 北京：中国社会科学出版社，1997：16.

② 朱旭东.九十年代美国教育改革的目标及其取向 [J]. 比较教育研究，1997 (6)：42-46.

③ 博耶.关于美国教育改革的演讲 [M]. 涂艳国，方彤，译.北京：教育科学出版社，2002：46.

④ 吴景松，吴志宏.政府职能转变视野中的公共教育治理范式研究 [J]. 高等教育研究，2009，30 (8)：54.

逐步推广开来。当今的校本管理在美国已发展成为多种模式，但都有一个共同的基本点，那就是在每个学校现场里都创设一个地方学校委员会（local school council），该委员会通常由校长、教师及其他社区成员组成，然后通过授权于这个委员会来实现学校管理的自主性。

政府向市场分权，表现为公立学校系统引入市场机制，如公助学额计划（assisted places scheme）、民营教育公司等。公助学额计划是指政府为来自低收入家庭的优秀学生进入私立学校学习提供全额或部分学费资助；民营教育公司则提高了教育效率，增加了教育供给，满足了人们多样化教育选择的需要。

二是政府向教育消费者分权。

政府向教育消费者分权的主要目的是保障家长的教育权利与学生的受教育权利的行使。澳大利亚的考德威尔（B. Caldwell）和哈维德（D. K. Hayward）在设计新世纪公立学校的政策框架时指出，必须在现有公立学校观念的基础上加进"选择"的观念，即父母选择学校教育的权利。在允许家长择校的呼声下，西方国家纷纷出台了一系列的改革法案或措施，鼓励和保障家长自由择校的权利，例如，英国的自由入学政策（open enrolment）、美国的"教育券"计划等。

（二）大学治理与制度创新的逻辑起点[①]

大学治理与制度创新应该从哪里出发，其逻辑起点是什么，是一个非常关键的问题。当前，我们在理论研究和政策决策中使用很多概念来描述这个问题，如治理、善治、现代大学制度、大学自治、学术自由等。实际上，这些概念大都具有强烈的舶来品色彩，这些概念表象背后隐含着其形成、发展或者被人们应用过程中被赋予的独特价值观和意识形态。而且这样一些价值观和意识形态的形成大都又有一个较长的过程，比如"治理"或者"善治"概念的提出，实际上是对管理主义的反思与否定，但它同时又建立在高度发展的管理主义价值观的基础上。我们在使用这些概念从事理论研究或者开展政策活动时，不能忽视或者否定它的这样一个形成过程及其背后所隐含的复杂的历史、价值与文化意义，更不能以简单的拿来主义态度片面地、断章取义地理解和使用这些概念。

中国的大学治理问题和西方国家的大学治理问题表面上看有许多共性，但实际上也有很多不同的方面。比如，我们与西方国家的大学处于不同的政治制度和政治环境当中，大学发展的阶段性特征以及学者群体的人格与动力特征也不同，大学内部的组织架构与利益生态关系不同，更重要的是大学产生、发展

---

① 这部分内容曾发表于《教育研究》，2015（11）。

的文化背景差异显著。我们可以使用或者参考产生于西方国家特定历史阶段和文化背景中的这些概念，但不能仅仅依据这样一些概念乃至西方国家的大学制度进行中国大学治理改革和制度创新的顶层设计。中国大学的治理与制度创新，在大学发展的共性问题上借鉴国外经验，必须考虑基本国情与文化根基，必须有一套具有中国特色的话语体系。我们思考大学治理与制度创新的逻辑起点，至少应该考虑四个方面的要素，即政治架构、人性与人格特征、利益关系和文化根基。

1. 不可能摆脱现有的政治架构

谈到大学的自主权或者学术权力，在西方国家实际上有悠久的传统，经历了较漫长的发展历史，才形成现今比较成熟的制度和稳定的结构。西方国家大学的发展也不可避免地受到各自政治架构的影响，从来就不是摆脱了现有的政治架构而在真空中发展的。在当今中国，要建立现代大学制度，一方面，大学不可能摆脱现有的政治、行政的架构来讨论大学制度的创新问题，只能是"推陈出新"、与时俱进，在现有的政治架构中寻求创新与发展。在追求真理、追求学术自由、展现学者风骨的过程中，大学要用理性的态度对待学术与政治的分野，要用理性的态度处理与政府、社会的关系，要教会青年学生用理性的态度处理个人、家庭、集体与社会的关系。特别是在核心价值观与主流意识形态问题上，大学实际承担着很大的责任。大学的批判性必须建立在理性行动和遵守法律的基础上，在任何国家都不可能允许随便否定核心价值观与主流意识形态。另一方面，国家应依据大学的本质和尊重大学的办学规律来管理大学，而不应像管理一般行政机构或事业单位那样管理大学。大学必须保持其批判性与创新性，这是大学的灵魂，是大学的生命力所在。大学如果失去了批判性与创新性，也就失去了存在的价值，社会也就失去了不断变革的动力。因此，要给予大学学术自由、批判性与创新性一定的空间，形成一个有利于学术创新的既具有高度统一性，又能够多样发展、共生共存的价值与文化生态，建设一个比较稳定的处理大学自主与政治架构关系的制度框架。

2. 研究和尊重人性特征与学术共同体的"人格"特点

大学发展与学术发展的动力机制是什么，驱动大学与学术发展的内部和外部原动力是什么，这是一个对于大学治理与制度创新十分重要的问题。建设现代大学制度的目的之一，就是要建设有效推动大学与学术发展的激励约束机制，以保障大学与学术发展具有源源不断的内部和外部动力。在这个问题上，在大学发展的不同阶段，在不同的文化背景下，大学发展与学术发展的内部和外部动力表现往往不同。实施大学治理与制度创新，绕不过去的一个问题就是，如何判断在现阶段这样一个大学发展阶段上，驱动大学发展与学术发展的动力是什么，以及应该建立一个什么样的大学与学术发展的动力机制。仅就大学内部治理来说，制度创新一定要建立在对大学主体人群的"人格"特征的深入研究与客观认识的基础上。新制度主义理论和自由市场制度的建立与发展已经证明，最能反映人性本质特征的制度就是最有效的制度，也是最长久、最可持续的制度。大学的本质到底是什么；在大学，到底如何认识知识分子作为学术人和大学人的本性；大学教授的本质到底是什么，推动他们从事教学与科研的根本动力都是什么；大学、学院、学科、教授等不同的主体是在什么力量驱动下发展的……这些问题是实施大学治理与制度创新必须好好研究的。其中，对于大学中最具代表性的一类人——大学教师的本性特征的认识和判断，就是一个大学治理必须首先搞清楚的问题。这里，至少有两个方面是需要兼顾的，一个是大学知识分子作为学术人、作为公益人的角色，另一个是知识分子作为理性经济人的角色。在大学知识分子作为学术人、作为公益人的角色这个意义上，学术理想、学术追求、学术使命和学术兴趣，成为推动大学知识分子教学、科研活动的核心动力；而在知识分子作为理性经济人的角色这个意义上，更好地生存和生活、追求自身利益的最大化成为大学知识分子从事学术活动的原动力。同样，大学中其他群体或者组织都存在这样一个需要判断其"人格"特征的问题。大学治理与制度创新需要解决的一个核心问题是，如何建立对人性或者群体性"人格"特征客观认识基础上的激励制度和约束制度。其中，特别是在科研与教学评价方面，无论是政府、社会对于大学作为主体本身的评价，还是大学对于学者的评价，必须兼顾公益人与理性经济人两种人格特征，建立利益、绩效驱动与文化引领相结合的评价与管理机制。

3. 体现大学的利益生态和利益关系

认识和塑造大学内部合理的利益生态和利益关系是大学治理与制度创新的一个最为核心的问题。古往今来的社会改革表明，如果脱离对现实利益关系的考量，脱离活生生的社会实践，任何理想化的改革与制度创新都会以失败而告终。所以，大学治理与制度创新必须重视研究和观照当代中国大学的利益生态和大学内部的利益关系。第一，要认识大学内部存在一种什么样的利益生态和利益关系，即现实的状态是怎样的，明确大学内部应该有一种什么样的利益生态和利益关系，即理想的状态应该是怎样的，以及我们如何才能既尊重、利用现有的利益生态和利益关系，又引导其不断走向一种理想的利益生态和利益关系。第二，大学治理与制度创新必须区分学校、学院、学科、教师、学生在不同层面上的利益关系，如大学内部具有哪些利益相关者，如何认识和处理学校与学院、学科、教师、学生的关系。大学治理应在各方利益间寻求一种平衡，否则，不可能构建一种既目标一致又具有高度参与性的大学治理生态。第三，要处理好学术力量与行政力量所代表的利益关系。在这个方面,简单地强调在大学"去行政化"毫无意义,现代大学的发展表明,高效率的、科学的行政管理对于大学的发展必不可少。我们必须做的工作是,要对大学的学术力量与行政力量在不同层次上的利益关系进行细致的划分,明确彼此的利益、责任和权力范围,制定两个方面的"游戏规则",并真正遵守和执行。第四,要考虑大学内部利益配置的价值原则及其优先序列的关系应该是什么,要在众多的利益关系中区分出大学内部最核心的利益关系是什么,最终决定大学本质的利益关系是什么。在确保国家、民族利益的基础上,必须真正把教师和学生作为大学的主人,以教师和学生的利益为核心来构建大学的利益生态和核心利益关系。这种利益关系不仅仅涉及经济利益分配,还包括权力配置、学术自由等方面。否则,大学的本质就会被异化,现代大学治理问题也就容易变成一个伪命题。

4. 适应我们自己的文化根基

大学发展的历史表明,大学是保守性与变革性的矛盾体和统一体。一方面,大学是文化传承的载体,具有传承文化的重要功能。大学必须对国家、民族的文化传统的延续负责,而绝不仅是教书、谋生这么简单。另一方面,大学又肩负着创新和引领社会发展的重任,任何不思进取、故步自封对于大学来说都是致命伤。在中国大学的治理中,有两个问题应该得到重视:一是现代中国大学发展历史并不长,是在学习国外特别是西方大学的基础上建立和发展起来的,在治理制度方面对于中国文化传统的研究与继承远远不够;二是现代中国大学是在国家、政府的"襁褓"中发展起来的,存在明显的"复制"与"依赖"政府组织的特点,这种过度依赖使大学缺乏独立性、自主性与创新性,致使现代中国大学的治理在处理保守性与变革性的关系上始终难得要领。从这个意义上说,当代中国的大学治理与制度创新,一方面,绝不应简单复制西方国家大学的模式,而是要根植于我们自己的文化根基。大学的治理要继承中国传统文化的精华,总结中国特色社会主义高等教育发展的经验,坚定捍卫我们自己的核心价值和主流意识形态,形成中国特色的大学治理话语体系与制度体系。另一方面,大学要在变革中,在继承传统而又博采众长的基础上建设自己的组织文化和学术文化,而不能以"复制"政府组织文化而存在。大学的组织文化不能变成政治文化的简单复制品,而应在尊重政治文化的基础上保持大学自己的组织文化品格。大学的学术文化也需要重建,即建立以学术为志业的精神,建设学术共同体文化,建构支持和鼓励创新的制度与学术生态环境。构建中国特色的大学组织文化和学术文化,是教育综合改革和大学制度创新的一剂良药。中国大学的很多问题最终需通过学术和组织文化的建设解决。

（三）新时代我国教育立法的新要求与新趋势①

1. 新时代提出教育立法的新要求

教育是国之大计、党之大计，是实现国家富强、民族振兴、社会进步、人民幸福的重要基石，建设教育强国是中华民族伟大复兴的基础工程。党的十八大以来，中国特色社会主义进入新时代，以习近平同志为核心的党中央高度重视教育在坚持和发展中国特色社会主义战略全局中的关键性意义，不断落实教育优先发展战略，将教育事业的地位和作用提到前所未有的高度。新时代我国社会的主要矛盾已经转化为人民日益增长的美好生活需要和不平衡不充分的发展之间的矛盾，这意味着人民对于教育的需求也正在呈现高质量、多层次、多样化的趋势。教育政策与法律的新立、修改、废止、解释等活动已经不能局限于过往程式化、同一化的宏观叙事，而应更具时代性、系统性、针对性、有效性，进一步回应新时代党和国家的需要与人民的诉求。

党的十八届四中全会提出建设中国特色社会主义法治体系、建设社会主义法治国家的总目标。"法律是治国之重器，良法是善治之前提"，教育领域是全面依法治国系统工程的重要组成部分，健全教育法律规范体系是实现依法治教的基础和根本，以法治思维和法治方式推进教育综合改革，不断推进教育治理体系和治理能力现代化，是新时代对开展教育立法工作提出的新要求，也是我国教育法律及制度体系面临的新挑战。为全面推进依法治教，推进教育治理体系和治理能力现代化，2016 年初，教育部出台了《依法治教实施纲要（2016—2020 年)》，为加快推进教育现代化提供了有力的法治保障。在 2018 年 9 月 10 日召开的全国教育大会上，习近平总书记提出教育"九个坚持"新理念新思想新观点，对我国教育事业改革创新做出了一系列新规划、新部署。同年 11 月 29 日，全国教育法治工作会议在京举行，教育部部长陈宝生在会议上高度强调了法治工作对教育战线的重要性，指出要牢牢抓住科学立法这一龙头，全面完善中国特色社会主义教育法律制度体系，并进一步明确要求加强已出台教育法律法规的废改释工作，确保教育法治建设中将党的主张及时转化为国家意志。

自 1980 年《中华人民共和国学位条例》颁布以来，我国教育法律与制度体系日臻完善，先后颁布了 7 部教育法与 16 部教育行政法规。其中，作为教育领域的基本法，根据宪法制定的《中华人民共和国教育法》对发展我国教育事业、提高全民族的素质、促进社会主义物质文明和精神文明建设具有重要意义。2021 年 4 月 29 日，十三届全国人大常委会第二十八次会议审议通过了新的教

---

① 这部分内容曾发表于《中国人民大学教育学刊》，2021 (3)。

育法修正草案，对现行教育法中涉及教育指导思想、地位、方针、内容的四个条款做出相应修改，并着力于以法治手段解决冒名顶替上大学这一人民群众关切的重大问题。本次教育法修正是在 1995 年教育法制订后的第三次修正，是中国特色社会主义进入新时代后的第二次修正。对教育领域的"龙头法"——教育法进行修正，不仅回应了新时代我国教育立法的新要求，也鲜明展现出新时代我国教育立法内容、立法技术和立法程序方面的新发展趋势，为后续健全教育法律与制度体系提供了宝贵的经验，指明了方向。

2. 本次教育法修正的内容与特点

本次教育法修正根据 2018 年宪法修正案的规定和全国教育大会精神，共对五个条款表述进行修正，对培养什么人、怎样培养人、为谁培养人的根本问题做出时代性的回答，在指导思想、根本原则、立法内容等方面做出更符合新时代特征的总纲性修改与确证，同时强调了文化自信与改革开放的辩证关系，并对人民群众关切的重大现实问题进行回应，努力向构建精细型、回应型、现代化的教育法律体系迈进。

（1）把习近平新时代中国特色社会主义思想作为指导思想。

新修正的教育法根据 2018 年宪法修正案，将第三条"国家坚持以马克思列宁主义、毛泽东思想和建设有中国特色社会主义理论为指导，遵循宪法确定的基本原则，发展社会主义的教育事业"中的"建设有中国特色社会主义理论"扩展为"邓小平理论、'三个代表'重要思想、科学发展观、习近平新时代中国特色社会主义思想"。这极大丰富了教育指导思想的内涵与外延，鲜明地体现出教育的政治属性和意识形态要求，为加快推进教育现代化和建设教育强国的宏伟目标提供了一脉相承的方向保障。

尤其是把习近平新时代中国特色社会主义思想这一全党全国人民为实现中华民族伟大复兴而奋斗的行动指南作为指导思想，表明党的主张能够被及时转化为国家意志，引领教育事业蓬勃发展。党的十八大以来，习近平总书记对教育做了一系列重要论述，是习近平新时代中国特色社会主义思想的重要组成部分，是中国特色社会主义教育理论发展的最新成果，形成了科学系统的新时代中国特色社会主义教育理论体系，开辟了马克思主义教育理论创新发展的新境界。以习近平新时代中国特色社会主义思想为指导思想，从习近平总书记关于教育的重要论述出发办教育，可以使我国教育事业的发展更具中国特色、更合时代脉搏，更好地为人民服务、为中国共产党治国理政服务、为巩固和发展中国特色社会主义制度服务、为改革开放和社会主义现代化建设服务[①]。

---

① 习近平. 坚持中国特色社会主义教育发展道路　培养德智体美劳全面发展的社会主义建设者和接班人［N］. 人民日报，2018 - 09 - 11.

（2）把坚持党的全面领导作为根本原则。

党的十九大与全国教育大会提出坚持党对教育事业全面领导的新要求，在本次教育法修正过程中，有多位全国人大常委会委员提出应在教育法中"进一步明确发展教育事业必须坚持中国共产党的领导"的意见并得到采纳，由此，在新修正的教育法第三条中，首先指明了"国家坚持中国共产党的领导……发展社会主义的教育事业"这一根本原则，在教育基本法中为未来我国教育工作发展提供基本遵循和根本方向。

"中国特色社会主义最本质的特征是坚持中国共产党领导"①。在习近平总书记在全国教育大会上提出的教育"九个坚持"中，"坚持党对教育事业的全面领导"排在首位。党的全面领导是引领新时代中国特色社会主义教育事业不断前进的最大政治优势，是办好具有中国特色、世界水平的现代教育的根本政治保障与组织保障。尤其是在面对中华民族伟大复兴的战略全局、面对世界百年未有之大变局、面对国际国内形势深刻变化的今天，为实现 2035 教育现代化远景目标、建成教育强国，在教育的一些关键领域、薄弱环节和新兴领域，更应在马克思主义思维方法的指导下坚定不移地坚持党对教育事业领导的全面性、系统性、整体性，构建创新的、现代化的教育内部治理结构②。

（3）在具体的立法内容上体现了鲜明的时代性。

第一，把教育的地位和作用提到前所未有的高度。

习近平总书记在全国教育大会上指出，"教育是国之大计、党之大计"。新修正的教育法在原第四条第一款"教育是社会主义现代化建设的基础，国家保障教育事业优先发展"的基础上，增添了"对提高人民综合素质、促进人的全面发展、增强中华民族创新创造活力、实现中华民族伟大复兴具有决定性意义"的表述，进一步明确了教育对民族复兴、人民幸福的重要战略地位与不可替代的决定性作用。改革开放以来，党和国家关于教育地位作用的认识不断发展与升华。从"百年大计、教育为本"到强调教育的"基础性、先导性、全局性"，再到"把教育放在优先发展战略地位"以及教育是"实现中华民族伟大复兴的基础工程"，教育的地位与作用日益强化。本次教育法修正，突出强调了教育的"决定性作用"且写入教育法，意义十分重大。"凡属重大改革都要于法有据"③，教育的地位和作用在我国"总纲性"的教育法中被提到前所未有的高

---

① 习近平. 在庆祝中国共产党成立 95 周年大会上的讲话 [N]. 人民日报，2016-07-02.

② 刘复兴. 坚持党对教育事业领导的全面性、系统性、整体性 [J]. 教育研究，2021，42（4）：4-10.

③ 习近平主持召开中央全面深化改革领导小组第二次会议强调　把抓落实作为推进改革工作的重点　真抓实干蹄疾步稳求实效 [N]. 人民日报，2014-03-01.

度，意味着深化教育领域综合改革更加有法可依，教育事业优先发展有了强有力的基本法依据。

第二，提出德智体美劳全面发展的新要求。

党的十八大以来，围绕人才培养的关键问题，党和国家提出了新时代人才培养的新标准和新要求，我国人才培养体系正在经历结构性变革。全国教育大会将劳动教育重新纳入全面培养的目标之中，强调我们要"培养德智体美劳全面发展的社会主义建设者和接班人"。基于此，原教育法第五条中"培养德、智、体、美等方面全面发展的社会主义建设者和接班人"的教育方针被修改为同全国教育大会一致的表述，强调德智体美劳全面发展，尤其强调了劳动教育的重要地位。"劳动是推动人类社会进步的根本力量"[①]，与新中国成立初期的学工、学农不同，新时代的劳动教育强调劳动精神、劳动价值、劳动素养的全方位发展，不仅具有价值教育的属性，还有强烈的时代特征与社会属性[②]。新时代在"培养什么人"问题下重申五育并举的关键性意义，高扬劳动教育旗帜，具有重大的时代价值和鲜明的现实意义。实现德智体美劳全面发展，要求处理好全面发展、全面培养与全面评价的关系，特别是要重点实现全面培养；要求我们从新时代的高度重新审视和认识劳动教育的含义，把劳动教育与现代社会发展变化、技术结构、产业结构变革的时代背景紧密结合起来，与实现中华民族伟大复兴的中国梦对人才的需求紧密结合起来，与"四个伟大"紧密结合起来。

第三，强调继承红色基因，重视革命文化。

在党的全面领导下，我国教育改革创新取得了前所未有的重要成就、重要经验。中国共产党在一百多年筚路蓝缕的探索中，也形成了无数伟大精神财富，鼓舞着一代又一代人砥砺前行。为了将红色基因更好地融入教育，将理想信念之火生生不息地传承，新修正的教育法将原第七条中教育应当继承弘扬"中华民族优秀的历史文化传统"修改为"中华优秀传统文化、革命文化、社会主义先进文化"。在教育法修正前夕，2021 年 4 月 19 日，习近平总书记在清华大学考察时明确指出，当代中国青年是与新时代同向同行、共同前进的一代……广大青年要锤炼品德，自觉树立和践行社会主义核心价值观，自觉用中华优秀传统文化、革命文化、社会主义先进文化培根铸魂、启智润心，加强道德修养，明辨是非曲直，增强自我定力，矢志追求更有高度、更有境界、更有品位的人生。尤其是在中国共产党成立 100 周年的特殊时间节点上将"革命文化"写入

[①] 习近平. 在同全国劳动模范代表座谈时的讲话 [N]. 人民日报，2013 - 04 - 29.

[②] 檀传宝. 劳动教育的概念理解：如何认识劳动教育概念的基本内涵与基本特征 [J]. 中国教育学刊，2019 (2)：82 - 84.

教育法，将红色精神谱系与新时代特性融合，有助于我们不断增强"四个自信"，推动青年学生立志肩负起民族复兴的时代重任。

第四，体现了文化自信与改革开放的辩证关系。

文化自信涵括博大精深的中华优秀传统文化、烽火淬炼中生成的革命文化、当代不断发展的社会主义先进文化三大来源，三者紧密联结、相互影响①。基于上述对教育法第七条进行修正，新的教育法第七条的完整表述为"教育应当继承和弘扬中华优秀传统文化、革命文化、社会主义先进文化，吸收人类文明发展的一切优秀成果"，鲜明地体现了对文化自信和改革开放辩证关系的定义与说明。

一方面，文化自信是中华民族立于世界民族之林的精神之源，也是当今中国日益走近世界舞台中央、推动构建人类命运共同体的不竭力量，只有拥有强大的文化自觉与文化自信，继承好、弘扬好中华优秀传统文化、革命文化、社会主义先进文化，我们才能以深厚的文化底蕴同世界其他文化交融、碰撞，并更科学地看待、吸收人类文明发展的一切优秀成果。另一方面，我们要从"命运与共"的角度出发，坚持改革开放不动摇，并在改革开放的过程中坚持博采众长，以开放、包容、共享的理念对待人类文明发展的一切优秀成果，在新的全球化秩序中积极与世界各国、各民族、各文化进行更深层次的跨文化交流，在交往中理解自我，进一步建构对自我文化独特内核的认同，不断筑牢文化自信之基。

第五，回应了人民群众关心的重大现实问题。

习近平总书记在 2020 年 11 月召开的中央全面依法治国工作会议上强调，"推进全面依法治国，根本目的是依法保障人民权益。要积极回应人民群众新要求新期待，系统研究谋划和解决法治领域人民群众反映强烈的突出问题，不断增强人民群众获得感、幸福感、安全感，用法治保障人民安居乐业"。为了回应社会关切的教育公平问题，进一步明确冒名顶替入学相关行为的法律责任，新修正的教育法将原第七十七条中的"在招收学生工作中徇私舞弊的"修改为"在招收学生工作中滥用职权、玩忽职守、徇私舞弊的"，并增加两款，分别规定冒名顶替入学及与他人串通、允许他人冒用本人姓名和入学资格顶替入学行为的法律责任。

教育立法的根本出发点是保障受教育权利的实现。随着公民法律意识的不断增强，受教育权被侵犯带来的教育公平问题会越来越多地通过诉讼程序得以解决，如果在教育立法层面不能够提供充足的制度供给，将会在事实上阻碍教

---

① 项久雨. 新发展理念与文化自信［J］. 中国社会科学，2018（6）.

育法治进程。关于受教育权的纠纷是教育法司法适用实践过程中人格权纠纷下的重要一类，由于我国立法采用人格权法定原则①，单纯的受教育权不在民事权益之列，且过去的教育法中并没有对相关纠纷的民事、行政或刑事责任做出进一步的细致规定，在以往的法律判决中所起的作用比较有限②，而冒名顶替入学问题已经成为人民特别关切、司法解释缺乏、法律制度保障不足的教育问题，教育立法需要为法院判决提供更详细的法律依据。新修正的教育法第七十七条对受教育权侵害人的民事、行政及刑事责任进行了进一步细致规定，划分了不同情境下三类法律责任，并突出强调"入学资格被顶替权利受到侵害的，可以请求恢复其入学资格"，切实保障公民受教育机会公平。

3. 教育法修正中教育立法技术与立法程序的新趋势

本次教育法修正虽然只涉及五个条款，但教育法作为我国教育领域的总纲性大法，统领着其他六部单行法，其修正的历史演进和本次修正的内容特点清晰地反映出新时代我国教育立法技术与立法程序的发展新趋势。这具体表现为立法技术从粗放型软法向细腻型硬法转变，立法程序从突变式立法向渐进式立法转变。

（1）立法技术：从粗放型软法向细腻型硬法转变。

立法技术是为了创建法律文本所遵循的有关法律的制定规则、方法、经验以及操作技巧等内容的总称，对于法律质量乃至法律体系的科学化、现代化都有着非常直接和重要的影响③。长期以来，我国教育立法条款中含有许多宣示性、抽象性、政策性的表述，刚性的权利义务表述则较少，不仅缺乏可操作性，而且模糊了政策与法律的边界，降低了教育法律的权威性和规范性④，作为基本法的教育法更是因为以宏观叙事为重心、内容粗放而往往被认为是"软法"。

由于缺少程序性规定，自教育法出台以来，法院援引其进行判决的数量仅占全部教育类案件的 0.56%，且多数表现为"教育法＋其他法律"的形式，法院或当事人在引用教育法来论证其观点的合理性时，大多也只停留在该法的内容与符号意义上，而非直接约束力上⑤。本次教育法修正，以第七十七条内容为代表，可以窥探出我国教育立法内容越来越具体、制度安排越来越细致、软

---

① 指民事主体所固有而由法律直接赋予民事主体所享有的各种人身权利仅限于法律的明文规定。

② 张健.《教育法》司法适用的实践、法理与完善：基于 1 781 份裁判文书的实证考察 [J]. 高教探索，2020（9）：19 - 24.

③ 兰岚. 我国终身教育立法技术问题研究 [J]. 现代远距离教育，2018（4）：20 - 27.

④ 湛中乐，靳澜涛. 新中国教育立法 70 年的回顾与展望 [J]. 首都师范大学学报（社会科学版），2019（5）：1 - 9.

⑤ 同②.

法越来越硬的总体趋势。未来的教育立法将更多地在法律条款中直接确定行为规则、明确违法后果，从而体现出教育法的强制性和规范性[①]，提高教育法在实际判例中的适用程度，最终实现精细化和集约化教育立法，以细腻型硬法引领教育法治转型。

（2）立法程序：从突变式立法向渐进式立法转变。

立法程序是指有关国家机关在制定、修改和废止规范性法律文件的活动中必须遵守的法定步骤和顺序，现代立法程序具有民主、交涉、理性、效率、平衡和中立的价值[②]。而从时间跨度上来看，自 1995 年 3 月颁布以来，《中华人民共和国教育法》经历了三次修正，除本次修正外，第一次通过修正是在 2009 年 8 月第十一届全国人民代表大会常务委员会第十次会议上，第二次通过修正是在 2015 年 12 月第十二届全国人民代表大会常务委员会第十八次会议上。

加快完善中国特色社会主义法律体系，为全面建成社会主义现代化强国提供法律保障，是新时代新任务对立法工作提出的新要求。教育法修正的立法程序经历了从突变式向渐进式的转变，其第一次修正距颁布已过 14 年之久，这显然可以称作一次"突变式修正"，随后的两次修正时间间隔都是 6 年左右，第三次修正间隔略短，这体现出教育法修正朝向"渐进式"的转型。教育法是我国第一部由国家最高权力机关颁布的教育法律"母法"，是其他多部单行法的立法依据[③]。为了减少"法律打架"现象，教育法需要最大限度地保证自身的稳定性和统领性，而修正时间间隔短、及时回应型的渐进式立法无疑能够推动教育法时效性、灵活性的提升，使其越来越与时俱进，符合时代发展规律和人民诉求，并更加广泛地在实际判例中发挥法律效力。

六、新时代基础教育的结构性变革

（一）改革开放以来我国基础教育体制改革的问题与路向[④]

改革开放以来，我国政府自身的改革、不断成熟的社会主义市场经济体制的建立和社会的发展导致了公共权力的分化。20 世纪 80 年代以来，伴随着经济领域的市场化和社会领域的自治化，以国家教育权力为主要形式的公共教育

---

① 孙潮，徐向华. 论我国立法程序的完善 [J]. 中国法学，2003（5）：55-64.

② 李连宁，王大泉，于安，等. 改革开放 40 年教育法治回顾与展望（笔谈）[J]. 中国高教研究，2019（3）：30-34.

③ 汪华，孙霄兵. 中国高等教育法律体系的逻辑结构与立法完善 [J]. 华东师范大学学报（教育科学版），2021，39（6）：82-87.

④ 这部分内容曾发表于《理论视野》，2008（9）。

权力开始转移，并围绕公共教育权力的重新分配和权力运行机制的变革从管理体制和办学体制两个方面展开了基础教育的体制改革。

1. 以公共教育权力转移为特征的基础教育体制改革

公共教育权力是公共权力的一部分，从应然的意义上说，它包括国家教育权力和社会依法对教育进行自治的权力。从 20 世纪 80 年代开始的基础教育体制改革，主要是从纵向的权力转移和横向的权力转移两个方向在中央与地方关系、政府与社会关系、政府与市场关系方面展开体制改革。

从 1985 年《中共中央关于教育体制改革的决定》（简称《决定》）开始，1949 年以来高度集中的公共教育权力就启动了权力变迁的进程。《决定》指出："基础教育管理权属于地方。除大政方针和宏观规划由中央决定外，具体政策、制度、计划的制定和实施，以及对学校的领导、管理和检查，责任和权力都交给地方。"《决定》预示着原来高度集中的公共教育权力开始了结构性变迁的进程，但主要是在中央与地方、政府与学校两个维度上进行有限度的权力转移。

1986 年，六届全国人大四次会议通过《中华人民共和国义务教育法》，规定"义务教育事业，在国务院领导下，实行地方负责，分级管理"，以法律的形式明确了基础教育领域中央和地方之间权力转移的改革方向。1993 年，中共中央、国务院发布《中国教育改革和发展纲要》（简称《纲要》），指出要"深化中等以下教育体制改革，继续完善分级办学、分级管理的体制"，"深化高等教育体制改革……逐步建立政府宏观管理、学校面向社会自主办学的体制"。这就提出了 20 世纪 90 年代和 21 世纪初期教育行政体制改革的目标。

《决定》和《纲要》颁布以后，教育体制改革深入发展，逐步形成了与社会主义市场经济体制及社会发展相适应的教育行政体制的新框架。基础教育领域通过不断完善地方负责、分级管理的体制，过去由国家包揽办学、过度集权的体制逐步被打破，基础教育管理中地方政府的权责不断加大，这大大提高了地方办学的积极性，增强了地方办好基础教育的责任感。但是，《决定》和《纲要》对于公共教育权力转移的规定还没有超出中央与地方、政府与学校之间关系的范围。

1999 年，《中共中央、国务院关于深化教育改革，全面推进素质教育的决定》确定了 21 世纪初教育行政体制改革的基本方向。这个决定突破了以前关于公共教育权力转移的有关政策规定的局限性，在高中及其以上教育领域，第一次肯定了在教育体制改革中非政府组织和中介机构的作用，在公共教育权力转移的进程中开始触及政府与具有自治性质的社会的关系。需要指出的是，这一文件以及《决定》和《纲要》对于传统上由国家和政府主导的公共教育权力向市场领域的转移还没有明确提及。也就是说，关于如何处理教育领域政府与市场的关系问题还没有被提到国家教育政策层面上来考虑。

关于政府与市场的关系问题，1997年颁布的《社会力量办学条例》在限定社会力量办学时指出，社会力量办学是指"企业事业组织、社会团体及其他社会组织和公民个人利用非国家财政性教育经费，面向社会举办学校及其他教育机构的活动"，并规定"社会力量举办教育机构，不得以营利为目的"。这与市场机制以志愿求私利的实质又是相矛盾的，实际上也就是排除了"非国家财政性教育经费"以市场化运作的民间资本形式举办教育机构的合法性。与《社会力量办学条例》相比，2002年12月通过的《中华人民共和国民办教育促进法》回避了社会力量举办教育机构"能否赢利"的问题，在政府与市场的关系问题上采取了一种比较模糊的态度：一是并没有明确规定民办学校"不得以营利为目的"，仅在第3条强调了"民办教育事业属于公益性事业"；二是在第6条提出"国家鼓励捐资办学"，但并没有做出否定"投资办学"的规定；三是在第51条规定"出资人可以从办学结余中取得合理回报"。这些规定，在一定程度上体现了教育政策关于如何处理教育领域政府与市场关系的一些思考，不过这样一些规定对于教育政策有效处理社会转型时期教育领域政府与市场的关系问题还是远远不够的。

2006年6月29日颁布的《中华人民共和国义务教育法》对义务教育的管理体制和投入体制做出了规定："义务教育实行国务院领导，省、自治区、直辖市人民政府统筹规划实施，县级人民政府为主管理的体制。县级以上人民政府教育行政部门具体负责义务教育实施工作；县级以上人民政府其他有关部门在各自的职责范围内负责义务教育实施工作。"在过去强调"以县为主"体制的基础上，突出了省级政府对义务教育进行统筹规划的责任，也强调了中央政府的责任问题。同时还规定："义务教育经费投入实行国务院和地方各级人民政府根据职责共同负担，省、自治区、直辖市人民政府负责统筹落实的体制。农村义务教育所需经费，由各级人民政府根据国务院的规定分项目、按比例分担。"这在义务教育投入体制上同样强调了省级政府统筹落实的责任和中央政府的责任。至此，1985年以来逐步下放乃至一直下放乡镇的基础教育管理与办学的权力与责任，又逐步向县级政府乃至省级政府"回归"。

综上所述，20世纪末开始的基础教育体制改革的进程，一是纵向上，在公共教育权力体制内部由中央政府向地方政府、下级组织机构和学校下放权力；二是横向上，则由公共教育权力体制内部向体制外部的社会领域、市场领域转移权力。在基础教育领域，基本上形成了"地方负责、分级管理"，以县为主、以省统筹、社会力量有限介入的教育管理与办学体制。

2. 基础教育体制改革方面存在的问题与发展路向

30 多年来的基础教育体制改革，已经从根本上改变了我国传统上高度集权的公共教育权力体制。但是，面对不断变革的社会，目前的基础教育管理体制改革仍然有很大的局限性，存在不少问题。

第一，权力转移主要集中在权力体制内部的纵向变迁，即政府权力下放给地方政府机构和公立学校，而且权力重新分配的进程过于迟缓和滞后；政府及其下级组织与公立学校之间行政性的命令、服从关系没有明显改变，政府与学校之间的权力配置目标不够清晰，还存在公共教育权力行使的失范现象。

第二，在教育实践中，出现了公共教育权力由政府领域向市场领域和社会领域的横向转移的萌芽，如形成了教育中介组织，也有了民办教育的发展等等。但是，教育中介组织和民办教育还没有获得与其社会作用相称的法律地位，还没有从法律的高度提出向社会领域与市场领域放权的问题，因而这种公共教育权力的转移尚未充分考虑市场因素和社会因素，还远远不足以建立起同政府、市场、社会和学校之间彼此协调、相互制衡的权力体制。

第三，现有的公共教育权力体制的改革并没有涉及公众对公共教育尤其是义务教育的选择机制和教育的公共治理的参与机制问题。

第四，政府对部分转移到市场领域、社会领域和高等学校的公共教育权力的行使尚缺乏有效的监管。在教育领域，还没有形成政府、市场、社会等各类主体行使公共教育权力的制衡与监督机制。

未来发展的路向，可以从以下方面考虑：

第一，转变政府职能，实现公共教育提供者的多样化。

从 20 世纪 70 年代末期以来，许多国家的政府都在进行"治道变革"，重新界定自己的角色，以实现行政现代化。这次行政现代化改革的内容主要是：政府职能的市场化、政府行为的法治化、政府决策的民主化、政府权力的多中心化。这次席卷全球的行政改革的总体特征就是，改革传统的全能政府，把政府不该管、管不了、管不好的事情交给市场和社会去做，把全能政府改变为有限的而且有效的政府，建立"小政府、大社会"的格局。

世界范围内政府行政改革的趋势说明，在社会转型的背景中，政府应该重新确定自己的角色。一方面，政府在管理公共事务时应该"掌舵而不划桨"。从政府自身组织机构的职能来看，应区分不同类型的政府组织机构的职能。新公共管理理论认为，公共组织可以分为四种类型，即政策组织、规制组织、服务提供组织和服从型组织，前两者负责"掌舵"，后两者负责"划桨"。政府应该把"掌舵"放在自己职能的中心位置，集中精力提供合理的制度安排并加强监管。另一方面，转变政府职能的目标是实现公共教育提供者的多元化，即把原来由政府承担的一些公共管理职能交给社会和市场来承担，形成由政府、市场和社会组织共同提供公共教育的格局：对于必须由政府来提供的具有非排他性和非竞争性的公共服务，应作为政府的基础性职能由政府承担全面责任；而对于可以由政府和其他社会组织共同提供的具有竞争性的、选择性的公共服务，则应按照兼顾效率和公平的原则，主要由市场组织、自治性和半自治性的社会组织来提供。

实现公共教育提供者的多样化，需要解决的首要问题是，政府在转变职能的过程中应该把原先高度集中在手中的公共教育权力适当转移到市场领域和社会领域。也就是说，转变政府职能的核心问题就是重建公共教育权力体制。

第二，建设新的公共教育权力体制。

重建公共教育权力体制依赖于两个方面。一是重新界定政府的职能。政府的基本职能在于解决市场失灵与促进社会公平。正如《1997 年世界发展报告》中所指出的，政府第一项任务是做好基础性工作，而对于基础性工作之外的公共产品，政府不必是唯一的提供者。世界上任何政府都不可能是全能政府，在政府能力有限的情况下，政府要明确自己的基础性责任，将精力更集中于基础性工作将会提高政府的有效性。笔者认为，政府要做而且要做好自己应该做的事情。例如，提供教育政策和做出合理的制度安排，对所有提供教育公共服务的活动进行监管，保障教育领域的公平竞争，为所有社会成员提供最低标准的义务教育，为满足最低标准的义务教育提供所需资源，保护教育领域的弱势群体。二是强调新的社会条件下政府最基本的教育责任。政府必须保证教育的公益性与教育领域的社会公平。政府公共教育权力的转移并不意味着政府责任的减少。相反，这个进程使政府承担更广泛、更复杂的责任，政府除了需要加强对自身权力的约束外，还要加强对市场领域和社会领域权力的监管，以保障实现教育的公益性和教育领域的社会公平。

在界定政府职能和明确政府责任的基础上，重建公共教育权力体制，应该立足于从体制内部的权力下放和向体制外部的权力转移两个方面建立一个多主体的、均衡的公共教育权力体制。一是政府公共教育权力的体制内下放，改变过去以命令和服从为主要特点的权力关系，在政府各级行政组织机构之间、在中央和地方之间建立以命令、指导、监督为特征的权力关系，以最大限度地提高地方、各级政府组织和人员的积极性。二是政府的公共教育权力向市场和社会领域转移，改变主要由政府提供公共教育的状况，把过去由政府提供的具有竞争性的、选择性的公共教育交由市场和社会提供，在政府与市场、社会、学校之间建立以参与、协商、谈判、监管为特征的权力关系。

（二）新时代我国基础教育的结构性变革①

在 2018 年全国教育大会上，习近平总书记强调，要坚持中国特色社会主义教育发展道路，培养德智体美劳全面发展的社会主义建设者和接班人；要深化教育体制改革，健全立德树人落实机制。这为新时代教育改革指明了方向。我国基础教育也正在发生并将进行深入的结构性变革，这种结构性变革的本质就是，在党和国家提出新时代新的人才培养标准和新的教育功能、教育体系要求背景下，面向新时代和新技术，研究新理论与新政策，探索教育实践新模式，构建全面培养教育新体系，实施基础教育的整体性、系统性变革。

1. 新时代党和国家对人才培养标准与教育功能、教育体系提出新要求

（1）党和国家提出新的人才培养标准与要求。

党的十八大以来，中国社会发生了全方位变革。党的十九大把习近平新时代中国特色社会主义思想确立为党必须长期坚持的指导思想。全国教育大会则系统总结了党的十八大以来教育改革的成就和经验，回答了教育现代化的重大理论和实践问题。站在新时代和实现教育现代化的高度，党和国家从多个维度对人才培养标准提出了若干新要求。

一是把立德树人作为教育的根本任务，要求把培育和践行社会主义核心价值观融入国民教育全过程。党的十八大报告要求"把立德树人作为教育的根本任务，培养德智体美全面发展的社会主义建设者和接班人"。党的十九大报告进一步要求，要培育和践行社会主义核心价值观，发挥社会主义核心价值观对国民教育的引领作用。习近平总书记在全国教育大会上特别强调要坚持立德树人根本任务，"要把立德树人融入思想道德教育、文化知识教育、社会实践教育各环节，贯穿基础教育、职业教育、高等教育各领域"。在政策层面上，《关于培育和践行社会主义核心价值观的意见》明确提出了"培育和践行社会主义核心价值观要从小抓起，从学校抓起""把培育和践行社会主义核心价值观融入国民教育全过程"的要求，从而把立德树人、社会主义核心价值观教育置于人才培养的核心与首要地位。

二是提出了创新发展理念和培养创新型人才的问题。党的十八届五中全会提出实施"创新、协调、绿色、开放、共享"的五大发展理念，把"创新发展"列在首位。习近平总书记在科学把握创新发展、新科技革命和产业变革、数字

---

① 这部分内容曾以《试论新时代我国基础教育的结构性变革》为题发表于《教育研究》，2018（10）。

经济的历史性机遇的基础上，首次提出"创新是引领发展的第一动力"① 的论断。而创新发展必须大力"培养实践性、创新型、复合型"人才。习近平总书记明确指出，"人是科技创新最关键的因素。创新的事业呼唤创新的人才……必须大力培养造就规模宏大、结构合理、素质优良的创新型科技人才"②，着重培养创新型、复合型、应用型人才，强调把人的创新能力、创造性作为关键能力，作为我国人才培养的根本标准之一。

三是提出了教育"四为"要求，特别强调了"为谁培养人"这个根本问题。2016 年 12 月，习近平总书记在全国高校思想政治工作会议上指出，教育要"为人民服务，为中国共产党治国理政服务，为巩固和发展中国特色社会主义制度服务，为改革开放和社会主义现代化建设服务"。同时，"四为"要求的提出发展了党和国家关于教育方针与目的的表述，创新、丰富和发展了对于人才培养目标的根本要求，提出了"为谁培养人"这个根本问题。在全国教育大会上，习近平总书记要求"培养一代又一代拥护中国共产党领导和我国社会主义制度、立志为中国特色社会主义奋斗终身的有用人才"，进一步强调了教育培养人才的目的性与价值观教育的根本性，突出强调了人才培养的社会主义方向性。

四是重视学生发展核心素养，要求培养必备品格与关键能力。2014 年，《教育部关于全面深化课程改革落实立德树人根本任务的意见》颁布，该意见明确提出要培养学生必备品格与关键能力的要求，强调要"组织研究提出各学段学生发展核心素养体系，明确学生应具备的适应终身发展和社会发展需要的必备品格和关键能力"。2017 年，中共中央办公厅、国务院办公厅印发的《关于深化教育体制机制改革的意见》强调"要注重培养支撑终身发展、适应时代要求的关键能力。在培养学生基础知识和基本技能的过程中，强化学生关键能力培养"，从而把核心素养置于人才培养的基础地位，把必备品格和关键能力作为培育和践行社会主义核心价值观、落实立德树人根本任务、培养时代新人的一个十分重要的标准。

五是提出"培养担当民族复兴大任的时代新人"重大命题。党的十九大报告提出"培养担当民族复兴大任的时代新人"的新时代命题，进一步突出强调了社会主义核心价值观对人才培养的引领作用和人才标准的时代性以及时代新人的担当精神。习近平总书记明确提出了"教育就是要培养中国特色社会主义

---

① 习近平. 当好改革开放排头兵创新发展先行者 为构建开放型经济新体制探索新路 [N]. 人民日报，2015 - 03 - 06.

② 习近平. 在中国科学院第十七次院士大会、中国工程院第十二次院士大会上的讲话 [N]. 人民日报，2014 - 06 - 10.

事业的建设者和接班人，而不是旁观者和反对派"的要求①。把担当精神和社会责任感作为人才培养的必备品格，反映了新时代中国特色社会主义思想精神实质对于人才培养的高标准要求，进一步强调了时代新人的担当精神和社会责任感。

六是把劳动教育作为人才培养的基本内容和根本途径。在全国教育大会上，习近平总书记指出，要"坚持马克思主义指导地位"，"培养德智体美劳全面发展的社会主义建设者和接班人"，"在学生中弘扬劳动精神"，重申了马克思主义关于人的全面发展理论的指导地位和教育与生产劳动相结合的重要思想，坚持了社会主义教育的方向性，把劳动教育作为人才培养的基本内容和根本途径。

(2) 新的人才培养标准意味着党和国家对教育功能、教育体系提出了新要求。

人才培养新标准、新要求的提出是体系化的、自觉性的和时代性的。这些人才培养的新标准、新要求的提出，实际上是党和国家在新时代对于教育功能提出的新标准、新要求。在这样的背景下，教育的人才培养功能、意识形态功能、教化功能、创新功能、文化交流与传播功能等日益凸显出来。为了实现教育的新功能，就必须构建新的教育体系。正如习近平总书记在全国教育大会上所要求的，"要努力构建德智体美劳全面培养的教育体系，形成更高水平的人才培养体系"。按照结构功能主义的观点，事物的结构决定其功能。反过来看，就教育改革而言，当国家与社会对教育功能、教育体系提出新的要求以后，教育的结构必须加以改变，以满足国家与社会的要求，即教育功能、教育体系的改变必然要求教育结构的变革。所以，新时代人才培养标准与教育功能、教育体系要求的变化，需要我们以培养担当民族复兴大任的时代新人为着眼点，以社会主义核心价值观教育为突破口，以培养核心素养特别是必备品格和关键能力为重点，重构我国的基础教育。

(3) 基础教育面临的挑战。

一是新的人才培养标准、要求和新的教育功能、教育体系要求，把价值观教育置于人才培养的核心与首要地位，把人才培养的社会主义方向置于极端重要的地位，把核心素养的养成置于人才培养的基础性地位。这些要求的提出，对基础教育提出了更高的标准和要求。很多问题是之前没有充分重视的老问题或是从来没有遇到的新问题，这些问题都需要通过基础教育的结构性变革来解决。

二是新的人类社会发展趋势对基础教育改革提出了新问题、新挑战，又大

---

① 习近平会见清华大学经济管理学院顾问委员会海外委员和中方企业家委员 [N]. 人民日报，2017 - 10 - 31.

大加剧了基础教育解决新老问题、应对新要求、发挥新功能的迫切性。

首先，信息化与智能化进程对基础教育提出了必须面对的众多问题。进入21 世纪，以信息化与人工智能发展为标志的科技革命如火如荼，对基础教育提出了一系列无法回避的新问题与新挑战。比如"互联网＋教育"的形态如何全面应用到基础教育中，如何实现智能化学习，"互联网＋教育"的时代如何在教育中维护国家与意识形态边界，如何培养个人信息选择能力、价值判断能力、批判性思维能力，等等。其次，创新发展要求基础教育培养创新人才并建立相应的政策与实践体系。党的十八届五中全会提出了创新发展的新理念，这同样对基础教育提出了严峻挑战：基础教育在创新人才培养体系中发挥什么样的作用，如何实现创新人才早期发现、持续跟踪、系统培养并为创新人才培养打下基础，如何在基础教育阶段培养创新文化，如何实现协同育人，如何基于创新人才培养的目标改革课程与教材体系以及考试制度，培养一支什么样的教师队伍才能有利于创新人才的培养，如何利用价值观教育与社会责任感的养成促进创新人才的培养，等等①。最后，新全球化对人才培养和基础教育改革发展战略提出新要求。党的十八大以来，我国陆续提出"一带一路"倡议、人类命运共同体理念，并在世界上坚定捍卫全球贸易自由化进程，标志着中国的新全球化进程正在深入发展。基础教育改革如何适应新全球化的文化与教育目标，为未来实现现代化的日益强盛的中国培养合格人才，如何更自信地面向世界从而有效推动中国文化、教育走出去，都是基础教育改革必须思考与回答的问题。

2. 新时代我国基础教育结构性变革的内容、目标与需要解决的基本问题

（1）基础教育结构性变革的主要内容与目标。

以信息化与智能化为核心特点的科技革命、以创新发展为核心的新发展观、以新全球化为主要内容的人类社会变革正在引起当今社会生产方式、生活方式与发展方式的变革，客观上也对人才培养标准提出了新要求，从而引发了基础教育结构性变革的新趋势。正是基于这种客观背景的要求，党和国家前瞻性地提出关于人才培养标准与教育功能、教育体系的新要求。以核心素养为目标，以价值观教育为核心，以信息化、智能化为基础重构中国基础教育，建设具有中国特色、世界水平的现代教育，成为我国教育改革与发展的一个战略目标。

从内容上看，这种结构性变革包括三个大的方面：一是硬结构变革，包括活动结构即场景、平台、手段、形式、制度、交往方式等（主要以信息化、智能化为基础）。二是软结构变革，包括教育的目标、素养、课程、评价标准等（主要以创新发展、新全球化与价值观的核心地位为基础）。三是在硬结构与软

---

① 刘复兴，檀慧玲. 论建设我国的教育创新政策体系［J］. 教育研究，2016（10）.

结构融合的基础上形成新的教育教学体系结构，具体表现为基础教育的目标结构、素质结构、活动结构、课程结构与评价结构的变革等方面（见图4-4）。

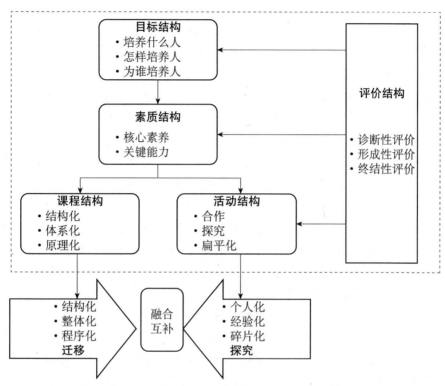

图4-4 基础教育结构性变革的内容及其关系

新时代我国基础教育结构性变革的主要目标应该是，以培养担当民族复兴大任的时代新人为着眼点，以社会主义核心价值观教育为突破口，结合中国传统文化教育，强化人类命运共同体理念，以立德树人为根本任务，以养成学生核心素养为重点，在克服我国以往基础教育改革不足之处的基础上，以社会主义核心价值观教育统领课程改革、人才培养模式改革、课堂教学改革和考试评价改革，结合世界基础教育改革的新趋势，探索一条具有中国特色的和面向2035年的教育现代化发展的基础教育改革新路子。

（2）基础教育结构性变革必须解决的基本问题。

一是从目标结构上，发挥情感态度价值观的作用，切实解决以社会主义核心价值观教育引领人的发展的问题。基础教育的结构性变革，需要首先解决好价值观教育问题。要以价值观作为引领个人发展的动力，并以此为基础实现一系列基础教育的其他目标。价值观教育的内容至少应该包括社会主义核心价值观教育、中国传统文化教育、人类命运共同体理念教育。基础教育要以立德树人为总目标，以社会主义核心价值观教育为突破口，结合中国传统文化与人类命运共同体理念教育，以全面、系统解决培养什么人、怎样培养人、为谁培养人问题为抓手，分学段进行落实。

二是把核心素养结构安排与人才培养目标结构的实现高度统一起来。核心素养的内容比较明确地提出来了，接下来的关键是如何把核心素养的培养全面贯彻到教育教学之中并加以落实。这需要首先"组织研究提出各学段学生发展核心素养体系，明确学生应具备的适应终身发展和社会发展需要的必备品格和关键能力"①。特别是在强调价值观教育核心、首要地位的背景下，基础教育领域必须全面深入研究如何以培养核心素养为基本途径，调整过去以"知识、能力、情感态度价值观"为结构序列的人才培养目标，以社会主义核心价值观教育引领人的发展，完成在教育教学中全面落实培养必备品格和关键能力的基本任务。

三是必须切实处理好课程结构与活动结构的关系。在基础教育中，传统上主要基于学科知识建构起来的课程结构与主要基于探究需要、能力培养与人格养成建构起来的活动结构之间的关系始终处于一种比较矛盾的状态，照顾了知识掌握的目标，往往难以兼顾能力与品格养成目标。这也是长期以来，基础教育领域不能处理好素质教育与中考、高考关系的主要症结之一。处理好课程结构与活动结构的关系是基础教育结构性变革的最关键的问题。基础教育需要克服长期以来课程结构与活动结构之间存在的固有矛盾，努力在课程结构与活动结构之间形成相互融合与互补的关系，整体性地实现必备品格、关键能力与知识掌握的综合目标。

四是建设完善的新型教育教学支撑体系。教育教学支撑体系建设在结构上涉及横向与纵向两个方面。横向上，主要是协同育人，包括学校、家庭、社会三个领域，需要探索学校、家庭、社会协同育人模式，由学校、家庭、社会协同推动学生成长和基础教育改革。纵向上，主要是要实现不同水平教育阶段的衔接与贯通，改革涉及幼儿教育、义务教育、普通高中三个阶段，致力于探索三个阶段的衔接与配合，进一步尝试探索基础教育与高等教育的衔接。教育教学支撑体系在内容上有三个层面：其一是关于价值观教育统领的基础教育改革的主要方面，涉及课程改革、人才培养模式、课堂教学、考试评价改革以及学校日常生活等。其二是基础教育不同学段在养成必备品格和关键能力方面，对学生成长进行综合评价涉及多个维度，需要从教师成长模式、课堂教学基本模式、德育基本模式、特殊人才成长基本模式、升学备考模式、家庭教育基本模式、社会承担教育责任基本方向等方面进行新的探索。其三是关于学生成长综

---

① 教育部关于全面深化课程改革落实立德树人根本任务的意见［N］. 中国教育报，2014-03-30.

合评价的多个维度，涉及多个层面的资源支撑体系建设，如教学体系建设、德育课程体系建设、各科课堂资源体系建设、假期学生成长资源体系建设、家长教育资源体系建设等系列资源支撑体系的探索。最终需要形成全面养成核心素养的各学段各学科课程体系及各学段各学科课程体系的操作流程，全面养成核心素养与升学考试统一的操作体系，形成相对系统的家庭教育资源和不同学段家庭教育的系列操作指南、相对系统的社会教育责任的建议，等等。

五是新型质量评价与质量监测体系建设问题。在落实立德树人根本任务和养成核心素养的大背景下，基础教育的人才培养目标结构、素养结构、课程结构和活动结构及其关系的新变化，需要创新基础教育质量评价指标体系，基础教育质量监测活动也需要转向新的向度，以建立新型教育质量评价指标体系与质量监测制度（见图 4 - 5）。

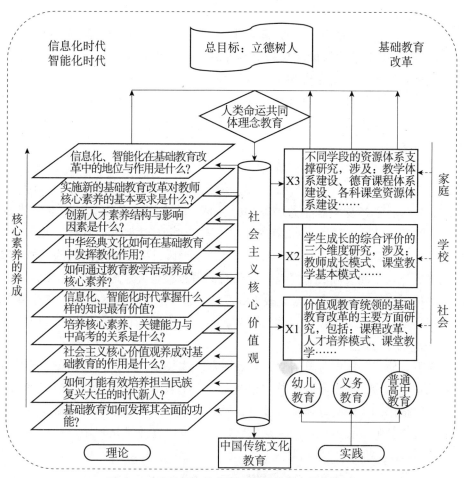

图 4 - 5　基础教育结构性变革的基本思路与体系

3. 推进基础教育结构性变革的政策建议

第一，以结构性调整为目标实施新一轮基础教育改革。在中国特色社会主义进入新时代的背景下，落实全国教育大会的精神，在培养担当民族复兴大任的时代新人、信息化与智能化教育技术与制度、创新人才培养等问题上，从"培养德智体美劳全面发展的社会主义建设者和接班人，加快推进教育现代化、建设教育强国、办好人民满意的教育"[①] 的高度出发，"以凝聚人心、完善人格、开发人力、培育人才、造福人民"[②] 为目标，布置实施新一轮基础教育改革，持续推动基础教育的结构性变革，并选择部分有较好基础的中小学校开展试点试验。

第二，设立新时代基础教育改革专项项目，集中开展科研攻关。依托现有的科研项目管理体系，设立新一轮基础教育改革专项研究项目，组织力量集中开展科研攻关。就基础教育结构性变革中的关键性问题，开展系统研究，创新教育理论，创新政策体系。

第三，全面检视与改革、完善中小学课程标准与教材体系。针对改革开放 40 多年来中小学课程标准与教材体系建设的薄弱环节与改革中的新问题、新挑战、新要求，不断完善和创新我国中小学教材管理体制机制，系统检视我国中小学课程标准与教材体系。加强情感态度价值观的养成，提升文化自信，使课程教材内容、呈现形式与呈现顺序适应信息化、智能化、创新发展的时代要求。

第四，积极探索新时代、新技术条件下新型的课程教学与人才培养模式。处理好基础教育中知识传授与情感态度价值观培养、知识传授与能力养成、应对考试与核心素养及关键能力培养等的关系，解决好教育教学中的重复劳动、"题海战术"问题，聚焦核心素养的养成、培养创新能力和新时代什么知识最有价值等问题，借助信息化、智能化体系与技术手段，探索新型高效的把核心素养的养成与人才选拔考试高度统一起来的课程教学与人才培养模式，探索新型高效的把学校教育与社会、家庭教育高度统一起来的课程教学与人才培养模式，探索新型高效的把幼儿教育、义务教育、高中阶段教育高度衔接起来的课程教学与人才培养模式。

第五，研究、探索、总结"四有好老师"成长模式。结合理论创新与中小学校的试点试验，根据习近平总书记在第三十个教师节视察北京师范大学与师生座谈时提出的"四有好老师"要求，坚持把教师队伍建设作为基础工作，认真开展优秀教师成长案例研究，从实践出发，安排在改革试点中系统研究、探

①② 习近平. 坚持中国特色社会主义教育发展道路　培养德智体美劳全面发展的社会主义建设者和接班人 [N]. 人民日报，2018 - 09 - 11.

索、总结"四有好老师"成长模式，为新时代中小学教师队伍建设提供理论、制度与实践支撑。

第六，构建新型基础教育质量评估指标体系与质量监测制度。适应基础教育结构性变革需要，根据党和国家对基础教育功能的新要求，借助信息化与智能化技术，在有效实施学生学科成绩监测与县域质量监测的基础上，重点解决基于核心素养完整进行学业监测的问题、有效进行情感态度价值观发展水平监测的问题、以学生个人发展为单位实时动态监测的问题等，加强基于现有基础教育质量监测的应用研究和政策研究，根据培养德智体美劳全面发展的社会主义建设者和接班人的要求，完善基础教育质量监测维度，构建新型基础教育质量评估指标体系与质量监测制度。

第七，构建德智体美劳全面培养的基础教育体系。始终把立德树人和社会主义核心价值观教育作为核心任务，按照培养德智体美劳全面发展的社会主义建设者和接班人的总要求构建全面培养的基础教育体系。学科体系、教学体系、教材体系、管理体系的建设都要围绕这个核心任务，着重培养学生的坚定理想信念和爱国主义情怀，加强学生品德修养，增长学生知识见识，培养学生奋斗精神，增强学生综合素质，树立健康第一的理念，全面加强和改进学校美育，在学生中弘扬劳动精神。尤其是要进一步强化体育、美育在人才培养体系中的地位和作用；高度重视劳动教育，全面研究新时代实施劳动教育的一系列理论与实践问题，全面设计、建设好实施劳动教育的制度体系；务必把基础教育体系的建构放置在信息化、智能化的时代背景中考虑，实现全面培养的教育体系与信息化、智能化体系及其技术创新的全面的、广泛的深度融合。

七、 延长我国义务教育年限[①]

(一) 延长义务教育年限的必要性与意义

义务教育是我国国民教育体系的核心，是国家发展的基石和国民素质的奠基工程。进入 21 世纪，教育领域不断深化改革，延长义务教育年限理应成为新时代深化教育体制机制改革的重要抓手和关键点。

1. 延长义务教育年限，助力中国梦的实现

首先，实现教育梦是实现中国梦的前提。教育部原部长袁贵仁在全国政协教育界别联组会议上回应政协委员的提问时，用四个词总结"教育梦"：有教无

---

① 这部分内容曾发表于《中国教育政策评论》，2019。

类、因材施教、终身学习、人人成才。习近平总书记指出"强国必强教，强国先强教"。要实现中国梦，必然离不开教育梦的实现。

其次，延长义务教育年限，助推教育梦的实现。我国普及九年制义务教育目标已率先实现，并向着更加公平和优质的方向发展。当前，我国拥有最大规模的义务教育体系，教育质量在不断提升，并跃居世界领先水平。在此基础上，应适当延长义务教育年限，这是我国经济由"汗水经济"向"智力经济"转型的现实要求，也是一个国家社会各阶层能够实现充分流动，推进社会公平的最合理途径。

2. 延长义务教育年限，打赢教育扶贫攻坚战

首先，教育扶贫是提高扶贫工作实效的前提。"扶贫先扶智"是习近平总书记对"坚决打好、打赢脱贫攻坚战"的重要论断之一。扶贫除必需的"输血式"措施外，主要在于"扶智"，即"培养一名贫困学生，脱贫一户贫困家庭，造福一村，教育乃是脱贫的重要手段"。通过教育扶贫，全方位提升贫困地区的人口素质，是扶贫攻坚能够进一步推进的重要前提和基础。

其次，教育扶贫是改善、稳定发展扶贫工作的基础。"输血式"扶贫措施不能从根本上消除贫困，通过教育扶贫，恢复贫困地区的"造血功能"，才能斩断穷根，挖掘富源。因此，要明确扶贫开发的重点，彰显教育在扶贫攻坚战中的作用，使贫困地区孩子的生活得到改善。努力发展贫困地区的教育事业，以教育扶贫为救助的核心要素，提高贫困人员的综合素质，丰富贫困人员的科学文化知识，从根本上解决一个地区的贫困问题。因此，只有延长义务教育年限，保证贫困地区儿童的受教育权，才能打赢教育扶贫攻坚战。

3. 延长义务教育年限，彰显中国特色，贡献中国智慧

普及义务教育彰显中国智慧。中国教育的普及成就可以证明，运用国家体制，通过实施国家工程，大力推动经济欠发达地区义务教育发展，进而全面实现义务教育，是发展中国家实现义务教育普及的正确路径。在普及义务教育的历程中，无处不彰显着中国智慧。

延长义务教育年限，为世界提供面向未来教育的中国方案。党的十八大后，中国特色社会主义进入新时代，这意味着教育发展也进入了新时代。近年来，中国教育取得巨大成就，通过不断改革与创新，为全球教育发展提供了中国方案。面向未来，中国教育应该继续改革创新，沿着"整体规划，统一部署，加大投入，逐步实施，分步实行，稳步推进"的发展路径，不断探索义务教育延长方案，为世界贡献更多的中国方案①。

---

① 滕珺. 提升教育自信　贡献中国智慧［J］. 中国教育报，2017－11－21（11）.

（二）延长义务教育年限的几种可能模式

1. 不同国家的义务教育年限

联合国教科文组织于 2010 年对 134 个国家的义务教育年限进行了统计。各个国家实行义务教育的年限平均为 9.48 年，其中，义务教育年限最短的为 5 年，最长的为 13 年（见表 4-1）。

表 4-1　　　　　　　　2010 年 134 个国家义务教育年限比较

年限	国家数（个）	百分比（%）
小于 9 年	26	19.4
等于 9 年	46	34.3
大于 9 年	62	46.3

由表 4-1 可知，大多数国家实行义务教育的年限大于或者等于 9 年。我国已经全面普及九年义务教育，普及年限比全球平均义务教育年限短 0.48 年，比最长的 13 年低 4 年。

一些国家的义务教育年限如表 4-2 所示：

表 4-2　　　　　　　　　一些国家的义务教育年限

国家	义务教育年限
美国	公立学校 K-12 教育，一般为 13 年，部分州为 9～12 年不等，少数州正在向 15 年免费教育过渡
德国	9 年全日制普通义务教育＋3 年半日制职业义务教育，共计 12 年
英国	6 年小学＋5 年中学（不分初高中），共计 11 年
比利时	6 年小学＋3 年初中＋3 年高中，共计 12 年
新西兰	6 年小学＋4 年初中＋3 年高中，共计 13 年
北欧	芬兰：6 年小学＋3 年初中，共计 9 年
	瑞典：7 岁入学，义务教育分三段，每段 3 年，共计 9 年
	挪威：7 年小学＋3 年中学，共计 10 年
	丹麦：9 年小学及初中教育＋1 年可供选择的学前及 10 年级教育，共计 10 年
日本	6 年小学＋3 年中学，共计 9 年
韩国	1 年学前＋6 年小学＋3 年中学，共计 10 年
朝鲜	1 年学前＋5 年小学＋3 年初中＋3 年高中，共计 12 年

由表 4-2 可知，当前世界比较典型的国家义务教育年限最短是 9 年，最长为 13 年，美国少数州正在向 15 年免费教育过渡。多数国家实施 9 年以上的义务教育。各国义务教育发展的趋势基本相同，即义务教育的年限不断延长并向

两端延伸：一是向学前教育段延伸，如韩国将学前 1 年的教育纳入义务教育；二是向高中教育延伸，如朝鲜将义务教育延长至 12 年，高中 3 年同样纳入义务教育。

2. 延长义务教育年限的一些可能模式

通过对典型国家的义务教育年限进行梳理发现，向前、向后或者分别向义务教育的两端延长年限是延长义务教育年限的普遍做法。具体又分为两种情况：一是在现有学制分段结构不变的基础上探讨年限向前、向后时间延长；二是在时间延长的基础上调整学制内部的时间分段结构，使其更具合理性。

以义务教育总体年限为标准划分，关于如何延长义务教育年限的可能方案可细分为三类六种。

第一类是实施十二年义务教育，包括三种可能的选择：

(1) "3＋9" 模式：将学前教育全部纳入义务教育，共计 12 年；

(2) "9＋3" 模式：将高中阶段教育全部纳入义务教育，共计 12 年；

(3) "1＋9＋2" 模式：将学前 1 年与高中前 2 年教育纳入义务教育，共计 12 年。

第二类是实施十三年义务教育，包括一种可能的选择：

(4) "1＋9＋3" 模式：将学前 1 年、高中 3 年教育纳入义务教育，共计 13 年。

第三类是实施十五年义务教育：

(5) "3＋9＋3" 模式：学前 3 年、高中 3 年均纳入义务教育，最终将义务教育延长至 15 年；

(6) "1＋9＋3＋2" 模式：学前 1 年、高中 3 年纳入义务教育，之后，向高等教育阶段延伸，把高等教育阶段前 2 年纳入免费教育。

这三类六种模式从逻辑上、理论上基本囊括了我国的义务教育年限延长由 9 年到 12 年最终到 15 年可能经历的各个阶段，也分别代表着每个阶段可能的选择。

(1) "3＋9" 模式：将学前 3 年纳入义务教育。

将学前教育 3 年全部纳入义务教育阶段，加上现在小学、初中的 9 年，实施十二年义务教育。目前将学前教育纳入义务教育阶段的国家主要有美国、加拿大、韩国和朝鲜等。

实施该模式，一是要做好幼小衔接。近几年，学前教育发展迅速，教育质量也不断提升，但仍存在严重的幼小衔接问题。可将学前最后一年和小学一、二年级进行合并，制定统一的课程标准、评价机制，构建 K－2 一体化教育。二是对现有的 "六三" 学制进行改革。在我国社会、经济形势与儿童身心发展发生深刻变化的当下，现有的学制暴露出了许多难以克服的弊端。因此，可以变"六三"学制为九年一贯制。当然，在目前的情况下，完全改成九年一贯制学校，可能在学校设备、师资等方面难以做到，但可以尝试一校一贯制或异校一贯制等多种形式。今后在扩建、改建、合并学校过程中逐步建设九年一贯制学校[①]。实施该模式，一方面能够维护学前儿童的受教育权，规范学前教育管理，提升义务教育质量；另一方面，还应认识到当前学前教育发展不完善，全部义务化的成本过大，将加重财政负担。

（2）"9＋3"模式：将高中3年纳入义务教育。

将高中3年全部纳入义务教育阶段，加上现在小学、初中的9年，共计十二年。目前，将高中阶段教育全部或者部分纳入义务教育阶段的国家主要有美国、加拿大、德国、英国、比利时、新西兰和朝鲜等。其中，德国的特色是在初中之后，针对高中阶段的职业教育实施免费教育。

实施该模式，可以美国为例，美国各地学制因各州情况不同，学制也有所不同，主要有三种类型值得参考：

1）"5－3－4"制：中小学五七分段，小学一至五年级5年，中学六至十二年级7年，其中，初中3年，高中4年；

2）"6－3（2）－3（4）"制：小学一至六年级6年，中学七至十二年级6年，其中初中3年，高中3年，也有的初中2年，高中4年；

3）"8－4"制：小学和初中8年，高中4年。

实施"9＋3"模式，则可考虑将原本的"6＋3＋3"的学段划分进行改革。首先，缩短小学年限、延长中学年限是近几十年来的国际趋势，也被国外的实践经验证明更符合青少年的成长规律和教育规律；其次，缩短初中年限、延长高中年限有利于加强劳动技术教育，能有效地为农村经济发展和学生就业等服务[②]。我国可根据教育的实际情况，改革现有的中考制度。目前我国已有部分地区进行了积极探索，如多次考试、等级表达[③]，综合评价、多元录取[④]，学校自主、社会监督[⑤]，等等，可根据我国义务教育延长模式和教育发展的实际情况，采用科学合理的招生考试制度。该模式可节约义务教育成本。

---

① 顾明远. 中国教育路在何方：顾明远教育漫谈 [M]. 北京：人民教育出版社，2016：132-133.

② 刘远碧，廖其发. "五四"制与"六三"制之争及其启示 [J]. 河北师范大学学报，2000（3）：29-33.

③ 张国华. 办人民满意的教育从这里入手 [N]. 中国教育报，2010-01-18（3）.

④ 李帆，冀晓萍. 一个教育局长的"新政"：记张国华和山东省潍坊市教育惠民服务中心 [J]. 人民教育，2009（2）：12-19.

⑤ 薛二勇. 考试招生制度改革的政策设计与机制创新：以山东省潍坊市中考改革为例 [J]. 中国教育学刊，2014（4）：29-33.

(3)"1+9+2"模式：将学前1年和高中前2年纳入义务教育。

在目前九年义务教育的基础上，分别向两端延长义务教育年限，即将学前1年、高中前2年纳入义务教育阶段，实施十二年义务教育。目前尚没有国家单独、完整地采取这种模式，但有些国家侧重了"1+9"，如韩国、挪威、丹麦等实施十年义务教育。有些国家侧重了"9+2"，如英国实施十一年义务教育，小学阶段6年，中学阶段5年，5年中学阶段虽然不分初中、高中阶段，但实际上可理解为3年初中加2年高中。这就比较有利于解决延迟普职分流时间的问题。

该模式是在九年义务教育基础上向上和向下延长的两种选择中折中的一种，用十二年义务教育的基础尽可能保障基础教育的完整性。一是要做好幼小衔接，将学前1年教育与小学一、二年级整合为一个相对独立的学段，构建K-2一体化教育①。二是2年的高中义务教育也可与9年的小学与初中教育进行重新组合，实施更灵活的义务教育学制。高中教育可借鉴英国经验，在义务教育的最后一年（高二），基于个体的"自主选择"和学校的"因材施教"进行考试分流，升入高等职业学校或普通大学。实施该模式，一方面能够覆盖多个学段的过渡期，保证学生系统、完整地接受基础教育，同时兼顾学前教育和普通高中、职业教育，带动相关教育领域发展；另一方面，还应看到各学段内部的衔接困难、制度设计面临巨大挑战等问题。这种模式目前还没有国家实践，但是该模式可以有效解决我国教育发展中的两个十分关键的问题，即幼小衔接的问题和高中阶段普职分流的问题。实施这种模式存在的比较大的困难是在学制体系结构上难以保证高中阶段教育的整体性。

(4)"1+9+3"模式：将学前1年和高中3年纳入义务教育。

在目前九年义务教育的基础上，分别向两端延长义务教育年限，即将学前1年、高中3年纳入义务教育阶段，实施十三年义务教育。实践中实施这种模式最典型的代表就是美国、加拿大，这是一种经过实践检验的比较成熟的模式。

实施该模式，既有利于解决幼小衔接和高中阶段普职分流的问题，又能兼顾基础教育特别是高中阶段教育的完整性，还可以显著提高教育的投资效益，有助于我国义务教育完成从9年经12年向15年的体系化、一致性过渡。当然，这有可能会增加义务教育成本，增加财政负担。

(5)"3+9+3"模式：将学前3年和高中3年都纳入义务教育。

在目前九年义务教育的基础上，将学前3年和高中3年都纳入义务教育，

---

① 刘焱，康建琴，涂玥. 学前一年教育纳入义务教育的条件保障研究 [J]. 教育研究，2015（7）：11-22.

实施十五年义务教育。这种模式目前尚没有国家尝试，其优点是可以保证各学段的完整性，易于实施，有利于把有限的义务教育资源用于基础教育，保障基础教育质量，打牢现代化教育体系的基础。

实行十五年义务教育，学制也将做出相应的调整。第一，做好幼小衔接。将学前教育的最后一年与小学教育的前两年作为幼小衔接阶段，建立 K-2 一体化教育。第二，缩短初等教育年限，延长中等教育年限，小学教育缩短为 5 年，初中教育延长为 4 年，小学教育和初中教育实行九年一贯制，可灵活设置课程，打通学段壁垒，为课程改革留下广阔的探索空间。第三，高中被分为职业中学和普通高中，职业中学和普通高中均拥有接受高等教育的机会；高中 3 年可进行"2+1"分段，高二结束后，学生按照个人志愿和学业评价结果，分别选择考取职业资格证书、高职院校或大学，一年后分别参与相应的考核，考核成绩作为就业或升学的主要参考。

(6)"1+9+3+2"模式：实施十三年义务教育之后，义务教育年限向高等教育阶段延长。

在"1+9+3"模式的基础上，把义务教育向高等教育阶段延长，逐步实施 2 年的免费高等教育。目前美国的少数州，如纽约州已经开始向少数处境不利的阶层提供 15 年免费教育。

这种模式有利于解决幼小衔接和高中阶段普职分流的问题，兼顾基础教育特别是高中阶段教育的完整性，显著提高教育的投资效益，有助于我国义务教育完成从 9 年经 12 年向 15 年的体系化、一致性过渡，而且可以帮助处境不利的阶层接受高等教育，引导社会、家庭重视职业教育，帮助国家更好地迎接创新驱动发展时代面临的挑战。但是，必须解决好的一个问题就是高等教育与基础教育的衔接问题。

(三) 基于学龄人口预测，不同延长模式所需政府投入

我国已实施"全面二孩"政策，该政策会在短时期内影响我国人口出生率，并会在今后持续影响我国人口变化。同时，随着国际化水平的不断提升，我国出台了多项海外人才引进计划，完善了境外人员子女入学制度等，吸引了更多外国子女来我国就读。在此背景下，为了缩小中西教育差异，中国需要调整义务教育年限，满足教育需求。

1. 2025 年、2030 年、2035 年不同时间节点的学龄人口预测

我国有世界上人数最多的义务教育学生群体，截至 2020 年，义务教育在校生 1.56 亿人。本文以 2025 年、2030 年、2035 年为三个时间节点，在考虑"全面二孩"政策影响的基础上，根据我国未来每一年的出生人口数量预测学龄人

口数量，以每一年的出生人口数推测某一年、某一学段的学龄人口数量，对"3＋9"模式、"9＋3"模式、"1＋9＋2"模式、"1＋9＋3"模式、"3＋9＋3"模式等五种不同延长模式下的学龄人口数量进行预测（见表4-3）。

根据对不同时间节点、不同延长模式下学龄人口的预测，到2030年学龄人口显著增加，到2035年学龄人口趋于稳定，这为延长义务教育年限提供了可能。

2. 基于不同延长模式，2035年义务教育所需经费投入

本书根据《国务院关于进一步完善城乡义务教育经费保障机制的通知》制定义务教育学校生均公用经费基准定额，根据《高中阶段教育普及攻坚计划（2017—2020年）》制定普通高中教育生均公用经费标准，预测到2035年五种不同义务教育延长模式所需的经费投入（见表4-4）。

3. 基于不同延长模式，2035年义务教育所需校舍投入

我国对于幼儿园各类用房面积指标并没有统一的规定，本书参照各省（区、市）已有的建筑面积规定取均值。小学、初中、高中以《城市普通中小学校校舍建筑标准》提出的生均占地面积为标准。在预测到2035年学龄人口的基础上，按照现有学前9班，小学、初中及高中18班生均占地面积标准，对2035年义务教育所需校舍投入进行预测（见表4-5）。

4. 基于不同延长模式，2035年义务教育所需师资数量

教师是立教之本，兴教之源。截至2020年，学前阶段专任教师有291.34万人，义务教育阶段专任教师有1 029.49万人，普通高中专任教师有294.87万人。延长义务教育年限必然要考虑教师队伍建设。

为了更好地预测师资数量，首先需要确定师生比。OECD成员国的小学、初中、高中的平均师生比为1∶15、1∶13、1∶13，本书以此为标准进行预算，学前师生比根据《幼儿园教职工配备标准（暂行）》规定的1∶7为标准进行测算。其次，需要确定班额。本书以秦玉友和宗晓华对合理班额的核算为准，学前、小学、初中、高中的平均班额分别为30人、31.8人、39.6人、33.4人[①]。最后，根据班额和师生比预测不同延长模式下的师资需求量（见表4-6）。

（四）关于延长我国义务教育年限的政策建议

随着我国义务教育规模不断扩大，教育质量不断提升，教育国际化不断深化，在义务教育年限不断延长的国际趋势下，延长义务教育年限也必将成为我国义务教育发展和转型的突破点，这也是新时代我国义务教育改革与发展的历史选择。

---

① 秦玉友，宗晓华.2016—2030年中国城乡义务教育师资需求预测［J］.东北师大学报（哲学社会科学版），2017（1）：8-21.

表 4－3　2025年、2030年、2035年五种不同延长模式学龄人口

年份	"3+9" 模式（万人）			"9+3" 模式（万人）			"1+9+2" 模式（万人）			"1+9+3" 模式（万人）			"3+9+3" 模式（万人）		
	2025	2030	2035	2025	2030	2035	2025	2030	2035	2025	2030	2035	2025	2030	2035
学前	6 199	6 046	5 759	—	—	—	2 043	2 028	1 939	2 043	2 028	1 939	6 199	6 046	5 759
小学	11 678	12 339	12 028	11 678	12 339	11 678	11 678	12 339	12 028	11 678	12 339	12 028	11 678	12 339	12 028
初中	4 879	6 293	6 210	4 879	6 293	4 879	4 879	6 293	6 210	4 879	6 293	6 210	4 879	6 293	6 210
高中	—	—	—	4 791	4 982	4 791	3 183	3 342	4 086	4 791	4 982	6 269	4 791	4 982	6 269
共计	22 756	24 678	23 997	21 348	23 614	21 348	21 783	24 002	24 263	23 391	25 642	26 446	27 547	29 660	30 266

表 4－4　2035年五种不同延长模式政府拨款

学段	"3+9" 模式		"9+3" 模式		"1+9+2" 模式		"1+9+3" 模式		"3+9+3" 模式	
	学龄人口（万人）	政府拨款（万元）	学龄人口（万人）	政府拨款（万元）	学龄人口（万人）	政府拨款（万元）	学龄人口（万人）	政府拨款（万元）	学龄人口（万人）	政府拨款（万元）
学前	5 759	616.213	—	—	1 939	207.473	1 939	207.473	5 759	616.213
小学	12 028	781.82	12 028	781.82	12 028	781.82	12 028	781.82	12 028	781.82
初中	6 210	527.85	6 210	527.85	6 210	527.85	6 210	527.85	6 210	527.85
高中	—	—	6 269	626.9	4 086	408.6	6 269	626.9	6 269	626.9
共计	23 997	1 925.883	24 507	1 936.57	24 263	1 925.743	26 446	2 144.043	30 266	2 552.783

表 4-5

2035 年五种不同延长模式所需建筑面积

学段	"3+9" 模式		"9+3" 模式		"1+9+2" 模式		"1+9+3" 模式		"3+9+3" 模式	
	学龄人口(万人)	建筑面积(万 m²)	学龄人口(万人)	建筑面积(万 m²)	学龄人口(万人)	建筑面积(万 m²)	学龄人口(万人)	建筑面积(万 m²)	学龄人口(万人)	建筑面积(万 m²)
学前	5 759	67 092.4	—	—	1 939	22 589.4	1 939	22 589.4	5 759	67 092.4
小学	12 028	70 965.2	12 028	70 965.2	12 028	70 965.5	12 028	70 965.2	12 028	70 965.2
初中	6 210	44 091.0	6 210	44 091.0	6 210	44 091.0	6 210	44 091.0	6 210	44 091.0
高中	—	—	6 269	46 390.6	4 086	30 236.4	6 269	46 390.6	6 269	46 390.6
共计	23 997	182 148	24 507	161 446.8	24 263	167 882.0	26 446	184 036.2	30 266	228 539.2

表 4-6

2035 年五种不同延长模式师资需求

学段	班额(人/班)	"3+9" 模式		"9+3" 模式		"1+9+2" 模式		"1+9+3" 模式		"3+9+3" 模式	
		学龄人口(万人)	师资需求(万人)	学龄人口(万人)	师资需求(万人)	学龄人口(万人)	师资需求(万人)	学龄人口(万人)	师资需求(万人)	学龄人口(万人)	师资需求(万人)
学前	30	5 759	221.5	—	—	1 939	74.58	1 939	74.58	5 759	221.5
小学	31.8	12 028	802.18	12 028	802.18	12 028	802.18	12 028	802.18	12 028	802.18
初中	39.6	6 210	477.42	6 210	477.42	6 210	477.42	6 210	477.42	6 210	477.42
高中	33.4	—	—	6 269	682.53	4 086	314.5	6 269	482.53	6 269	482.53
共计	—	23 997	1 501.1	24 507	1 762.1	24 263	1 668.7	26 446	1 836.7	30 266	1 983.6

1. 顺应国际趋势，下决心延长义务教育年限

通过对世界典型国家义务教育年限的梳理可知，各国义务教育发展的趋势基本相同，即义务教育的年限不断延长，并向学前和高中阶段延伸。如韩国在普及九年义务教育之后，立即将 1 年的学前教育也通过立法纳入义务教育。随着综合国力的提升，教育的不断发展，延长义务教育年限已成国际社会的发展趋势。

我国义务教育在实现"普九"目标后，开始向高质量转型，更加注重教育均衡发展，以确保每个孩子均能接受公平而有质量的教育。虽然当前我国延长义务教育年限的条件尚未全面具备，但党的十九大提出建设现代化教育强国的宏伟目标，延长义务教育年限就是建设现代化教育强国的一个首要指标。在我国国民经济总量不断增加，"全面改薄"工程不断推进，师资队伍更加合理，教育信息化和国际化不断深化的影响下，应顺应国际趋势，探索延长义务教育年限的中国方案。

2. 采取"三步走"战略，稳步推进义务教育延长工作

（1）到 2025 年，将学前 1 年纳入义务教育，义务教育年限延长至 10 年。

随着"普九"目标的顺利完成，义务教育向着更加均衡、更加优质的方向发展。截至 2017 年底，全国已有 2 379 个县通过义务教育发展基本均衡县国家评估认定，约占全国总县数的 81%①，这为延长义务教育年限奠定了基础。在此基础上，将学前 1 年纳入义务教育范畴具有现实可行性。《国家中长期教育改革和发展规划纲要（2010—2020 年）》颁布并实施以来，我国学前教育整体上有很大的发展。将学前 1 年纳入义务教育范畴，构建 K—2 一体化教育，义务教育年限延长至 10 年，不仅能够帮助学前儿童顺利完成幼小衔接的过渡，保证学前儿童受教育权，规范学前教育办学行为，而且还是充分考虑教育经费投入和产出的最优选择。

（2）到 2035 年，实施"1＋9＋3"模式，逐步将义务教育年限延长至 13 年。

经过 10 年的发展，在全面实现十年义务教育年限的基础上，将高中教育 3 年纳入义务教育范畴。在该模式下，以中等职业教育分段为突破点，逐步将高中教育全部纳入义务教育体系。我国职业教育分为初等、中等、高等三级体系，《中华人民共和国义务教育法实施细则》规定：初级职业教育属于普及九年义务教育的一种形式。这是实施初级职业教育的法律依据。同时，中等职业教育已在我国农村推行了免费政策，这一举措为高中教育全部纳入义务教育范畴提供

---

① 2017 年全面改善贫困地区义务教育薄弱学校基本办学条件工作专项督导报告．中国文明网，2018－05－10．

了现实可行性。因此，在该模式下，可率先实现职业教育的义务化，再逐步实现全部高中教育的义务化。在此过程中，可将高中3年分为两段，高中前两年进行中学阶段的知识教育，高二结束后进行分流考试与志愿选择，职业教育实施义务教育，普通高中继续实施收费教育。在职业教育义务化目标全部实现后，可逐步实施普通高中教育义务化，最后实现高中3年全部纳入义务教育年限的最终目标。

(3) 到2049年，实施"1＋9＋3＋2"模式，义务教育年限延长至15年。

在前期目标实现的基础上，逐步将义务教育年限延长至15年。在学前教育1年和高中教育逐年纳入义务教育的基础上，逐步将义务教育年限向高等教育1~2年延长，丰富和完善中国特色社会主义教育理论体系。在该模式下，延续前期的学制分段形式，学前3年变为"2＋1"制，前两年继续以游戏活动为主要教学方式，促进幼儿身心全面发展，实施有组织的有偿托育，后一年与小学阶段的一、二年级进行合并，构建K-2一体化教育，顺利完成幼小衔接。可借鉴英国五年制中学的经验，高中阶段同样变为"2＋1"制，前两年进行统一教育，不做区分，课程结束后，进行学业考试，根据考试成绩和个人志愿进行分流，选择不同的课程进行高中继续教育，为就业或升学做准备。高中阶段以后，可率先从高等职业教育开始，逐步在高等教育1~2年实施免费但不强迫的义务教育，以逐步把我国义务教育年限延长至15年。

3. 重点突出，率先在西部、农村等偏远地区实施，率先面向职业教育实施，率先面向少数民族人口实施

我国地域辽阔、人口众多，各地区之间的经济、文化、教育等发展水平不平衡，面对这一现实情况，须着眼于促进教育公平和提高教育质量的双重任务和目标。在我国延长义务教育年限，可考虑率先在西部、农村等偏远地区开始。农村教育发展依旧薄弱，是制约我国教育现代化的短板，率先在西部、农村等偏远地区实现义务教育年限延长，有利于我国教育现代化的顺利实现。在薄弱地区试点成功后，进行经验总结，逐渐推广到中部、东部和教育发展水平较高的地区。在实施过程中，可借鉴韩国经验，韩国在发展义务教育时便采取了率先实现农村偏远地区义务教育、再向城市扩展的发展路径，取得了良好的效果。为了引导社会重视职业教育，可以借鉴德国的经验，在高中阶段乃至高等教育阶段延长义务教育年限时，先在职业教育领域实施。为了加强少数民族的教育，培养中华民族共同体意识，可以率先面向少数民族实施延长义务教育年限。

上述三步走的政策策略，既借鉴了美国、英国、德国、韩国等国的成熟经验，又解决了有偿托育、幼小衔接、职业教育、普职分流等问题，是一种符合

中国国情，具有中国特色，能有效解决问题的政策选择。

4. 扶持民办教育，保证其发展地位

改革开放以来，我国民办教育快速发展，已经成为社会主义教育事业的重要组成部分。2017年，《中华人民共和国民办教育促进法》实施，进一步完善了国家扶持政策，强调民办学校与公办学校具有同等的法律地位，规定了非营利性和营利性民办学校在财政、税收优惠、用地、收费等方面的差别化扶持政策，明确了国家鼓励方向。这是贯彻落实党中央有关实施民办教育分类管理改革、促进民办教育健康发展精神的重大举措，进一步完善了民办学校的相关管理和扶持制度，特别是妥善处理了现有民办学校的过渡问题，破解了民办教育发展中的突出问题，对进一步鼓励社会力量兴办教育，推进教育供给侧改革，顺利实现义务教育年限延长，满足人民群众日益增长的多样化教育需求，具有重要而深远的意义。2020年，全国有民办学校18.67万所，占全国学校总数的34.76%；在校学生5 564.45万人。可见，民办教育在发展基础教育方面具有不可替代的作用。

5. 做好整体规划，保证资源投入

目前我国义务教育实施以县为主的管理体制，在这种体制下，由于经济发展水平不同，义务教育发展存在较大差距。在这种管理体制下，要实现延长义务教育年限的目标，必须进行整体规划，加强中央和省级政府统筹力度，进行顶层设计，制订专门方案，统一部署全国范围内义务教育年限延长问题，特别是在西部和农村偏远地区。延长义务教育年限必须有教育投入作为支撑：一是加大教育财政投入，保证义务教育投入做到"三个增长"，以及国家财政性教育经费投入占国内生产总值的比例达到4%的目标不动摇，并向西部和农村偏远地区倾斜；二是加强教师队伍建设，吸引更多优秀人员加入教师队伍，使教师队伍的规模、素质能够满足各级各类教育发展的需要；三是继续改善办学条件，特别是农村学校办学条件，调整学校布局，增加校舍数量等。政府要切实承担起延长义务教育年限的职责，保证资源投入，为延长义务教育年限奠定坚实的基础。

6. 创新教师教育体制，保证义务教育师资供给

百年大计，教育为本；教育大计，教师为本。实施十五年义务教育离不开建设一支数量足够、结构合理、素质较高、相对稳定的教师队伍。《中共中央、国务院关于全面深化新时代教师队伍建设改革的意见》提出要坚持"兴国必先强师"的战略要求，从师德师风建设、振兴教师教育、深化教师管理综合改革、不断提高教师待遇等各个方面创新教师教育体制。当前，我国教师教育改革不断深化，教育部严格控制师范院校数量和规模，教师教育专业点设置保持在

5 000 个左右①。实施卓越教师计划和国培计划，建立高等院校、地方政府和中小学"UGS模式"协同育人新机制，推动我国教育改革发展。在此基础上，要继续创新教师教育体制，提升师范院校和非师范院校教师教育专业的培养质量，推进教育课程改革，探索理论学习和教育实践相结合的教师教育培养体系，培养出一批高素质、专业化的中小学教师，高质量、善保教的幼儿园教师，高素质、"双师型"的职教教师，高素质、创新型的高校教师，为延长义务教育年限提供足够的、高质量的、专业化的师资供给。

八、 中国特色社会主义教育发展道路的基本特点与基本经验

（一）中国特色社会主义教育发展道路的基本特点②

2013 年 3 月 17 日，习近平主席在十二届全国人大一次会议闭幕会上发表讲话指出，"实现中国梦必须走中国道路。这就是中国特色社会主义道路……全国各族人民一定要增强对中国特色社会主义的理论自信、道路自信、制度自信，坚定不移沿着正确的中国道路奋勇前进"。新世纪召开的第一次全国教育工作会议明确宣示：我们开辟了中国特色社会主义教育发展道路。这一重大论断，既是对我们党带领人民发展教育事业的奋斗历程、巨大成就和基本经验的高度概括，同时又指明了我国教育改革发展的前进方向。中国特色社会主义教育发展道路是我国教育事业科学发展的唯一正确道路。

1. 中国特色社会主义教育发展道路是中国特色社会主义道路的重要组成部分

胡锦涛同志在庆祝中国共产党成立 90 周年大会上指出："经过 90 年的奋斗、创造、积累，党和人民必须倍加珍惜、长期坚持、不断发展的成就是：开辟了中国特色社会主义道路，形成了中国特色社会主义理论体系，确立了中国特色社会主义制度。"党的十八大报告明确提出了经济建设、政治建设、文化建设、社会建设、生态文明建设"五位一体"的中国特色社会主义的总体布局，其中"努力办好人民满意的教育"是社会建设的首要任务。党的十八届三中全会做出《中共中央关于全面深化改革若干重大问题的决定》，在"推进社会事业改革创新"部分，首先提出"深化教育领域综合改革"的要求。我国教育事业的改革与发展是中国特色社会主义事业总体布局之社会建设部分的首要内容，

---

① 王定华. 新时代我国教师队伍建设的形势与任务［J］. 教育研究，2018（3）：4-11.
② 这部分内容曾以《中国特色社会主义教育发展道路的几个基本问题》为题发表于《教育研究》，2018（1）。

中国特色社会主义教育发展道路因而是中国特色社会主义道路的重要组成部分。2018 年 9 月 10 日，习近平总书记在全国教育大会上强调，要坚持中国特色社会主义教育发展道路。

中国特色社会主义教育发展道路既具有中国特色社会主义道路的基本特征，又具有中国特色社会主义教育的基本特征，反映着中国特色社会主义教育改革发展的基本规律。从某种意义上说，中国特色社会主义道路的发展是中国特色社会主义教育发展道路的发展背景，对其具有理论层面和实践层面的指导意义。

中国特色社会主义教育发展道路的研究必须建立在对中国特色社会主义道路的思想基础、内涵特征、制度、经验价值等的深刻认识和研究的基础之上。中国特色社会主义教育发展道路是实现中国特色社会主义的一个重要途径。在教育成为基础性、战略性、先导性社会事业的基础上，对这条道路的研究，可以为研究中国特色社会主义道路、理论和制度提供重要的资料。

2. 中国特色社会主义教育发展道路是在中国特色社会主义理论指导下形成和发展起来的

习近平主席在十二届全国人大一次会议闭幕会上发表讲话指出，中国特色社会主义道路"是在改革开放 30 多年的伟大实践中走出来的，是在中华人民共和国成立 60 多年的持续探索中走出来的，是在对近代以来 170 多年中华民族发展历程的深刻总结中走出来的，是在对中华民族 5 000 多年悠久文明的传承中走出来的，具有深厚的历史渊源和广泛的现实基础"。中国特色社会主义教育发展道路也是一个开放的、动态的、与时俱进的探索过程，其形成与发展的历史轨迹与中国特色社会主义道路的形成与发展是一致的。党领导的新民主主义革命实践和理论创新、社会主义建设实践和理论创新为中国特色社会主义教育发展道路提供了历史根源。

中国特色社会主义的理论和实践则是中国特色社会主义教育发展道路的现实依据。"十一届三中全会的重大历史转折标志着中国特色社会主义道路的伟大开端。"[①] 在党的十二大上，邓小平同志第一次明确提出了"中国特色社会主义"这个重大命题[②]。中国特色社会主义是新时期以来中国共产党继续推进马克思主义中国化的伟大历史性创造，体现在实践上，就是开辟了中国特色社会主义道路[③]。中国特色社会主义教育发展道路正是伴随着中国特色社会主义理论与实践的发展而逐步形成的。实际上，在党的十一届三中全会召开之前，邓

---

① 郑德荣，等. 中国特色社会主义道路基本问题研究 [M]. 北京：人民出版社，2012：1.

② 刘云山. 毫不动摇地高举中国特色社会主义伟大旗帜：学习党的十七大报告的体会 [J]. 求是，2008（2）.

③ 习近平. 关于中国特色社会主义理论体系的几点学习体会和认识 [J]. 求是，2008（7）.

小平同志探索中国特色社会主义重大问题的突破口就是人才问题和教育领域的改革。"1977 年 5 月，邓小平同志两次找有关同志谈话，都是强调现代化的关键是科学技术，发展科学技术必须要抓教育，一定要在党内形成'尊重知识，尊重人才'的气氛。"① 1978 年 3 月 18 日召开全国科学大会，邓小平同志提出"科学技术是第一生产力""知识分子是工人阶级的一部分"的重要论断；1978 年 4 月 22 日召开"文化大革命"结束以后的第一次全国教育工作会议，邓小平同志提出"教育事业必须同国民经济发展的要求相适应"的要求。这些论断和要求与党的十一届三中全会的改革精神相一致，是中国特色社会主义教育发展道路的开端。党的十一届三中全会以来，在邓小平理论、"三个代表"重要思想、科学发展观、习近平新时代中国特色社会主义思想的指导下，党和政府不断调整不同发展阶段的教育政策以回应新出现的教育问题，逐渐形成了一条独特的具有中国特色的教育改革发展路径，这条路径我们就称为中国特色社会主义教育发展道路。

3. 中国特色社会主义教育发展道路是一条我国教育事业的科学发展之路

如何理解中国特色社会主义教育发展道路的内涵与特征，既是一个重要的学术问题，又是一个重要的政策问题。袁贵仁同志在全国高校纪念中国共产党成立 90 周年理论研讨会上的讲话指出，中国特色社会主义教育发展道路，就是在中国共产党领导下，坚持以马克思列宁主义、毛泽东思想、邓小平理论和"三个代表"重要思想为指导，深入贯彻落实科学发展观，优先发展教育，全面贯彻党的教育方针，立足基本国情，遵循教育规律，推进教育事业科学发展，培养德智体美全面发展的社会主义建设者和接班人，办好人民满意的教育，建设人力资源强国。这条道路遵循了教育的基本规律，体现了鲜明的中国特色，反映了社会主义的根本要求，具有丰富内涵和鲜明特征。同时，袁贵仁同志在《坚定不移走中国特色社会主义教育发展道路》一文中，对中国特色社会主义教育发展道路的内涵进行了系统论述，认为中国特色社会主义教育发展道路是教育优先发展之路，中国特色社会主义教育发展道路是育人为本之路，中国特色社会主义教育发展道路是改革创新之路，中国特色社会主义教育发展道路是促进教育公平之路，中国特色社会主义教育发展道路是提高教育质量之路。

中国特色社会主义教育发展道路是一条我国教育事业的科学发展之路，是发展社会主义教育事业的唯一正确道路。在中国特色社会主义理论指导下，中国特色社会主义教育发展道路科学地处理了坚持正确的政治方向与遵循教育规律的关系，科学地处理了教育改革发展与社会主义现代化建设的关系，科学地

---

① 顾明远. 改革开放 30 年中国教育纪实［M］. 北京：人民出版社，2008：1-12.

处理了继承我国教育的优良传统与改革创新的关系，科学地处理了立足国情与借鉴国际经验的关系，科学地处理了教育公平与效率的关系，科学地处理了教育规模扩张与提高质量的关系。这条道路"既凝结了中国共产党领导人民发展教育的基本经验，又反映了世界教育发展规律；既坚持了马克思主义的教育基本理论，又体现了中国国情；既坚持了中国特色社会主义教育的基本原则，又建立了人类文明优秀成果；既继承了我国教育优良传统，又具有鲜明的时代特征"①。

4. 中国特色社会主义教育发展道路是一条坚持党的领导发展教育之路

中国共产党是中国特色社会主义道路的开创者、领导者，也是中国特色社会主义教育发展道路的开创者、领导者。

在中国共产党的领导下，我国教育经历了新民主主义教育和社会主义教育的光辉历程，把中国从一个人口大国转变为人力资源大国，正在努力建设人力资源强国。在新民主主义革命时期，我们把马克思主义教育思想创造性地运用于革命实践中，形成了由中国共产党领导的以共产主义思想为指导的民族的科学的大众的教育②。新中国成立后，特别是 1956 年党的第八次全国代表大会以后，我国开始进入全面建设社会主义时期，新民主主义教育逐步过渡到社会主义教育。改革开放以来，我们党在开辟中国特色社会主义道路的过程中，在中国特色社会主义理论体系指导下，领导开创了中国特色社会主义教育发展道路。首先，党对教育事业的政治领导保障了教育事业的社会主义方向。正如邓小平同志所指出的，"党委的领导，主要是政治上的领导，保证正确的政治方向，保证党的路线、方针、政策的贯彻，调动各个方面的积极性"③。其次，在不同的历史阶段，我们党的主要领导人提出的如"三个面向"、以人为本、中国梦、全面深化改革等，都是马克思主义理论在中国具体实践中的运用、创新和发展，都成为我国教育改革发展的理论基础、核心价值和指导思想。另外，在长期的实践中，我们党创造性地运用马克思主义基本原理和科学方法，在实践中形成了一系列关于教育工作的理论、方针和政策。比如：1982 年，党的十二大强调把教育作为经济发展的战略重点之一；1987 年，党的十三大突出了教育在现代化建设中的首要位置和基础性作用；1992 年，党的十四大提出了教育优先发展战略与教育的"全局性、先导性"；1997 年，党的十五大提出了科教兴国战略；2002 年，党的十六大强调培养创新人才和实施人才强国战略；2007 年，党的十七大提出了推进教育公平和创新型国家战略；2012 年，党的十八大提出以人为

---

① 袁贵仁．坚定不移走中国特色社会主义教育发展道路［J］．求是，2012（12）.

② 中国大百科全书总编辑委员会《教育》编辑委员会．中国大百科全书（教育）［M］．北京：中国大百科全书出版社，1985.

③ 邓小平．邓小平文选：第 2 卷［M］．2 版．北京：人民出版社，1994：98.

本与提高教育质量的要求。党的十九大提出实现教育现代化、建设教育强国的战略目标。这些方针和政策成为我国教育改革发展的指导方针、发展战略和政策指南。坚持党对教育事业的全面领导是中国特色社会主义教育发展道路的实践特征，是中国特色社会主义教育发展道路的历史经验，也是保证中国特色社会主义教育发展道路科学发展的根本保障。建设中国特色的社会主义教育，必须坚持党对教育事业的全面领导。

5. 中国特色社会主义教育制度是中国特色社会主义教育发展道路的根本制度保障

中国特色社会主义教育发展道路的实践是在中国特色社会主义教育制度保障下形成和发展的。首先，道路引领制度建设①。中国特色社会主义教育发展道路是前所未有的教育改革之路，这条道路的实践过程就是不断进行制度创新的过程。中国特色社会主义教育制度是中国特色社会主义教育发展道路的必然成果，也是中国特色社会主义发展道路的鲜明标志。其次，制度又为道路提供制度保障②。中国特色社会主义教育制度的建立和完善是中国特色社会主义教育发展道路的突破口，教育体制改革和创新是推动教育发展的强大动力，教育制度是规范教育事业发展的制度保障因素，对中国特色社会主义教育发展道路具有重要的导向功能。

中国特色社会主义教育制度是以中国特色社会主义教育体系为主要内容的制度规范体系。中国特色社会主义教育制度由根本层面的制度、基本层面的制度、具体层面的教育政策以及法律体系组成。教育领导制度、党的教育方针等是中国特色社会主义教育的根本制度，体现教育的性质和本质，是中国特色社会主义教育区别于其他教育的主要标志；国民教育制度、教育公平制度、终身教育制度等是教育的基本制度，规定教育的基本原则，对教育发展有着重大影响；优先发展制度、教育质量制度、对外开放制度、教师发展制度等则是教育的具体制度，推动着我国教育的全面协调可持续发展。它们具有不同的地位和作用，作为一个有机整体共同构成相互衔接、相互联系的中国特色社会主义教育制度体系。

整体设计、系统推进中国特色社会主义教育制度建设，可与时俱进地推动中国特色社会主义教育的发展和完善。党的十八届三中全会提出"深化教育领域综合改革"的重大历史任务。深化教育领域综合改革，制度变革是关键，是重点。《教育部关于 2013 年深化教育领域综合改革的意见》指出，要"以破解

---

①②　朱峻峰. 中国共产党与中国特色社会主义道路 [M]. 北京：社会科学文献出版社，2012：138.

制约教育科学发展的关键领域和薄弱环节为突破口，以加快转变教育发展方式、完善推进教育改革的体制机制为着力点，不失时机深化教育领域综合改革"。制度层面的中国特色社会主义教育发展道路发展的着重点是"建设"。中国特色社会主义教育制度建设应注重适应社会主义现代化建设需求与促进人的全面发展有机结合，注重完善正规学校教育体系与构建终身学习平台有机结合，注重强化公共教育资源配置与引导社会教育资源开发有机结合，注重统筹整个社会相关领域协同发展与教育制度改革目标有机结合。

党的十八大、十八届三中全会召开以后，教育领域综合改革的深化对教育事业的发展提出了新的、更高的要求，改革的系统性、整体性和协同性迫切需要从实践上、理论上、政策上总结中国特色社会主义教育发展道路。中国特色社会主义教育发展道路的系统的、科学的研究，可以深刻回答教育改革发展中一系列带有方向性、根本性、战略性的重大问题，可以为研究中国特色社会主义道路和中国特色社会主义理论提供丰富的素材，可以为向发展中国家、发达国家宣传、传播中国特色教育改革发展的经验、理论和政策奠定基础，还可以为推广中国经验、在国际上展现我国的文化软实力和中国特色社会主义教育理论、制度影响力提供必要的理论准备，所以，对中国特色社会主义教育发展道路的系统的、科学的研究具有战略意义。

中国特色社会主义教育发展道路的研究，要从实践维度客观地描述中国特色社会主义教育发展道路的历史轨迹，总结其所取得的重大历史性教育发展成就。要从理论的维度上总结归纳中国特色社会主义教育发展道路的基本内涵和重要特征，探究指导中国特色社会主义教育发展道路的思想基础和理论体系，总结其发展的基本经验。要展望中国特色社会主义教育发展道路面临的挑战、问题、发展趋势及其对中国乃至世界教育改革发展的价值与意义。

（二）中国特色社会主义教育发展道路的基本经验[①]

一是有真正为人民谋利益的政党和政府。为人民服务、走群众路线始终是中国共产党和中国政府的宗旨。党的十九大以后，习近平总书记提出了以人民为中心发展教育的要求。

二是有一个以公有制为主体的基本经济制度。尽管改革开放以后中国的私有经济有了较快的发展，但迄今为止中国是一个以公有制为主体的国家。这样就使政府更容易调动社会资源，重视公共利益，最大限度地顾及社会的公平问题。

---

① 刘复兴，白杰瑞，等. 对话中国 [M]. 北京：中国人民大学出版社，2019：172-173.

同时具备以上两个方面是世界上其他大国家少有的条件，一个涉及政治体制，一个涉及生产关系，这两个方面的有效结合，可以使中国的社会资源最大限度地、最快速地用于解决涉及人民群众最关心的若干民生问题。

三是具有一套高度集中统一领导和完善高效的行政管理体系。这可以使政府做很多其他国家政府很难做到或者根本做不到的事情，如集中力量办大事；做连续性很强的中长期教育发展规划；官僚系统具有很强的执行力和很高的办事效率，社会动员能力很强大。

四是人民群众高度认可、拥护中国共产党和中国政府的教育政策。教育政策充分体现追求教育公平、提高教育质量的基本价值，得到全社会的拥护和支持。

五是立足国情办教育。始终从中国的国情出发，始终从中国是社会主义国家要办社会主义教育出发，始终从中国现代化建设的需要出发办教育。

六是紧紧依靠社会、人民、教师办教育。中国共产党和中国政府重视教育，善于充分调动全社会的力量发展教育事业，依靠全体人民的吃苦耐劳，依靠民办教育的发展，依靠全体教师的奉献。

七是始终坚持教育改革创新与对外开放。不断提出新的更高的教育发展目标和改进教育政策，大规模派出留学生，始终坚持学习世界各国、各民族优秀的教育经验。

八是有中国传统文化的积极影响。中国 5 000 多年的历史上有社会力量兴办学校的传统，有尊师重教的厚重文化。

九是教育法治的保障。始终强调依法治国、依法治教，改革开放以后，建立了比较完善的教育法治体系。

（三）中国特色社会主义教育理论的基本体系

1. 发展战略：发展具有中国特色、世界水平的现代教育

（1）提出"发展具有中国特色、世界水平的现代教育"的新命题。

党的十八大报告提出了"着力提高教育质量"和"推动高等教育内涵式发展"的要求，习近平总书记强调"发展具有中国特色、世界水平的现代教育"，提出了"坚持扎根中国大地办教育"的要求，赋予教育新的更高水平的内涵与要求，做出了"建设世界一流大学和一流学科"的重大战略部署，并特别强调了要坚持党对教育事业的全面领导。

2013 年 9 月 10 日，在第二十九个教师节的慰问信中，习近平总书记希望广大教师"为发展具有中国特色、世界水平的现代教育作出贡献"。2014 年 9 月 9 日，在与北京师范大学师生代表座谈时习近平总书记指出："希望广大教师

认清肩负的使命和责任，努力为发展具有中国特色、世界水平的现代教育，培养社会主义事业建设者和接班人作出更大贡献！"习近平总书记指出，我们要办现代化的大学，办扎根中国大地、有中国特色的大学。

习近平总书记特别强调，教育既要有世界水平又要有中国特色，要扎根中国大地办大学。2014年5月4日，习近平总书记在北京大学考察，对发展具有中国特色、世界水平的现代教育做了进一步的阐释。他指出："办好中国的世界一流大学，必须有中国特色。""世界上不会有第二个哈佛、牛津、斯坦福、麻省理工、剑桥，但会有第一个北大、清华、浙大、复旦、南大等中国著名学府。我们要认真吸收世界上先进的办学治学经验，更要遵循教育规律，扎根中国大地办大学。"这段话非常明确地、有针对性地提出我们的世界一流大学必须有中国特色、有各自的特色。

要求加快建设世界一流大学和一流学科。2011年4月6日，在听取清华大学工作汇报时，习近平总书记强调建设世界一流大学，必须做到六个"必须"，即必须坚持正确的办学思想；必须努力培养世界一流的学生；必须造就世界一流的师资队伍；必须创造世界一流的学术成果；必须不断创新办学机制；必须充分发挥我们的政治优势，切实加强学校党的建设。2016年12月7—8日全国高校思想政治工作会议召开，习近平总书记发表讲话指出："教育强则国家强。高等教育发展水平是一个国家发展水平和发展潜力的重要标志……党中央作出加快建设世界一流大学和一流学科的战略决策，就是要提高我国高等教育发展水平，增强国家核心竞争力。""我国有独特的历史、独特的文化、独特的国情，决定了我国必须走自己的高等教育发展道路，扎实办好中国特色社会主义高校。"

（2）坚持优先发展教育，实现宏伟蓝图中国梦。

坚持优先发展教育，是实现中国梦的重要组成部分。2012年11月，习近平总书记在参观《复兴之路》展览时提出了实现中华民族伟大复兴的中国梦，首次旗帜鲜明地指出了新一届中央领导集体的执政目标，成为引领凝聚海内外中华儿女共建美好中国的共同愿景。如果说"两个一百年"奋斗目标和中华民族伟大复兴的中国梦是一个宏大愿景，那么教育梦就是构成宏大愿景至关重要的组成部分。习近平同志于2013年3月17日在十二届全国人大一次会议上当选国家主席后发表讲话指出："中国梦是民族的梦，也是每个中国人的梦。""生活在我们伟大祖国和伟大时代的中国人民，共同享有人生出彩的机会，共同享有梦想成真的机会，共同享有同祖国和时代一起成长与进步的机会。"在中国文化中，个人梦想与民族梦想一脉相承，中国梦的实现不仅意味着国家的强大、民族的复兴，也意味着全体中国人民的富裕、幸福和安康，意味着当代中国青年的成长、成才和成熟。当代中国青年成长、成才和成熟的过程，也是中华民族伟大复兴中国梦最终实现的过程。正如习近平总书记所说的那样："中国梦是我们的，更是你们青年一代的。中华民族伟大复兴终将在广大青年的接力奋斗中变为现实。"优先发展教育战略激励人们为实现美好图景而奋斗。

按照党和国家的总体部署，2020 年中国特色社会主义现代教育体系基本满足广大人民群众不断增长的多样化教育需求；到 2030 年，优先发展教育的成果将使中国进入创新型国家前列；到新中国成立 100 周年时，中国将成为世界科技强国。这是党和国家为评估和检验教育发展定下的中长期目标，未来的 30年，是实现百年愿景的最为重要的阶段。教育继往开来，举足轻重。

教育优先发展是科教兴国的需要，科教兴国是中国梦实现的根本。2013 年9 月 25 日，习近平主席在联合国"教育第一"全球倡议行动一周年纪念活动上进一步指出，"中国将坚定实施科教兴国战略，始终把教育摆在优先发展的战略位置，不断扩大投入，努力发展全民教育、终身教育，建设学习型社会，努力让每个孩子享有受教育的机会，努力让 13 亿人民享有更好更公平的教育，获得发展自身、奉献社会、造福人民的能力。中国将加强同世界各国的教育交流，扩大教育对外开放，积极支持发展中国家教育事业发展，同各国人民一道努力，推动人类迈向更加美好的明天"。"历史和现实都告诉我们，青年一代有理想、有担当，国家就有前途，民族就有希望，实现中华民族伟大复兴就有源源不断的强大力量。"①

2. 培养目标：培养担当民族复兴大任的时代新人

（1）坚持立德树人。

教育的根本任务是培养人。在不同时期，对于培养什么人、怎样培养人、为谁培养人，不同的社会制度、不同的文化传统、不同的教育思想，认识不完全一样。我国的教育是社会主义的教育，我们的教育目的、我们的人才培养目标和方式，与西方国家的教育有着很大的不同。只有在这样的前提下认识我国的教育问题，探索我国教育的根本任务，才是有意义的。党的十八大以来，以习近平同志为核心的党中央，要求全面贯彻党的教育方针，坚持教育为人民服务、为中国共产党治国理政服务、为巩固和发展中国特色社会主义制度服务、为改革开放和社会主义现代化建设服务，把立德树人作为教育的根本任务，培养德智体美劳全面发展的社会主义建设者和接班人。习近平总书记明确提出，要坚持把立德树人作为中心环节，把思想政治工作贯穿教育教学全过程，实现

---

① 习近平给华中农业大学"本禹志愿服务队"回信（全文）〔EB/OL〕. 中国共产党新闻网，2013 -12 - 06.

全程育人、全方位育人，牢牢抓住全面提高人才培养能力这个核心点①。习近平总书记这一重要论断高屋建瓴、旗帜鲜明地揭示了教育的本质和核心，阐明了我国教育的根本性质、目标任务、方法手段，具有强烈的针对性，为新时代做好教育工作提供了重要遵循，也将指引我国教育改革发展回归本真、为实现中华民族伟大复兴提供人才支撑。

习近平总书记要求各级各类学校必须坚持立德树人。他强调，广大青少年要从小学习做人。世界上最难的事情，就是怎样做人、怎样做一个好人。要做一个好人，就要有品德、有知识、有责任，要坚持品德为先。要学会做人的准则，就要学习和传承中华民族传统美德，学习和弘扬社会主义新风尚，热爱生活，懂得感恩，与人为善，明礼诚信，争当学习和实践社会主义核心价值观的小模范②。2013 年 10 月 1 日，他在给中央民族大学附属中学全校学生的回信中，要求学校承担好立德树人、教书育人的神圣职责，着力培养造就中国特色社会主义事业合格建设者和接班人。2016 年 4 月，在致清华大学建校 105 周年贺信中，习近平总书记强调，站在新的起点上，要坚持正确方向、坚持立德树人、坚持服务国家、坚持改革创新。

如何立德树人、教书育人？习近平总书记特别强调理想信念教育。他指出，理想指引人生方向，信念决定事业成败，理想信念建立在对科学理论的理性认同上、对历史规律的正确认识上、对基本国情的准确把握上。他提出，要用中国梦打牢广大青少年的共同思想基础，用中国梦激发广大青少年的历史责任感，让每个青少年都为实现中国梦增添强大青春能量；要教育和帮助青少年树立正确的世界观、人生观、价值观，积极为广大青少年实现梦想提供服务。"中国梦是全国各族人民的共同理想，也是青年一代应该牢固树立的远大理想。中国特色社会主义是我们党带领人民历经千辛万苦找到的实现中国梦的正确道路，也是广大青年应该牢固确立的人生信念。"③

（2）社会主义核心价值观融入与引领国民教育。

党的十八大凝练提出"富强、民主、文明、和谐，自由、平等、公正、法治，爱国、敬业、诚信、友善"的 12 个词 24 个字的社会主义核心价值观，这是对中国特色社会主义理论的重大发展和贡献，也是世界社会主义运动史上首次明确提出社会主义的价值属性，标志着中国特色社会主义建设过程中又一个

---

① 习近平．把思想政治工作贯穿教育教学全过程　开创我国高等教育事业发展新局面［N］．人民日报，2016－12－09．

② 习近平在会见中国少年先锋队第七次全国代表大会代表时寄语全国各族少年儿童［N］．人民日报，2015－06－02．

③ 习近平．习近平谈治国理政［M］．北京：外文出版社，2014：50．

重大的理论创新。

如何看待社会主义核心价值观这 12 个范畴？为什么党中央提出要在全党全社会培育和弘扬社会主义核心价值观？对于这些问题，2014 年，习近平总书记在十八届中共中央政治局第十三次集体学习时做了充分的阐述。他强调指出："把培育和弘扬社会主义核心价值观作为凝魂聚气、强基固本的基础工程。""培育和弘扬核心价值观，有效整合社会意识，是社会系统得以正常运转、社会秩序得以有效维护的重要途径，也是国家治理体系和治理能力的重要方面。"这些论述精辟地指出了核心价值观建设与社会发展、国家建设、民族振兴之间的内在关联，反映了核心价值观建设的客观基础，具有深远的历史意义。

在这些理论论述的基础上，习近平总书记进一步指出："如果一个民族、一个国家没有共同的核心价值观，莫衷一是，行无依归，那这个民族、这个国家就无法前进。这样的情形，在我国历史上，在当今世界上，都屡见不鲜。"① 这是从反面阐明了社会主义核心价值观建设的重大意义，并且诉诸历史的、现实的、国际的、国内的经验与教训。从这些论述来说，习近平总书记有关社会主义核心价值观建设重大意义的认识，是站在社会发展、国家建设和民族振兴的全局提出来的，更是从实现"两个一百年"奋斗目标和完成中华民族伟大复兴历史使命的高度提出来的，具有重大的实践价值和深远的历史考量。

习近平总书记强调："要切实把社会主义核心价值观贯穿于社会生活方方面面。要通过教育引导、舆论宣传、文化熏陶、实践养成、制度保障等，使社会主义核心价值观内化为人们的精神追求，外化为人们的自觉行动。"就在这次讲话中，习近平总书记特别指出，社会主义核心价值观教育，"要从娃娃抓起、从学校抓起，做到进教材、进课程、进头脑"。这些论述体现了习近平总书记对青少年社会主义核心价值观教育的高度重视，也体现了社会主义核心价值观教育的一般规律。

习近平总书记高度重视青少年的社会主义核心价值观教育问题，在北京大学、北京师范大学、八一学校、海淀区民族小学等大中小学，就如何将社会主义核心价值观贯穿到国民教育全过程、从小培育和践行社会主义核心价值观做出系列论述和指示，为整个国家教育系统开展社会主义核心价值观教育指明了方向、提出了要求。

习近平总书记关于从小积极培育和践行社会主义核心价值观的系列论述，既体现了他对青少年学生健康成长的高度关怀，也体现了他治国理政的战略思

---

① 中共中央文献研究室．习近平关于社会主义文化建设论述摘编［M］．北京：中央文献出版社，2017：112.

维、未来思维。正如他在北京大学师生座谈会上所说的，现在的青少年，正是实现"两个一百年"奋斗目标的积极参与者和历史见证人，更是中华民族本世纪内实现中华民族伟大复兴的生力军、主力军。从这个角度来看，帮助青少年学生扣好人生第一粒扣子，在青少年学生中持之以恒地开展社会主义核心价值观教育，自然具有极其重大的战略意义。社会主义核心价值观教育，毫无疑问地应该贯穿于小学、中学、大学等各级各类教育的全过程。

（3）培养拔尖创新人才。

习近平总书记多次强调，要深化教育改革，推进素质教育，创新教育方法，提高人才培养质量，努力形成有利于创新人才成长的育人环境。基础教育要树立强烈的人才观，大力推进素质教育，鼓励学校办出特色，鼓励教师教出风格。党的十八大报告指出："全面实施素质教育，深化教育领域综合改革，着力提高教育质量，培养学生社会责任感、创新精神、实践能力。"

培养拔尖创新人才是教育的重要目标之一。坚持立德树人，突出人才培养的核心地位，着力培养具有历史使命感和社会责任心、富有创新精神和实践能力的各类创新型、应用型、复合型优秀人才。加强创新创业教育，大力推进个性化培养，全面提升学生的综合素质、国际视野、科学精神和创业意识、创造能力。合理提高高校毕业生创业比例，引导高校毕业生积极投身大众创业、万众创新。完善质量保障体系，将学生成长成才作为出发点和落脚点，建立导向正确、科学有效、简明清晰的评价体系，激励学生刻苦学习、健康成长。

培养拔尖创新人才必须实现关键环节的突破。加快推进人才培养模式改革，推进科教协同育人，完善高水平科研支撑拔尖创新人才培养机制。加快推进人事制度改革，积极完善岗位设置、分类管理、考核评价、绩效工资分配、合理流动等制度，加大对领军人才倾斜支持力度。加快推进科研体制机制改革，在科研运行保障、经费筹措使用、绩效评价、成果转化、收益处置等方面大胆尝试。加快建立资源募集机制，在争取社会资源、扩大办学力量、拓展资金渠道方面取得实质进展。

3. 根本目的：全体人民共享优质教育

（1）期盼更好的教育是小康社会人民对美好生活的向往。

共享高质量教育是中国人民的共同期盼。2012年11月15日，十八届中共中央政治局常委同中外记者见面时，习近平总书记指出："我们的人民热爱生活，期盼有更好的教育、更稳定的工作、更满意的收入、更可靠的社会保障、更高水平的医疗卫生服务、更舒适的居住条件、更优美的环境，期盼孩子们能成长得更好、工作得更好、生活得更好。人民对美好生活的向往，就是我们的奋斗目标。"

习近平总书记强调，再穷不能穷教育，再穷不能穷孩子，要努力让每个适龄儿童少年都能享受良好的教育，都有人生出彩的机会。促进公平、提高质量是我国教育改革和发展的主线，在"有学上"到"上好学"的教育转型期，办好每一所学校、教好每一个学生，成为办好人民满意教育的根本要求，也是教育改革和发展的价值诉求。

习近平总书记多次就社会公平正义和教育公平问题做出重要指示，特别强调要促进社会整体的公平正义，指出"我们要随时随刻倾听人民呼声、回应人民期待，保证人民平等参与、平等发展权利，维护社会公平正义，在学有所教、劳有所得、病有所医、老有所养、住有所居上持续取得新进展，不断实现好、维护好、发展好最广大人民根本利益，使发展成果更多更公平惠及全体人民，在经济社会不断发展的基础上，朝着共同富裕方向稳步前进"①。

（2）全体人民共享教育改革发展的成果。

党的十八届五中全会提出了"共享发展"的新理念，《中国共产党第十八届中央委员会第五次全体会议公报》强调要"坚持共享发展，必须坚持发展为了人民、发展依靠人民、发展成果由人民共享，作出更有效的制度安排，使全体人民在共建共享发展中有更多获得感，增强发展动力，增进人民团结，朝着共同富裕方向稳步前进"。"共享发展"理念的提出，丰富和发展了我国在新时代关于社会公平正义与教育公平的思想理论，把我国社会公平正义和教育公平的理论、政策与实践推向了一个新的高度。

（3）坚持以人民为中心办教育。

把人民群众的利益放在第一位，以更大的力度、更实的举措，在新的层次上、更高水平上，把教育公平推上新台阶，不断增强人民群众的获得感、幸福感。教育公平是社会公平的重要基础，要以教育公平促进社会公平。促进教育发展成果更多更公平惠及全体人民是教育发展的重要内容与目的。推动城乡义务教育一体化发展，高度重视农村义务教育，办好学前教育、特殊教育和网络教育，普及高中阶段教育，健全学生资助制度，使绝大多数城乡新增劳动力接受高中阶段教育、接受高等教育。

努力让14亿多人民都能享受更好更公平的教育，获得自身发展和造福社会的能力，过上有尊严的幸福生活。习近平总书记明确提出让"人民享有更好更公平的教育"，认为"中国有2.6亿名在校学生和1 500万名教师，发展教育任务繁重。中国将坚定实施科教兴国战略，始终把教育摆在优先发展的战略位置，不断扩大投入，努力发展全民教育、终身教育，建设学习型社会，努力让每个

---

① 习近平. 习近平谈治国理政［M］. 北京：人民出版社，2014：41.

孩子享有受教育的机会"，努力让"人民享有更好更公平的教育，获得发展自身、奉献社会、造福人民的能力"①。

公平育人的实质是促进教育公平，教育公平是做到人人都有出彩机会的基本保障，是体现中国特色社会主义制度优越性的现实需求。习近平总书记指出：我们要在学有所教上持续取得新进展。"部分群众在就业、子女教育、就医、住房等方面还面临一些困难，不断解决好这些问题是党和政府义不容辞的责任"②。"要加大对农村地区、民族地区、贫困地区职业教育支持力度，努力让每个人都有人生出彩的机会"③。"要采取措施确保所有女童上得起学和安全上学，发展面向妇女的职业教育和终身教育，帮助她们适应社会和就业市场变化"④。

4. 发展动力：深化教育改革创新

深化教育领域综合改革是习近平总书记关于全面深化改革的战略部署的重要内容，是习近平总书记关于教育改革创新论述的重要组成部分，也是解决新时代教育改革创新问题的根本要求和基本途径。

（1）推进教育领域治理体系和治理能力现代化。

党的十八届三中全会提出了在新的历史起点上全面深化改革的要求，党的十九届五中全会提出了实现国家治理体系和治理能力现代化的战略目标，反映了我国改革进入攻坚期、深水区以后包括教育领域改革在内的改革开放发展的根本性迫切要求。全面深化改革的根本目标是完善和发展中国特色社会主义制度，推进国家治理体系和治理能力现代化。这反映在教育领域就是推进教育领域治理体系和治理能力现代化。

党的十八届三中全会提出全面深化改革的战略部署，制定了《中共中央关于全面深化改革若干重大问题的决定》，指出"改革开放是党在新的时代条件下带领全国各族人民进行的新的伟大革命"，必须在新的历史起点上全面深化改革。"全面深化改革的总目标是完善和发展中国特色社会主义制度，推进国家治理体系和治理能力现代化。"该决定明确提出要深化教育领域综合改革，提出"实现发展成果更多公平惠及全体人民，必须加快社会事业改革，解决好人民最关心最直接最现实的利益问题，努力为社会提供多样化服务，更好满足人民需求"。

---

① 习近平. 习近平谈治国理政 ［M］. 北京：人民出版社，2014：191.
② 习近平. 习近平谈治国理政：第2卷 ［M］. 北京：人民出版社，2017：368.
③ 中共中央文献研究室. 习近平关于社会主义社会建议论述摘编 ［M］. 北京：中央文献出版社，2017：48-49.
④ 习近平. 促进妇女全面发展 共建共享美好世界 ［N］. 人民日报，2015-09-28.

针对教育改革的艰巨性和复杂性，党的十八届三中全会公报指出，深化教育领域综合改革要全面贯彻党的教育方针，增强学生的社会责任感、创新精神、实践能力；大力促进教育公平，逐步缩小区域、城乡、校际差距；统筹城乡教育资源配置；创新人才培养机制；探索新的考试招生制度，从根本上解决一考定终身的弊端；深入推进管办评分离，强化国家教育督导，引入第三方教育评估监测，鼓励社会力量兴办教育。

（2）教育领域综合改革的根本目的是满足人民对多样化优质教育的需求。

深化教育领域综合改革的根本目的是满足人民对多样化优质教育的需求。全面推进教育领域综合改革是全面深化改革对教育改革创新的新要求。《教育部关于2013年深化教育领域综合改革的意见》指出，教育领域综合改革的核心目的是解决好人民最关心最直接最现实的利益问题，努力为社会提供多样化服务，更好地满足人民对多样化优质教育的需求。

教育领域综合改革重点在深化，关键在综合。要用系统思维、全局意识和全球视野认识改革，用普遍联系的观点设计改革，用统筹兼顾的办法推进改革，进一步增强改革的系统性、整体性、协同性；要不断增强教育改革的自觉性、紧迫性、坚定性，在继续深入实施国家教育体制改革试点的基础上，牢固树立改革意识，提振教育改革信心，冲破思想观念束缚，冲破利益固化藩篱，将改革贯穿教育工作始终，把教育改革不断引向深入。

（3）教育领域综合改革的重点是破解制约教育科学发展的关键领域和薄弱环节。

教育领域综合改革以习近平总书记关于全面深化改革的战略部署为指导，以改革创新为动力，以全体人民共享优质教育资源和创新人才培养水平为根本目标，补足短板促进公平，争创一流提高质量，在教育事业发展的重点领域和薄弱环节取得了一系列重大突破。

第一，改革人才培养模式。推进考试招生制度改革，探索招生和考试相对分离、学生考试多次选择、学校依法自主招生、专业机构组织实施、政府宏观管理、社会参与监督的运行机制，从根本上解决一考定终身的弊端。深化课程内容改革，全面贯彻党的教育方针，坚持立德树人，加强社会主义核心价值体系教育，完善中华优秀传统文化教育，形成爱学习、爱劳动、爱祖国活动的有效形式和长效机制，增强学生的社会责任感、创新精神、实践能力。探索创新人才培养途径。完善职业教育人才培养模式，落实人才成长立交桥支撑措施。

第二，改革办学体制。改善民办教育发展环境，全面清理针对民办教育的歧视性政策。探索公办学校多种办学形式，完善独立学院管理办法。完善职业教育产教融合制度。落实高校办学自主权，进一步减少和严格规范政府对高等学校的行政审批，减少行政干预，落实高校办学自主权。扩大教育对外开放，扩大来华留学规模，提高来华留学教育的质量和管理水平。

第三，改革管理体制。完善均衡发展义务教育机制，教育资源配置重点向农村、边远、民族地区等倾斜，加快推进义务教育学校标准化建设，全面推行中小学教师交流制度，着力解决大城市的中小学择校问题，建立义务教育均衡发展奖励机制，落实省级政府教育统筹。健全中央和地方统筹有力、责权明确的教育管理体制，坚决实行简政放权，进一步推进中央向地方放权，扩大省级政府教育统筹权。健全教育监测评价机制，研制学生综合评价标准，探索建立中国特色教育质量监测评价办法。推进教育督导体制改革，建立健全教育决策、执行、监督既相互制约又相互协调的权力结构和运行机制。完善高校治理结构。

第四，改革保障机制。改革教师管理制度，完善教师评价办法，完善教师资格制度，制定教师引进激励措施政策，建立教师退出机制。健全各级政府教育经费分担机制，进一步明晰中央和地方的教育事权和财政支出责任。加快研究制定高等职业学校生均财政拨款标准。加强教育经费使用绩效评价和审计监督。改进教育信息化推进策略，以教育信息化带动教育现代化。

（4）教育领域综合改革的关键是教育体制机制改革。

党的十八届三中全会以来，习近平同志任组长的中央全面深化改革领导小组研究和部署了一系列重大战略性议题，其中直接涉及教育的就有 6 份，直指改革发展关键，主要涉及考试招生制度改革、发展校园足球、实施乡村教师支持计划、统筹推进世界一流大学和一流学科建设、全面改善贫困地区义务教育薄弱学校基本办学条件以及新时期教育对外开放等深化教育领域综合改革的一系列重大问题。2017 年 5 月 23 日，习近平总书记主持召开中央全面深化改革领导小组第三十五次会议，会议审议通过了《关于深化教育体制机制改革的意见》，进一步明确了深化教育体制机制改革的目标、要求和任务，要求统筹推进教育体制机制改革。该意见指出，"深化教育体制机制改革，要全面贯彻党的教育方针，坚持社会主义办学方向，全面落实立德树人根本任务，构建以社会主义核心价值观为引领的大中小幼一体化德育体系，注重培养学生终身学习发展、创新性思维、适应时代要求的关键能力，统筹推进育人方式、办学模式、管理体制、保障机制改革"。

2013 年出台的《教育部关于 2013 年深化教育领域综合改革的意见》指出，深化教育领域综合改革是全面系统的改革，重在体制机制改革。教育领域综合改革在宏观管理方面，包括办学体制、管理体制、经费投入体制、考试招生及就业制度等方面的改革；在微观管理方面，包括内部管理制度、人事薪酬制度、教学管理制度、学术管理制度等方面的改革；在教学改革方面，包括人才培养模式、教学内容和方法的改革。

5. 教师队伍建设：培养"四有好老师"

（1）做党和人民满意的好老师。

2014年9月9日，习近平总书记在同北京师范大学师生代表座谈时明确指出，教师的工作是塑造灵魂、塑造生命、塑造人的工作。他对广大教师提出了做党和人民满意的好老师的殷切期望，从四个方面概括了好老师的品质：要有理想信念、要有道德情操、要有扎实学识、要有仁爱之心。

好老师绝不是仅仅教好自己的课就够了，而要有更加远大的目光、更加自觉的责任以及更加崇高的国家和民族理想。习近平总书记鲜明地提出："广大教师要始终同党和人民站在一起，自觉做中国特色社会主义的坚定信仰者和忠实实践者，忠诚于党和人民的教育事业，自觉把党的教育方针贯彻到教学管理工作全过程，严肃认真对待自己的职责。要注重加强中国特色社会主义理论体系的学习，加深对中国特色社会主义的思想认同、理论认同、情感认同，不断增强道路自信、理论自信、制度自信，积极引导学生热爱祖国、热爱人民、热爱中国共产党。好老师应该做中国特色社会主义共同理想和中华民族伟大复兴中国梦的积极传播者，帮助学生筑梦、追梦、圆梦，让一代又一代年轻人都成为实现我们民族梦想的正能量。"[①]

（2）教师要成为学生品德成长的引路人。

好老师的根本在于育人，在于引导青少年学生把握好人生方向、走上正确的人生道路，在于引导学生成长为有责任感、有使命感、有担当的有用之才。习近平总书记反复强调教师自身的价值观对学生价值观的直接影响和重要教育意义。

习近平总书记勉励广大教师用好课堂讲坛，用好校园阵地，用自己的实际行动倡导社会主义核心价值观，用自己的学识、阅历、经验去点燃学生对真善美的向往，使社会主义核心价值观润物细无声地浸润青少年学生的心田，转化为他们的日常行为，增强他们的价值判断能力、价值选择能力，引导他们健康成长。

2014年教师节前夕同北京师范大学师生代表座谈时，习近平总书记用朴实的语言、切身的体会谈到了好教师对学生的深刻影响。他说："合格的老师首先应该是道德上的合格者，好老师首先应该是以德施教、以德立身的楷模。师者

为师亦为范，学高为师，德高为范。老师是学生道德修养的镜子。好老师应该取法乎上、见贤思齐，不断提高道德修养，提升人格品质，并把正确的道德观传授给学生。"老师的人格力量和人格魅力是成功教育的重要条件。'师也者，教之以事而喻诸德者也。'老师对学生的影响，离不开老师的学识和能力，更离不开老师为人处世、于国于民、于公于私所持的价值观。一个老师如果在是非、曲直、善恶、义利、得失等方面老出问题，怎么能担起立德树人的责任？广大教师必须率先垂范、以身作则，引导和帮助学生把握好人生方向，特别是引导和帮助青少年学生扣好人生的第一粒扣子。"

（3）构建适应新形势下的教师队伍建设的治理体系。

从国家建设的宏观路径来看，国家正在构建国家治理体系，提升国家治理能力，而"好教师"队伍建设同样需要治理体系和治理能力。习近平总书记指出："国家治理体系和治理能力是一个国家制度和制度执行能力的集中体现。国家治理体系是在党领导下管理国家的制度体系，包括经济、政治、文化、社会、生态文明和党的建设等各领域体制机制、法律法规安排，也就是一整套紧密相连、相互协调的国家制度；国家治理能力则是运用国家制度管理社会各方面事务的能力，包括改革发展稳定、内政外交国防、治党治国治军等各个方面。"①"好老师"队伍建设需要一个国家制度和制度执行能力，需要与国家其他领域或部门进行协调治理，使"好老师"队伍建设从法律地位的确定、工资待遇的提高、国家荣誉体系的建立等方面得到制度保障和有效执行。

实现中华民族伟大复兴的中国梦、发挥教师的重要作用，培养"好教师"，使教师真正能够成为"引路人"，需要探索与深化教师教育改革。习近平总书记明确提出"努力培养造就一大批一流教师，不断提高教师队伍整体素质，是当前和今后一段时间我国教育事业发展的紧迫任务"，为此"要加强教师教育体系建设，加大对师范院校的支持力度，找准教师教育中存在的主要问题，寻求深化教师教育改革的突破口和着力点，不断提高教师培养培训的质量"②。我国要建设优秀教师教育体系，对教师教育体系进行改革，把师范院校首先建设成为一流教师教育院校，通过改革解决教师教育生源质量不高、教师教育的课程和教学与实践脱节、师范生的实践实习不充分、教师培养和培训一体化不紧密等问题；通过制定教师教育质量标准、开展教师教育专业认证、改革教师职后培训体系，提高教师培训质量，打造一支结构合理、质量优秀的教师队伍，使他

---

① 习近平. 习近平谈治国理政 [M]. 北京：外文出版社，2014：91.

② 习近平. 做党和人民满意的好老师：同北京师范大学师生代表座谈时的讲话 [EB/OL]. 人民网，2014-09-10.

们成为打造中华民族"梦之队"的筑梦人。

6. 领导力量：坚持党对教育事业的全面领导

在党的旗帜下，按党的主张、意志和使命，办人民满意的教育。坚持全面从严治党，把政治建设摆在首位，把思想建设作为根基，加强基层组织建设，切实提高教育战线党建质量和水平，为推进教育现代化、建设教育强国提供根本保证。

(1) 党的全面领导是办好中国特色社会主义大学的根本保证。

2014年12月28日至29日，习近平总书记对第二十三次全国高等学校党的建设工作会议做出重要指示，提出"加强党对高校的领导，加强和改进高校党的建设，是办好中国特色社会主义大学的根本保证"。2016年12月，在全国高校思想政治工作会议上，习近平总书记提出要做好高校思想政治工作，必须坚持党的领导，使高校成为坚持党的领导的坚强阵地。牢牢掌握党对高校工作的领导权，加强和改进高校党的建设，是办好高校的根本保证。

习近平总书记对我国高等教育的发展方向和社会主义大学的宗旨提出了新的要求，提出"四为"要求。他指出："我国高等教育发展方向要同我国发展的现实目标和未来方向紧密联系在一起，为人民服务，为中国共产党治国理政服务，为巩固和发展中国特色社会主义制度服务，为改革开放和社会主义现代化建设服务。"[①]"四为"要求的提出，对我国高等教育的发展方向和社会主义大学的宗旨提出了新的要求，丰富和发展了我们党的"双为"教育方针。

(2) 要始终坚持党委统一领导。

党委要保证高校正确办学方向，掌握高校思想政治工作主导权，保证高校始终成为培养社会主义事业建设者和接班人的坚强阵地。习近平总书记指出，"办好我国高等教育，必须坚持党的领导，牢牢掌握党对高校工作的领导权，使高校成为坚持党的领导的坚强阵地"；要求"高校党委对学校工作实行全面领导，承担管党治党、办学治校主体责任，把方向、管大局、作决策、保落实"；"各地党委书记和各有关部门党组书记要多到高校走走，多同师生接触，多次去高校作报告，回答师生关注的理论和现实问题。要加强同高校知识分子的联系，多关心、多交流、多鼓励，善交朋友、广交朋友、深交朋友，多听他们的意见，真听他们的意见"[②]。

高校党委对管党治党、办学治校负有主体责任。高校党委全面领导学校各

---

①② 习近平. 把思想政治工作贯穿教育教学全过程　开创我国高等教育事业发展新局面 [N]. 人民日报，2016-12-09.

项工作，把方向、管大局、作决策、保落实。在党委统一领导下，重点推进高校党的思想建设、制度建设、组织建设、作风建设和反腐倡廉建设，在理念创新、手段创新、基层工作创新上积极拓展思路，全面提升高校党建科学化水平。作为高校党委的核心，书记、校长要坚守意识形态工作第一线，以第一责任人的担当，守土有责、守土负责、守土尽责。书记、校长要不断提高思想政治素质和办学治校能力，讲政治、懂教育、善团结、敢担当。

坚持和完善党委领导下的校长负责制是坚持社会主义办学方向的必然要求。党委领导下的校长负责制是中国特色社会主义大学制度的核心内容，是党对高校领导的充分体现。党委领导为校长负责提供必要前提，校长负责为党委领导提供充分保障。以明确同一个目标、坚持同一个根本制度、完成同一个总任务为前提，高校要切实把握"集体领导、党政合作、科学决策"三个关键点，充分实现领导班子成员自觉履行"一岗双责"，严格规范"三重一大"事项的决策程序。党委领导下的校长负责制可助力书记、校长站在改革前沿，带头为推动高等教育领域综合改革举措落到实处做出表率。

（3）加强高校思想政治教育工作队伍建设。

习近平总书记指出，要拓展选拔视野，抓好教育培训，强化实践锻炼，健全激励机制，整体推进高校党政干部和共青团干部、思想政治理论课教师和哲学社会科学教师、辅导员班主任和心理咨询教师等队伍建设，保证这支队伍后继有人、源源不断[1]。

高校所有教师都负有育人职责，必须大力加强师德师风建设，努力培养造就有理想信念、有道德情操、有扎实学识、有仁爱之心的好老师，引导专任教师自觉做到以德立身、以德立学、以德施教，"守好一段渠、种好责任田"。

辅导员是开展大学生思想政治教育的骨干力量，是高校学生日常思想政治教育和管理工作的组织者、实施者和指导者。高校要严格按照《普通高等学校辅导员队伍建设规定》要求，按照比例设置辅导员，严格按照标准选拔高校辅导员。根据辅导员职业能力标准的要求，结合各校实际，坚持工作实绩、科学研究能力和研究成果相结合的原则，制定专门的辅导员评聘教师职务的具体条件，单列指标，单独评审，突出其从事学生工作的特点。加强和完善辅导员培训体系建设，建立国家、省级和高校三级辅导员培训体系，通过培训提高辅导员的思想理论水平和业务工作能力。积极选拔优秀辅导员参加国内国际交流、考察和进修深造。支持辅导员在做好大学生思想政治教育工作的基础上攻读相

---

① 习近平. 把思想政治工作贯穿教育教学全过程 开创我国高等教育事业发展新局面. 人民日报，2016 - 12 - 09.

关专业学位，鼓励和支持专职辅导员立足本职岗位，走专业化发展道路，成为思想政治教育工作方面的专门人才。把辅导员队伍作为学校党政干部队伍的后备人才库，加强辅导员政治培养和基层实践锻炼，在保证学生工作队伍相对稳定、专业化水平不断提高的基础上，有计划地向校内管理工作岗位选派或向地方组织部门推荐优秀辅导员。各高等学校要根据辅导员职业能力标准，制定辅导员工作考核的具体办法，健全辅导员队伍的考核和奖惩体系。

（4）创新高校思想政治教育工作机制。

习近平总书记指出："做好高校思想政治工作，要因事而化、因时而进、因势而新。要遵循思想政治工作规律，遵循教书育人规律，遵循学生成长规律，不断提高工作能力和水平。"[1] 这是对高校思想政治教育工作的规律性认识和科学性把握，为开展高校思想政治教育工作提出了明确要求。因事而化、因时而进、因势而新、遵循规律，是提高工作科学化水平的根本要求。具体来说，就是要不断创新高校思想政治教育工作机制，以适应新形势、新特点。

创新高校思想政治理论课教学模式，形成协同效应，形成课堂育人合力。创新高校思想政治理论课教学模式，应发挥主观能动性设计配套"自选动作"，让理论与实践更紧密结合，激发课堂教学的活力。

建立健全统一领导、权责清晰、齐抓共管、分工明确、运转有序的工作机制，形成全员育人合力。明确政策导向、完善配套措施，吸引更多教师特别是优秀青年教师兼职从事学生教育管理服务工作。高校各职能处室机关干部和管理人员同样应当发挥好育人作用，要通过提高服务质量，用良好的工作形象、工作态度和工作作风参与到大学生思想政治教育过程中。

九、坚持党对教育事业的全面领导[2]

在全国教育大会上，习近平总书记提出了教育"九个坚持"新理念新思想新观点，"坚持党对教育事业的全面领导"[3] 列在首位。"中国共产党的领导是中国特色社会主义最本质的特征。"[4] "中国共产党是中国特色社会主义事业的

---

[1] 习近平.把思想政治工作贯穿教育教学全过程　开创我国高等教育事业发展新局面.人民日报，2016－12－09.

[2] 这部分内容曾以《坚持党对教育事业领导的全面性、系统性、整体性》为题发表于《教育研究》，2021（4）。

[3] 习近平.坚持中国特色社会主义教育发展道路　培养德智体美劳全面发展的社会主义建设者和接班人［N］.人民日报，2018－09－11.

[4] 中共中央文献研究室.习近平关于社会主义政治建设论述摘编［M］.北京：中央文献出版社，2017：41.

开创者、推动者、引领者。"① 中国共产党的领导决定着中国特色社会主义教育发展道路、理论、制度、文化的根本性质。坚持党的全面领导，是我们党领导革命战争、社会主义建设与改革开放时期教育工作的根本经验，也是我们坚持走中国特色社会主义教育发展道路的基本规律。"加强党对教育事业的全面领导，是办好教育的根本保证。"②

（一）新时代提出加强党对教育事业全面领导的新要求

1. 坚持党的全面领导是我们党长期以来的光荣传统与根本经验

坚持党的全面领导，是中国共产党在长期的新民主主义革命、社会主义建设与探索时期和改革开放的历史进程中得出的一条根本经验。在建党初期与人民军队建设初期，我们党就确立了"党指挥枪""支部建在连上"的党建原则。在抗日战争时期，我们党首次规定"党是无产阶级的先锋队和无产阶级组织的最高形式，他应该领导一切其他组织"③。新中国成立后，毛泽东多次做出批示，指出党是领导一切的，特别强调"领导我们事业的核心力量是中国共产党"④，明确指出"工、农、商、学、兵、政、党这七个方面，党是领导一切的。党要领导工业、农业、商业、文化教育、军队和政府"⑤。长期的新民主主义革命斗争和社会主义建设与探索的经验表明，党的领导是夺取革命胜利的关键因素，也是建设社会主义新中国的必然选择。

改革开放以来，邓小平始终认为在中国实现四个现代化必须坚持共产党的领导。1979 年，邓小平提出了"坚持社会主义道路，坚持无产阶级专政，坚持共产党的领导，坚持马列主义、毛泽东思想"⑥ 四项基本原则，认为"如果动摇了这四项基本原则中的任何一项，那就动摇了整个社会主义事业，整个现代化建设事业"⑦，同时强调"坚持四项基本原则的核心，就是坚持党的领导"⑧。邓小平始终高度重视教育事业中坚持和加强党的领导问题，特别从教师队伍的"坚信"与领导者的"坚定"两个层面论述教育系统党的领导的重要意义。1983

---

① 徐光春. 坚持和发展中国特色社会主义必须加强和改进党的领导 [J]. 求是，2016（21）.

② 习近平. 坚持中国特色社会主义教育发展道路　培养德智体美劳全面发展的社会主义建设者和接班人 [N]. 人民日报，2018-09-11..

③ 中共中央文献研究室. 建党以来重要文献选编（1921—1949）：第 19 册 [M]. 北京：中央文献出版社，2011：423.

④ 中共中央文献研究室. 毛泽东年谱（1949—1976）：第 2 卷 [M]. 北京：中央文献出版社，2013：283.

⑤ 毛泽东. 毛泽东文集：第 8 集 [M]. 北京：人民出版社，1999：305.

⑥⑦ 邓小平. 邓小平文选：第 2 卷 [M]. 2 版. 北京：人民出版社，1994：173.

⑧ 同⑥342.

年，邓小平指出，文化教育战线上的所有工作人员都是人类灵魂的工程师，都应该"坚信社会主义和党的领导"①，这是从教师队伍建设的层面讲坚信社会主义和党的领导。1985年，邓小平又一次指出，"忽视教育的领导者，是缺乏远见的、不成熟的领导者，就领导不了现代化建设。各级领导要像抓好经济工作那样抓好教育工作"②。这是从领导者的层面讲要像抓经济工作那样"坚定"地领导教育工作。这表明了改革开放初期党和国家领导教育工作的坚定决心。

面对新时期新的历史征程，习近平总书记反复强调，"改革开放40年的实践启示我们：中国共产党领导是中国特色社会主义最本质的特征，是中国特色社会主义制度的最大优势"③，必须"坚持党对教育事业的全面领导"④。

2. 党的十九大与全国教育大会提出坚持党的全面领导新要求

党的十九大报告强调"坚持党对一切工作的领导"，指出"党政军民学，东西南北中，党是领导一切的。必须增强政治意识、大局意识、核心意识、看齐意识，自觉维护党中央权威和集中统一领导"。在2018年9月召开的全国教育大会上，习近平总书记提出了教育"九个坚持"新理念新思想新观点，深刻回答了新时代培养什么人、怎样培养人、为谁培养人等一系列教育改革创新的根本性问题。教育"九个坚持"是党的十八大以来习近平总书记关于教育工作最集中、最全面、最系统的论述，其中第一条就是"坚持党对教育事业的全面领导"⑤。"教育是国之大计、党之大计"⑥，教育工作必须坚持党的全面领导。"我们的教育必须把社会主义建设者和接班人作为根本任务，培养一代又一代拥护中国共产党领导和我国社会主义制度、立志为中国特色社会主义奋斗终身的有用人才。"⑦ 坚持党对教育事业的全面领导，为新时代我国教育改革创新指明了政治方向，提供了根本的政治保障与组织保障。

3. 新时代教育领域党的领导面临新问题新挑战

面对中华民族伟大复兴的战略全局，面对世界百年未有之大变局，面对全球百年未遇之大疫情，国际国内形势深刻变化，意识形态斗争更加激烈，多元社会思潮交融交锋，新产业革命方兴未艾，新媒体、线上教育等新的教育载体与传播渠道迅速发展。在新的历史征程中，我们党如何更全面、更有效、更有力地领导教育事业，面临着许多新问题、新挑战、新情况与新任务。如何加强党对教育事业领导的全面性、系统性和整体性，牢牢把握党对新时代教育领域

---

① 邓小平．邓小平文选：第3卷［M］．北京：人民出版社，1993：40.

② 同①121.

③ 习近平．在庆祝改革开放40周年大会上的讲话［M］．北京：人民出版社，2018：22.

④⑤⑥⑦ 习近平．坚持中国特色社会主义教育发展道路 培养德智体美劳全面发展的社会主义建设者和接班人［N］．人民日报，2018－09－11.

意识形态工作的领导权;如何改革和完善党对教育事业全面领导的体制机制,紧紧依靠教师队伍实现党的全面领导,面向服务立德树人根本任务建设立德树人监测评价机制;如何切实加强党对民办教育的全面领导,认识与应对网络化、新媒体与线上教育带来的教育治理结构、治理范式与治理方式的新变化⋯⋯都是我们面向"十四五"规划乃至 2035 教育现代化远景目标,坚持党对教育事业全面领导需要面对、需要研究的新情况、新问题。

(二)党对教育事业的全面领导的基本特征

习近平总书记指出:"党的领导必须是全面的、系统的、整体的,必须体现到经济建设、政治建设、文化建设、社会建设、生态文明建设和国防军队、祖国统一、外交工作、党的建设等各方面。哪个领域、哪个方面、哪个环节缺失了弱化了,都会削弱党的力量,损害党和国家事业。"[1] 我们的教育领域必须贯彻党的领导是全面的、系统的、整体的这一本质要求。

1. 马克思主义为坚持党对教育事业的全面领导提供了思想方法与工作方法

"坚持党对一切工作的领导是马克思主义政党学说的内在要求。"[2] 马克思主义科学思维与科学方法是坚持党对教育事业全面领导的思维方法。习近平总书记指出,"改革开放是前无古人的崭新事业,必须坚持正确的方法论,在不断实践探索中推进"[3],并进一步指出,"我们党是用马克思主义武装起来的政党"[4],必须"把马克思主义哲学作为自己的看家本领"[5]。马克思主义哲学"深刻揭示了客观世界特别是人类社会发展一般规律,在当今时代依然有着强大生命力,依然是指导我们共产党人前进的强大思想武器"[6]。全党都要"不断接受马克思主义哲学智慧的滋养,自觉坚持和运用辩证唯物主义世界观和方法论"[7]。

马克思主义的辩证唯物主义与历史唯物主义是我们坚持党对教育事业全面领导的世界观和方法论。坚持党对教育事业的全面领导,必须以辩证唯物主义为指导,坚持世界、社会与教育都是普遍联系的方法论,善于透过纷繁复杂的

---

① 习近平. 习近平谈治国理政:第 3 卷 [M]. 北京:人民出版社,2020:166.

② 何锡辉. 新时代坚持党领导全面深化改革的逻辑理路 [J]. 中国矿业大学学报(社会科学版),2020(5).

③ 习近平. 习近平谈治国理政 [M]. 北京:人民出版社,2014:67.

④ 同①530.

⑤ 中共中央文献研究室. 习近平关于社会主义文化建设论述摘编 [M]. 北京:中央文献出版社,2017:63.

⑥ 同⑤62.

⑦ 习近平. 在纪念陈云同志诞辰 110 周年座谈会上的讲话 [M]. 北京:人民出版社,2015:11.

教育实践中的若干现象来把握教育系统党的建设的本质特点和发展规律，不断提高战略思维能力、辩证思维能力和法治思维能力，善于分析和面对教育治理结构、治理范式与治理方式的新变化与新问题，善于分析和解决主要矛盾，善于抓住关键领域和薄弱环节，善于在解决突出问题中实现战略突破；坚持党对教育事业的全面领导，必须以历史唯物主义为指导，始终坚持以人民利益为中心，密切联系人民群众，紧紧依靠广大知识分子与人民教师，切实抓住青年学生，实现党对教育事业的全面领导。

2. 在马克思主义思维方法指导下坚持党对教育事业的全面领导

在新时代，坚持党对教育事业的全面领导，务必从新时代我国教育改革创新发展的实际情况出发，密切结合建设社会主义现代化强国奋斗目标的具体要求，将马克思主义思维方法作为理论指导。习近平总书记指出："全面深化改革是一项复杂的系统工程，需要加强顶层设计和整体谋划，加强各项改革关联性、系统性、可行性研究。我们要在基本确定主要改革举措的基础上，深入研究各领域改革关联性和各项改革举措耦合性，深入论证改革举措可行性，把握好全面深化改革的重大关系，使各项改革举措在政策取向上相互配合、在实施过程中相互促进、在实际成效上相得益彰。"① 同时，他明确提出大家要读一些马克思主义哲学基本著作，掌握科学世界观和方法论，不断增强工作的原则性、系统性、预见性、创造性②，要"健全总揽全局、协调各方的党的领导制度体系，把党的领导落实到国家治理各领域各方面各环节"③。因此，必须坚持党的领导的全面性、系统性与整体性。

全面性、系统性与整体性是理解和坚持党对教育事业全面领导的核心内涵。

一是要把全面性作为坚持党对教育事业领导的基础性要素。首先，党对教育工作的领导必须要贯彻全面覆盖的原则。党的领导要覆盖所有的教育领域、教育阶段、教育形式、教育主体、教育组织和教育形态。要覆盖学校教育与校外教育，覆盖公办教育与民办教育，覆盖学前教育、义务教育、高中阶段教育、高等教育、职业与成人教育、终身教育、民族教育与特殊教育，覆盖学校教育与社会教育，覆盖正规教育与非正规教育、线下教育与线上教育、国内教育与留学教育。其次，教育领域的各级各类党委组织要不留死角地负起全面领导责任。中央和县级以上地方党委、各级教育主管部门党委、各级各类学校党组织要全面组织开展和领导好教育工作，切实加强党组织对教育事业的领导、组织

---

① 中共中央文献研究室. 习近平关于全面深化改革论述摘编 [M]. 北京：中央文献出版社，2014：38 - 39.
② 习近平. 坚持历史唯物主义　不断开辟当代中国马克思主义发展新境界 [J]. 求是，2020 (2).
③ 习近平. 习近平谈治国理政：第 3 卷 [M]. 北京：人民出版社，2020：125.

和监督。最后，教育领域党的建设各方面内容要全面。教育领域党的建设要"全面推进党的政治建设、思想建设、组织建设、作风建设、纪律建设，把制度建设贯穿其中"①。

二是要坚持党对教育事业领导的系统性。首先，要以党的领导结构的完整性、全面性为基础，保障党领导的系统性。党的领导是一个系统工程，只有是完整的、全面的，才可能是系统的。其次，党的领导方法论上要坚持系统思维。做到"审大小而图之，酌缓急而布之，连上下而通之，衡内外而施之"②，充分考虑各个不同的教育领域、教育阶段、教育形式、教育主体、教育组织和教育形态之间的关联性、耦合性；充分考虑教育领域政治建设、思想建设、组织建设、作风建设、纪律建设各项改革举措之间的关联性、耦合性；充分考虑意识形态教育、教育治理体系、教师队伍与教育管理队伍建设、各级各类人才培养、课程教材与学科体系建设、学校基层党组织建设、民办教育领域党的建设、线上教育教学与新媒体的影响等重要事项之间的关联性、耦合性，"努力做到眼前和长远相统筹、全局和局部相配套、渐进和突破相衔接，协调各方利益关系"③。最后，要立足于党的领导全局抓大事。善于抓住教育改革创新发展中的"牛鼻子"问题，善于抓住教育改革创新发展中的关键领域和薄弱环节。以教育领域的意识形态教育、教育治理体制机制建设、教师队伍建设等重要领域和关键环节为突破口，以立德树人监测与评价制度建设、教材与学科体系改革、民办教育领域党建工作以及互联网、新媒体与线上教育教学背景下教育治理新变化等薄弱环节为工作重点，"在牵一发而动全身的关键点上集中发力，使各项改革举措在政策取向上相互配合、在实施过程中相互促进、在实际成效上相得益彰"④，力争形成教育治理体系和治理能力现代化的总体效应，取得总体效果。

三是要坚持党对教育事业领导的整体性。首先，要"坚定维护党中央权威和集中统一领导"⑤。中共中央印发的《深化党和国家机构改革方案》提出："为加强党中央对教育工作的集中统一领导，全面贯彻党的教育方针，加强教育领域党的建设，做好学校思想政治工作，落实立德树人根本任务，深化教育改革，加快教育现代化，办好人民满意的教育，组建中央教育工作领导小组，作为党中央决策议事协调机构。""中央教育工作领导小组秘书组设在教育部。"教育领域必须坚定维护与全面落实党中央、中央教育工作领导小组的集中统一领

---

① 习近平. 决胜全面建成小康社会 夺取新时代中国特色社会主义伟大胜利：在中国共产党第十九次全国代表大会上的报告 [M]. 北京：人民出版社，2017：62.

② 习近平. 摆脱贫困 [M]. 福州：福建人民出版社，1992：39.

③④ 改革让中国道路越走越宽广：三论协调推进"四个全面" [N]. 人民日报，2015-02-27.

⑤ 习近平. 习近平谈治国理政：第3卷 [M]. 北京：人民出版社，2020：182.

导，做到"事在四方，要在中央"，"众星捧月"①，令行禁止。其次，要处理好教育领域与其他经济建设、政治建设、文化建设、社会建设、生态文明建设领域以及教育领域内部各部分、各要素之间的关系。教育领域党的全面领导要突出实现教育现代化与建设教育强国在中华民族伟大复兴中的基础地位、基石地位与前瞻性地位，按照"五位一体"总体布局与"四个全面"战略布局要求，全面处理好教育系统内部与教育系统外部、国内教育与留学教育以及教育系统内部各部分、各要素、各实践环节之间的密切联系，全面处理好学校教育与社会教育、终身教育的关系，全面处理好本土创新与西学东渐的关系。做到各系统、各领域、各环节中党的领导浑然一体，互相借鉴，互通有无，各美其美，美美与共。最后，要做好教育领域党的全面领导体制机制建设的整体性设计。党的全面领导的制度建设、法治建设要做好整体性、前瞻性顶层设计，立足于形成党的全面领导全方位、多层次、多维度、立体化、前瞻性制度体系，立足长远与着眼眼前相结合，全面做好党对教育事业全面领导的立法研究与制度设计工作。

（三）抓住关键领域与薄弱环节

加强党对教育事业的全面领导，坚持党对教育事业的全面领导，要紧紧抓住教育领域党的建设的主要矛盾和矛盾的主要方面，要紧紧抓住关键领域、薄弱环节推进教育领域党的建设。

1. 切实抓住坚持党对教育事业全面领导的关键领域

一是牢牢把握党对教育系统意识形态工作的领导权。"教育系统是意识形态工作的前沿阵地。"②抓好教育领域的意识形态工作是坚持党的全面领导工作最迫切、最重要、最突出的核心要义。教育系统应全方位、全员、全力做好与保障意识形态教育工作。坚持马克思主义在教育工作中的指导地位，发挥社会主义核心价值观对各级各类教育的引领作用，坚定中国特色社会主义教育自信，用好以互联网、物联网、大数据、区块链为技术基础的传媒新手段、新方法。以坚持党的全面领导为出发点，切实加强思想政治理论课建设，改革与完善中国特色教材体系与学科体系，全面完成好立德树人根本任务。

二是改革和完善党对教育事业全面领导的体制机制。党的全面领导体制机制是坚持党对教育事业全面领导的根本制度。完善和坚定维护党中央权威和中

---

① 中共中央文献研究室. 习近平关于社会主义政治建设论述摘编［M］. 北京：中央文献出版社，2017：31.

② 陈宝生. 切实加强党对教育系统意识形态工作的领导［J］. 紫光阁，2016（12）.

央教育工作领导小组集中统一领导的各项制度，是改革和完善党对教育事业全面领导的体制机制的核心内容。要将形成明确的问题意识作为健全党对教育事业全面领导体制机制的突破口，坚持顶层设计与基层探索相结合，坚持扎根中国与融通中外相结合，特别是要建设好新时代教育创新制度体系和现代化的教育内部治理结构。

三是紧紧依靠教师队伍实现党对教育事业的全面领导。依靠人民群众和广大教师办好教育，是历史唯物主义的人民中心思想与群众路线立场的基本要求，也是中国特色社会主义教育发展的历史经验与基本规律。坚持党对教育事业的全面领导，要充分信任、紧紧依靠广大知识分子，充分信任、紧紧依靠广大教师，要"坚持把教师队伍建设作为基础工作"[①]。

2. 重点抓好加强党对教育事业全面领导的薄弱环节

一是把立德树人监测与评价机制作为教育领域坚持党的全面领导的关键制度。教育系统要始终把培养担当民族复兴大任的时代新人作为坚持党对教育事业的全面领导的根本抓手，建立与完善立德树人监测与评价机制。中国特色社会主义教育就是要"在培养社会主义建设者和接班人上有作为、有成效"[②]。建立与完善立德树人监测与评价机制是保障党对教育事业全面领导的一项关键制度。建立与完善立德树人监测与评价机制，就是要面向实现德智体美劳全面培养的要求，把立德树人根本任务通过监测评价工作落到实处；就是要利用过程性评价机制，有效保障必备品格与关键能力的培养；就是要通过一系列有组织、有计划、有考核的实践活动，有效保障重视学生主体参与，积极推动青年学生扎根中国大地，实现青年学生与人民群众相结合、青年学生与新时代的社会实践相结合、青年学生与"四个伟大"相结合；就是要利用完善的、全面的、系统的评价指标体系，切实抓好对于留学生教育的全面领导，处理好国内教育与国外教育两个系统的关系。

二是高度重视并切实加强民办教育领域党的全面领导。改革开放以来，民办教育不断发展，已经成为社会主义教育事业的重要组成部分。民办教育是改革开放的重要成果，与公办教育一起承担着培养德智体美劳全面发展的社会主义建设者和接班人的重任。改革开放以来，我国民办教育领域的党建工作明显滞后；与公办教育相比，民办教育党的建设工作面临体制机制困境、既有治理结构困境、发展目标困境与发展模式困境等方面的制度困境。建立健全党对民

---

① 习近平. 坚持中国特色社会主义教育发展道路　培养德智体美劳全面发展的社会主义建设者和接班人 [N]. 人民日报，2018－09－11.

② 习近平. 在北京大学师生座谈会上的讲话 [M]. 北京：人民出版社，2018：7.

办教育全面领导的体制机制是加强党对民办教育的全面领导的首要任务。逐步摆脱民办教育独特的所有制、产权关系、既有治理结构所带来的体制机制困境，把坚持社会主义办学方向作为摆脱民办教育发展目标困境的一把钥匙。要不断探索新时代加强党对民办教育全面领导的新途径，支持并帮助民办教育改革创新，逐步破除民办教育发展模式困境。

三是高度重视、认真研究并切实解决互联网、大数据环境下坚持党对教育事业全面领导的新问题。在第四次工业革命的背景下，在后疫情时代，线上教育教学与线下教育教学相结合已经成为我国教育领域的常态现象。新工业革命带来的新科技的叠加发展与快速更新日益影响着社会结构与教育结构的变革，教育治理结构、教育组织主体交往方式与教育治理方式正在发生根本性的变化。线上线下相结合的教育形态日益普遍化、分散化、个体化、交互性、中介依赖性主体交往方式是教育领域党的全面领导过程中所面临的挑战与问题。这都需要我们从教育治理结构、教育组织主体交往方式与教育治理方式的视角出发，研究与建构坚持党对教育事业全面领导的新型主体关系理论、新型人才培养制度体系、新型教材与学科体系、新型监测与评价机制。

第五章
国外教育政策研究的新问题与新趋势

目前世界范围内政策科学的发展正处于第五个阶段之中。在这个新的阶段，主要是欧美等国家与地区的教育政策研究出现了一些新的论题与主题①，主要有价值观、质量与教育政策，教育政策与教育改革，政府的高等教育治理，全球化与教育政策，教育政策研究方法的变革，教育利益相关者与教育政策，教育政策与其他学科领域等。

一、价值观、质量与教育政策

价值观是影响教育改革的一个关键因素。不同时期的社会背景会产生不同的价值观体系。过去，教育政策被视为一个国家特定历史、政治、社会、经济和文化结构的反映；今天，教育政策越来越受到国家外力量的严重影响②。尤其是在全球化影响日益明显的今天，教育政策的制定不可避免地与其他国家有所关联。如何合理地处理好不同文化体系和不同的价值观与本国教育系统的关系，在坚持本国文化特色的同时，借鉴他国的价值观，与本国文化实现更好的融合，是决定教育改革成功与否的关键因素之一。以下文章对不同的价值观进行了论述。

西洛娃、拉普利与奥尔德③在文章中对教育政策研究进行了详细的阐述，在广泛的全球化背景下，在全球的视角下分析思考教育改革的必然性。在 20 世纪 50 年代，帕森斯的结构功能主义在社会科学领域占据主导地位，结构功能主义主张包括教育在内的制度会随着特定国家的特定历史、社会、经济和文化结构而发生变化。而另一种主张，即政策转移研究，与结构功能主义背道而驰，主张从全球的视角看待教育改革，专注跨国界的研究。政策转移研究正引领人们走出结构功能主义遗留下来的地方主义。学者们对教育政策进行了更深入的研究，米格诺洛④认为有五个方向对政策很重要：重新西方化、全球向左重新

---

① 这部分内容主要是根据以下四本书的内容翻译、概括、整理而来。(1) Bascia, N., Cumming, A., Datnow, A., Leithwood, K., Livingstone, D. International Handbook of Educational Policy [M]. The Netherlands：Springer，2005；(2) Sykes, G., Schneider, B., Plank, D. N., Ford, T. G. Handbook of Education Policy Research [M]. New York：Routledge，2009；(3) Mundy, K., Green, A., Lingard, B., Verger, A. The Handbook of Global Education Policy [M]. NY：John Wiley & Sons, Ltd，2016；(4) Fan, G., Popkewitz, T. S. Handbook of Education Policy Studies [M]. Singapore：Springer Nature Singapore Pte Ltd，2020.

②③ Silova, I., Rappleye, J., Auld, E. Beyond the Western Horizon：Rethinking Education, Values，and Policy Transfer [M]. Singapore：Springer Nature Singapore Pte Ltd，2020：3.

④ Mignolo, W. D. The Darker Side of Western Modernity：Global Futures, Decolonial Options [M]. NC：Duke University Press，2011：27.

定位、去西方化、去殖民化和精神化。米格诺洛认为，在未来的几十年里，世界秩序将由五种不同和共存的方向之间的斗争、谈判、竞争和合作决定。重新西方化是保持全球化的趋势。它通过经济、政治、社会等方面的配置，维持西方文明。全球向左重新定位站在重新西方化的对立面，是对非资本家未来的另一种看法，这个方向渴望创造教育政策来帮助创造一个更好、更和平的未来。去西方化是对潜在的经济和政治现状的接受，以及坚持自我肯定而不是与西方现代性对抗。去殖民化的选择代表着与任何形式的资本主义、社会主义或其他抽象的普遍主义相关联的现代性的明显决裂，米格诺洛认为这样的选择将导致多元化。精神化是基于某种主观的精神，它超越了现代性和资本主义。每一种方向的观念都不同，但它们都有一个共同的目标，就是摆脱西方化的观念，使教育政策的研究走向多元化。

贝尔①的文章从教育政策的定义出发，对影响教育政策制定的价值观进行了分析。科根②确定了教育的 4 个关键价值——教育价值、社会价值、经济价值和制度价值。斯普林③通过确定政治、社会和经济三个不同的目的来解决教育目的的问题。他认为，教育的政治目的是帮助年轻人成为社会政治结构的积极参与者，并使他们能够在自由民主制度中发挥作用。教育的社会目的与教育中塑造社会形式和社会结构的一些方面有关，它们可能包括减少不平等，或促进社会凝聚力。反过来，教育的经济目的集中在发展个人和集体层面的劳动力，如资本市场需要劳动力，这点通过教育来解决。教育不仅仅是人力资本的生产，而且是关乎价值观和信仰、伦理、社会正义以及现在和未来社会的本质。

郑国元④的文章阐述了对教育质量观的理解。大约 16％的改革是以教育质量为基础的。不同的人对提高教育质量的概念也有所不同，例如教师和学生对如何提高教育质量这个问题会给出不同的答案。作者论述了提高教育质量的几个方法，包括延长义务教育年限、完善教育结构、促进教育公平、提高教师素质等几个方面。最后作者指出要不断进行教育创新，与时俱进，只有不断地进行教育创新，才能使本国教育在世界上占据主导地位。

---

① Bell，L. A. Education Policy：Development and Enactment：The Case of Human Capital［M］. Singapore：Springer Nature Singapore Pte Ltd，2020：31.

② Kogan，M. Educational Policy-Making：A Study of Interest Groups and Parliament［M］. London：Routledge，1975：45.

③ Spring，J. American Education，19th［M］. New York：Routledge，2019：4.

④ Yuan，Z. G. The National Concept of Education Quality［M］. Singapore：Springer Nature Singapore Pte Ltd，2020：71.

价值观对教育改革起着关键作用，价值观影响着一个国家教育的目的和方式，价值观对于教育政策来说是一个灵魂式的存在。

二、教育政策与教育改革

随着社会的进步与发展，教育改革一直是全球范围内热议的话题。自 20 世纪 90 年代末以来，世界各地的决策者为了迎接全球化、国际竞争、技术创新和经济转型的挑战，进行了许多教育改革①。郑燕祥②和汤森德③在不同层面对教育改革做了概括。宏观层面的体制改革主要趋势包括：重新确立新的国家视野和教育目标，改革不同层次的教育制度，教育市场化、私有化和多元化。在微观层面，父母和社区越来越多地参与教育和管理是一个显著的趋势。在设置层面，主要趋势是确保教育质量、标准和问责制，加强分权和校本管理，提高教师素质，促进教师和校长终身专业的持续发展。在操作层面，主要趋势包括在学习和教学中使用信息技术，在管理中应用新技术，以及在学习、教学和评估中转变模式。

教育改革与社会发展息息相关，教育是社会生活的重要组成部分。近年来，多个研究结果表明，对教育政策的研究需要放在社会的环境中去进行。扎伊达④指出，教育体制改革是一个世界性的现象。随着国际化和全球一体化进程的发展，教育政策也深受世界范围内各国教育政策的影响。教育政策的制定与教育改革方案的实施效率紧密相关。

郑燕祥⑤在文章中总结了七种影响教育政策实施效率的困境，并给出相应的意见。近年来，各国为了拥有更强大的人力资源，以作为全球化竞争的支持，有非常多的教育改革政策被迅速实施，以防止落后于其他国家，但事实上改革的结果并不像预期的那样好。造成这种现象的很大一部分原因是政策制定所参考的方面不够完全。在颁布实施教育政策之前，分析教育政策实施可能面临的问题并提出全面的应对方案是确保教育政策改革成功的关键。表 5-1 是郑燕祥将七种困境分三种方向进行解释并给出的相应的参考建议。

---

①②③ Townsend，T.，Cheng，Y. C. Educational Change and Development in the Asia-Pacific Region：Challenges for the Future ［M］. Lisse Netherland：Swets & Zeitlinger，2000：317.

④ Zajda，J. Second International Handbook on Globalization，Education and policy research ［M］. Dordrecht：Springer，2015：105.

⑤ Cheng，Y. C. Education Reform Phenomenon：A Typology of Multiple Dilemmas ［M］. Singapore：Springer Nature Singapore Pte Ltd，2020：85.

表 5-1   关于教育改革的多元维度的类型

困境	困境类型	关键因素	对管理改革和困境的影响
方向	方向（取向）困境	全球方向 VS. 当地考量	在不受全球化负面影响的情况下促进地方知识和人类发展；将全球和世界一流知识本土化
	模式困境	第一、第二、第三次浪潮	管理已采用的改革和当下背景之间的差距；缩小计划和目标之间的差距；在改变模式期间消除差距
支持	金融困境	公共利益 VS. 私有化	在改变自助模式的同时，确保教育的公平和质量；在政策制定中保持市场力量和国家议程的平衡
	资源困境	多重和并行的计划	通过减少并行举措并将其列为优先事项消除瓶颈效应；在教师和学生的能力范围内协调多项举措
	知识困境	不同层次的计划和实施	确保提供相关知识和研究为大规模改革提供信息；在关键领域建立相关专业知识的临界量；为改革在领导层和官僚体系中保持强大的知识/智慧
执行	政治困境	多个利益相关者	管理多个利益相关者的不同需求和冲突的期望；最大限度地发挥参与的积极作用，尽量减少消极影响
	功能困境	学校自主管理 VS. 中央管理	管理学校自主治理与平等/问责之间的关系；在中央管理的支持下，发展以校为本的治理措施；建立知识和科技密集的中央治理平台

改革同时也改变着各部门/社会角色之间的利益关系。在改革的过程中，不可避免地会发生各方利益之间的冲突和妥协，包括中央集权与分权、中央计划与市场经济、政府与社会、政府与学校、学校和社会等[①]。影响教育制度变迁与创新的因素是多样化的，既有外部的社会、政治、经济因素，也有内部的矛盾因素，还有教育制度的内在逻辑。所以，教育改革的过程必然是一个寻求多方平衡的过程。教育改革也是一个持续改进的过程，其政策并不是一成不变的。

---

① Fan，R. F. Changes in Educational Institutions in China：1978—2020 Analysis of Education Policies and Legal Texts from a National Perspective［M］. Singapore：Springer Nature Singapore Pte Ltd，2020：111.

政策制定者需加强与教师的合作，聆听教师的声音，因为教师是政策实施的第一现场。政策制定者也可以是学习者，他们可以根据合理的课堂反馈来监控和调整自己的做法[①]。

三、政府的高等教育治理

随着全球化的发展，高等教育机构的发展扩张、现代化及竞争受到广泛关注。自20世纪80年代以来，由于全球化的推进，欧洲的高等教育改革逐步从教学形式以及教学效率方面的改革转向由意识形态的转变主导的更综合的改革，尤其是教学内容更加多样化，例如学生需掌握的基本技能更加深入和丰富[②]。对于高等教育的治理和改革也越来越多地在全球化的基础上去研究。具体表现包括教科文组织提出的关于"知识社会、终身学习"的理念，此理念认为，人一生的学习是无止境的，学习的载体不应仅是各种形式的教育机构，而是人类社会，教育与社会、政治、经济相互关联，密切交织，社会中的各个组织都会对教育产生影响。各国政府也越来越多地使用全球教育数据进行比较分析以提升本国教育质量，它们都认为教育是提高人的社会和经济能力的重要途径，是促进国家发展的有效工具，只有为每个人提供良好的教育，才能进一步提高国家综合实力。由此，人们越来越关注本国和全球之间的平衡以及本国与全球层面上的高等教育是如何相互影响的。马金森[③]认为不应该仅在全球化的层面上分析高等教育改革。另一个更多维的分析角度被提出。威尔默与席勒[④]的民族主义方法论（methodological nationalism）为研究高等教育提供了一个研究维度建议。他们提出了"glonacal"的新概念，glonacal＝全球的（global）＋国家的（national）＋地方的（local），即高等教育受到所有国家、地方和全球层面的影响[⑤]。

首先对影响高等教育改革的因素进行分析。国家有机会参与促进或阻碍全

---

① Knapp, M. S., Meadows, J. L. Policy-practice Connections in State Standards-based Reform [M]. The Netherlands: Springer, 2005: 133.

② Howard, D. Competence-based Curricula in the Context of Bologna and EU Higher Education Policy [J]. Pharmacy, 2017, 5 (4): 17.

③ Marginson, S. The Global Construction of Higher Education Reform [M]. NY: John Wiley & Sons, Ltd, 2016: 291.

④ Wimmer, A., M. Schiller. Methodological Nationalism and Beyond: Nation-State Building, Migration and the Social Sciences [J]. Global Networks, 2002, 4 (2): 301 - 334.

⑤ Marginson, S., Rhoades, G. Beyond National States, Markets, and Systems of Higher Education: A Glonacal Agency Heuristic [J]. Higher Education, 2002, 43 (3): 281 - 309.

球流动，并根据全球系统重新定位自己①。现代大学首先是民族国家的产物②。对高等教育的治理需要对全球范围内的高等教育进行考察，结合不同的国家背景，制定满足本国需要的高等教育制度。高等教育发展趋势可以概括为两类：

一是由社会而非经济推动的高参与度的高等教育。在世界各国，越来越多的人选择参与高等教育。与 1995 年相比，2011 年世界高等教育总入学率提高近一倍（见图 5-1）。

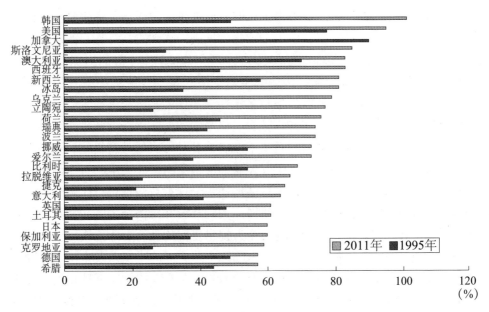

图 5-1　高等教育的高参与度：1995 年、2011 年部分 OECD 与欧洲国家的高等教育总入学率

资料来源：Marginson，S. The Global Construction of Higher Education Reform［M］. NY：John Wiley & Sons，Ltd，2016：291.

相较于经济需求，社会需求对高等教育参与度大幅提升的影响更为明显。一个值得关注的问题是，高等教育的扩张可能导致教育回报率的降低。有学者③研究了台湾地区近年来各个工作领域的教育回报率的发展趋势，结果显示，在过去 20 年中，各个领域的教育回报率逐渐下降，对此他们建议，对高等教育治理应当全面考虑劳动力市场的需要，以及需要进一步考虑当前高等教育的扩

---

① Marginson，S. The Global Construction of Higher Education Reform［M］. NY：John Wiley & Sons，Ltd，2016：291.

② Scott，P. The University as a Global Institution［M］. UK：Edward Elgar Publishing，2011：59.

③ Wu，C. T.，Tang，C. W. The Impact of the Expansion of Higher Education on the Rate of Return to Higher Education in Taiwan［M］. Singapore：Springer Nature Singapore Pte Ltd，2020：137.

张是否对人力资源竞争有积极作用。

二是单一世界科学体系的出现和扩展。单一世界科学体系具体表现为将部分国家的科学研究系统和成果纳入一个世界范围的科学系统中，以英文出版，加强各国间的学术交流和互通，这种趋势同时也推动各国的创新科研竞争。

全球一体化的竞争是高校间的非正式竞争，以泰晤士高等教育（Times Higher Education，THE）排名和夸夸雷利·西蒙兹（Quacquarelli Symonds，QS）排名为代表。THE 和 QS 声称其评估涵盖高校的各个方面。全球排名是高等教育和国家在高等教育和经济创新方面的地位的标志，推动了国家对世界一流大学（WCUS）的投资①。主流排名有力地规范了英美理工大学模式，迫使世界各地的高等教育机构，无论其环境如何，都要遵循这一模式，以充实其指标，最大化其竞争地位。

在全球范围内，国家仍然是资助和管理高等教育教学和基础研究的主要主体，但每个国家与地区的治理方式是不同的，政治文化和教育文化制约着政府和高等学校的发展潜力，塑造着国家与高等学校的关系。美国的高等教育治理遵从有限的自由主义原则，美国联邦政府在高等教育治理方面没有中央权力，各州政府及学校拥有自主权。对市场的依赖在英美高等教育治理中尤为明显。在洪堡式的德国高等教育中，教授被视为在教学和研究中具有自主权的国家雇员②，国家扮演重要角色，适度使用商业模式。

任何国家都希望拥有稳定的教育体系，以支持各自国家的发展③。国家的发展只有通过提供相应的教育体系才能实现。因此，各国需要在提供适当的教育方面应用全球技术。然而，各国政府需要对全球化进行规范，主要是在发展中国家，参照本土文化，以避免发达国家有可能进行的"剥削"。同样，有效的教育政策也必须依赖于经济地位，以便能够在实施过程中适当处理各种活动。在采取政策时，应该考虑一些因素，包括父母和社区的参与④。父母和社区是实施不同方法之前需要考虑的重要利益相关者。相关部门需要权衡该政策可能对家长和社区造成的影响。另一个需要考虑的因素是民主价值。政府需要专注于一个国家的民主制度和管理它的法律。直接违反特定国家规则的做法需要被忽视。

其他需要考虑的因素也决定了一个国家的教学质量。教学质量是由国家的

---

①② Marginson，S. The Global Construction of Higher Education Reform [M]. NY：John Wiley &. Sons，Ltd，2016：291.

③ Howard，D. Competence-based Curricula in the Context of Bologna and EU Higher Education Policy [J]. Pharmacy，2017，5（4）：17.

④ Henze，J. Higher Education：The Tension Between Quality and Equality [M]. London：Routledge，1984：164.

教师认证政策决定的。一些指导方针不包括在教师资格认证体系中，因此，实施它们成为一个问题。教师需要被告知要实施的政策，以制定一个良好的策略。教师的文化背景是影响教学质量的另一个因素。教师工作的某些文化背景不适应某些学习实践。因此，有关部门需要确保这一制度与教师工作的现有文化背景相适应。相反，有关机构也可以对其现有的教师工作文化背景做出必要的调整，以适应政策。

四、全球化与教育政策

全球化和教育改革已经成为世界上许多机构和组织的政策的关键。越来越多的国家和政府认为一种拥有全球视角的进行教育政策研究的方法应当被实施，以作为应对未来需要解决的一些重大问题的主要路线之一。联合国教科文组织、OECD、欧洲议会、北欧部长理事会和亚太经济合作组织的政策文件和宣言都表明了对全球化以及教育改革的承诺①。毫无疑问，全球化在地方和国际上的经济、政治、文化和社会方面对教育具有重大影响。

安普亚②把全球化定义为一种全球化理论，并指出全球化在社会科学领域研究中占据重要地位。桑德斯③认为教育应当为市场服务，高等教育政策改革中的新自由主义侧重于满足市场需求、技术教育和职业培训以及创收，通过教育提高本国在全球化的市场中的竞争力。这形成了一种人力资本教育理论。科里斯④对此进行反驳，他认为人力资本理论忽视了工作/经济以外的教育价值。卡诺伊⑤也表明人力资本理论虽然促进了社会经济发展，提高了就业率和收入，但却忽视了教育公平。

自1980年起，全球化驱动的教育改革已经给全球的教育政策的结构和意识形态带来了变化，例如日益重视联合国教科文组织提出的知识社会概念和终身学习理念。各国认为教育是实现一个人价值的前提，而且只能通过为所有人提

① Zajda，J. Globalisation，Education and Policy Reforms［M］. Singapore：Springer Nature Singapore Pte Ltd，2020：289.

② Ampuja，M. Globalisation and Neoliberalism：A New Theory for New Times？［M］. Netherlands：Springer，2015：17.

③ Saunders，D. B. Neoliberal Ideology and Public Higher Education in the United States［J］. The Journal for Critical Education Policy Studies，2010，8（1）：42-77.

④ Klees，J. S. Human Capital and Rates of Return：Brilliant Ideas or Ideological Dead Ends？［J］. Comparative Education Review，2016，69（4），644-672.

⑤ Carnoy，M. Globalization and Educational Reform：What Planners Need to Know［M］. Paris：UNESCO，1999：46.

供优质教育实现。具有优质教育的学校应当包括但不限于以下几个特点：具有高包容性，有积极和谐的师生关系，提高对教育的投入，等等。扎伊达①对未来学校形态的发展做出了预测，可概括为三个阶梯。第一阶梯是在当前社会中的形态，分别是制度化体系和为应对市场化而改革的教育体系；第二阶梯是再教育，即加强社会与学校的联系，从而使学生可以在离开学校的环境之后继续学习，进而实现终身教育；第三阶梯是去学校化教育，即没有一种有限制性的学校存在，人们可以通过任何方式以任何形式学习。

研究全球化对教育政策与改革的影响要对其与教育政策制定的多个方面进行分析②：在评估全球化与教育变革的真正关系时，我们需要知道全球化及其意识形态如何影响学校教育的整体交付，从跨国模式，到国家政策，再到地方实践③。

关于跨国的研究，就不得不提多个国际组织的作用。大型国际组织不仅注重与政府等部门的合作，同时也注重彼此之间的协作④。此现象在教育领域发展非常明显，自20世纪60年代开始，OECD就已经开发出国际比较数据来验证教育的表现，例如世界大学排名等数据。格列克在文章中以欧盟和OECD的成功合作为例，呈现了大型国际机构之间合作共赢的案例。多年来，OECD在国际评估项目上取得很大成就，从国际保险监督官协会（IAIS）到国际学生评估项目（PISA）再到国际成人能力评估调查（PIAAC），越来越多的评估项目被肯定，增加了它们在有效性方面的说服力。一个国家和地区若想提高在PISA等标准测试中的分数，提高在经济和人力资源方面的竞争力，必须进行教育改革。

全球化对本国本土文化的影响一直是一个热议的话题。全球化正在将各个国家融合成一个整体。全球化进程造成了霸权主义，使更多的权益和利益流向美国，使得美国向其他国家输入其文化，从而危害其公民的民族特性，所以全球化对教育政策与改革的影响应当用一个批判性的视角去分析。

五、教育政策研究方法的变革

教育政策研究与分析是指对教育政策的学术性研究。它的主要目的是提高

①② Zajda，J. Globalisation，Education and Policy Reforms [M]. Singapore：Springer Nature Singapore Pte Ltd，2020：289.

③ Carnoy，M.，Rhoten，D. What Does Globalization Mean for Educational Change? a Comparative Approach [J]. Comparative Education Review，2002，46（1）：1.

④ Grek，S. Interdependency in Transnational Education Governance [M]. Singapore：Springer Nature Singapore Pte Ltd，2020：309.

实际知识水平，通过解决不同的教学问题，改善学习和教学实践。加强教育政策研究的核心是讨论研究方法和路径，以便从该领域产生最好的见解，用于政策制定。

随着循证教育的持续发展，许多教育研究方法在全球不同的教育环境中被提出和测试。诺曼①探索了"实验"作为制定政策的工具，指出这些方法从一开始在医学领域使用，后来应用到心理学和教育领域。在教育领域，越来越多的控制性实验（对照实验）用来研究政策干预的影响。奥兰多②还提道，在科学研究的前提下，在联邦一级提倡开展教育政策研究的一种研究模式。在这种研究模式中，研究人员积极促进研究层次结构，采用随机控制设计的实验研究被视为判断教育政策、计划和实践有效性的"黄金标准"。同时研究表明，允许研究人员引入干预并研究其效果的实验，获得定量数据，从而为各种政策如何影响教育及其结果提供可衡量的见解。

作为教育政策研究的核心组成部分，实验的核心是研究设计，它涉及教育政策数据的收集和综合。因此，在研究过程中消除偏见是研究人员的一个重要问题。波尔曼③对随机对照实验的有效实施进行了分析。随机对照实验可应用在复杂的学校环境中，且需要政府的支持。同样，诺曼④提供了教育背景下随机对照实验的历史使用情况。他们主要认为，这类实验被认为是"真实的"实验，因为它们让个体接受治疗或政策干预，然后将结果与控制组（没有接受干预的组）进行比较。然而，考虑到在教育环境中为研究目的而随机应用干预措施的长期影响，随机化已经受到道德审查，同时促进了有助于标准化的额外技术的产生。标准化意味着对所有的实验组建立统一的要求。它的创建是为了确保在不同的环境中保证公平。虽然这种方法对教育至关重要，但它也被发现削弱了这种多样化环境的文化丰富性。

教育政策研究并不总是被视为一个需要心理学和其他社会科学等概念、研究、方法的科学领域。然而，正如在《教育政策研究手册》（2009）中多篇文章的讨论和报告发现所示，教育政策研究主要集中在社会科学方面，如心理学、人类学、政治学和经济学。为此，研究人员探索并理论化了其他研究方法，如

---

① Normand，R. The Politics of Metrics in Education：A Contribution to the History of the Present [M]. Singapore：Springer Nature Singapore Pte Ltd，2020：345.

② Orland，M. Separate Orbits：The Distinctive Worlds of Educational Research and Policymaking [M]. New York：Routledge，2009：113.

③ Borman，G. D. The Use of Randomized Trials to Inform Education Policy [M]. New York：Routledge，2009：129.

④ 同①.

非实验性教育政策研究中的因果推理①。作者认为，当我们进一步试图为教育政策研究建立一门严谨的因果推理科学时，必须对这些学者以及其他许多学者的工作进行彻底的研究和批评。

非实验性教育政策研究中的因果推理被认为是在随机分配不可信或不符合伦理的情况下的一种选择，并显著借鉴了西方哲学②。其中包括休谟③的因果哲学，它与经验主义哲学相一致，认为人类所有的知觉都来自感觉印象，理智的观念与构成感觉印象的事物并无任何不同，因为感觉印象引发了对事件之间的必要联系的知觉。尽管如此，研究人员也认为，在非实验性研究政策分析中，因果推理的增强方法可以从结构计量经济学的现代哲学和方法论工作中获得效率④。这些理论包括政治经济学理论，如约翰·斯图亚特·穆勒的理论，这些理论虽然热衷于理解各种现象的原因和影响，但也旨在使用统计数据作为决策和治理的基线来支持科学研究。同时，以实验为基础的各种因果模型也已被探索和利用，如罗宾·霍兰德模型（Rubin Holland Model）让数字和统计成为教育政策研究的黄金法则。

与初级研究方法一样，教育政策研究中所使用的研究综述的有效性受到研究方法的限制⑤。研究一个结论模糊的教育问题，有一个健全的数据收集方法以及稳健的数据分析和解释方法来帮助分析研究报告之间的差异并理解模型是必不可少的。由于教育政策研究的各个领域都存在着许多问题，因此对政策问题研究的互补方法进行了讨论，如三角化、互补性、发展性和启发式等，这些方法都要求有特定的组织和利用多种途径，以提供更具有普遍性的结果。

六、教育利益相关者与教育政策

对人权问题的关注极大地影响了包括教育在内的各个实践领域。国际教育政策话语中最常见的变化之一是基于权利的主张，即教育本身是一种权利⑥。

① Kaplan, D. Causal Inference in Non-Experimental Educational Policy Research [M]. New York：Routledge，2009：139.

② Fan，G.，Popkewitz，T. S. Handbook of Education Policy Studies [M]. Singapore：Springer Nature Singapore Pte Ltd，2020：ⅵ.

③ Hume，D. A Treatise of Human Nature [M]. USA：Penguin Classics，1985.

④ 同①.

⑤ Desimone，L. M. Complementary Methods for Policy Research [M]. New York：Routledge，2009：163.

⑥ Bajaj. M.，Kidwai，H. Human Rights and Education Policy in South Asia [M]. NY：John Wiley & Sons，Ltd，2016：206.

每一个利益相关者都有参与教育改革的权利。关于教育改革的话题在全球广泛传播，如果权利仅限于政府制定的纸面法律，而这些法律不涉及不平等的社会结构和等级，那么严重的种族、种姓、宗教或性别差异可能仍然存在[①]。可以从教师、父母、社区和国际教育政策参与者这四个利益相关者在教育改革中所扮演的角色进行总结分析。

首先是教师在教育改革中的作用。教师是教育改革的核心，是教育政策的直接实施者，要在全教育系统上取得改革的成功，需要得到教师的理解和支持。巴博[②]写道，20 世纪 90 年代的教育改革的一个收获是英格兰政府承认，改革应该越来越少地基于政府的"知情处方"，更多地基于教师的"知情专业判断"。在听取教师意见的同时，提高教学质量和教师教学能力也非常重要。通过世界银行和 OECD 等的文章来看，全球前所未有地关注教育系统中学校教师的质量，旨在加强教师职业的专业形象[③]。教师一直处在促进全球竞争和提高学生成绩的改革最前沿[④]。加强对教师工作的全球治理是教育改革的重要一环，TACIS 为此工作提供了参考数据。TACIS 是一个 OECD 针对初中教师的数据收集和基准评估项目，TALIS 收集教师和校长的数据，包括他们对学生学习的看法，教师在课堂上做什么（工作时间和任务），学校领导如何支持教师，教师如何参与专业发展，学校如何使用教师评价，教师对自己的自我效能感和作为教师的自信心，以及教师对自己的工作是否满意的看法。安德利亚斯·施莱彻将 TACIS 比作反映教师职业现状的镜子。通过评估结果和报告分析，可以对教师治理工作做出及时的调整，以满足当下的教育需要。

近年来，父母参与教育逐渐被教育研究纳入主流，科特与佩尔蒂埃[⑤]对父母参与教育以及父母和社区参与教育的结合方法进行了叙述。从理论上来说，父母和社区参与教育可以为实现教育的多个目标提供帮助，例如支持学生全面发展、促进公平与权利等，父母参与教育对孩子早期的听说读写能力等的发展有正面影响。但多个研究数据显示，父母参与对学生成绩的影响并不明显。在鼓励父母参与时，可能会存在教育不公平的问题，需要考虑不同学生的家庭背景以及父母参与教育的成本，不恰当的参与方案甚至会拉大学生之

① Bajaj, M., Kidwai, H. Human Rights and Education Policy in South Asia [M]. NY: John Wiley & Sons, Ltd, 2016: 206.

② Barber, M. Large-scale Education Reform in England: A Work in Progress [C]. Paper Presented to the British Council School Development Conference, Estonia, Tartu University. 2001.

③④ Robertson, S. L. The Global Governance of Teachers' Work [M]. NY: John Wiley & Sons, Ltd, 2016: 275.

⑤ Corter, C., Pelletier, J. Parent and Community Involvement in Schools: Policy Panacea or Pandemic? [M]. The Netherlands: Springer, 2005: 295.

间的差距。因此，不应该过大或过小地去判断父母和社区参与对教育成果的影响。在对这方面的研究应该着眼于教育的目标，从结果到实施过程到项目本身进行逆向分析，详细寻找每一个环节对结果的影响。

曼迪与查理[①]对具有教育授权的国际机构和跨国教育行动组织对教育政策的影响进行了研究。研究表明，国际机构和跨国教育行动组织与政策进程在教育方面的影响正在增加，应得到教育政策学者的高度关注。在全球化加速发展的当今时代，教育不再仅仅为本国政府所独有，政府与非政府机构间的合作越来越密切。各种国际机构的研究成果及数据为一国或地区教育政策的研究提供了参考方向和意见。在与国际机构合作的同时，我们需要学会利用经验证据，建立更健全的理论来解释由国际层面的政策干预而产生的不同的政策借鉴和扩散模式。同时，关于教育领域的跨国家的研究存在尖锐的意识形态分歧，我们应当利用不同组织的研究，结合其他经验证据，在不同的意见中做出裁决。

七、教育政策与其他学科领域

在当今社会，教育政策的研究不再是一个单一的教育学的学科，它包含了教育与社会、政治、文化和科技等元素的互动。对于教育的研究跨越了方方面面，与教育有关联的各个领域都成为教育政策研究的对象。然而寻求各领域与教育的平衡仍旧是目前研究的一个挑战。

（一）教育政策与经济学

教育被认为是各国经济竞争的一个关键因素。经济学家对教育政策分析的主要途径之一是对教育成本和回报的关注，他们以定量估计各种政策的效果。经济学家通常从人力资本理论的角度看待教育与经济的关系。简单来说，就是一个人的受教育经历与其日后获得的回报的关系，包括对社会的回报。根据舒尔茨的理论，教育的经济价值建立在以下基础上：人们投资他们自己作为生产者和消费者的能力，教育是对人力资本的最大的投资。经济学家认为，教育对社会经济的影响是教育可以提高生产率，从而提高工资，提高个人回报率，然而此观点仍需未来更多的证据去证明。卡诺伊[②]认为，教育之所以对经济发展

---

① Mundy, K., Ghali, M. International and Transnational Policy Actors in Education [M]. New York: Routledge, 2009: 717.

② Carnoy, M. Policy Research in Education: The Economic View [M]. New York: Routledge, 2009: 27.

有正面影响是因为通过教育不仅可以提高个人技能，还可以促进科技的进步从而促进改革。哈努谢克、普利基与卡斯塔涅达也对教育的经济回报进行了研究①。哈努谢克的研究强调了对个人认知能力培养的重要性并针对加强认知能力的培养提出几条建议。

普利基与卡斯塔涅达通过对教学成果与整体开支水平、教育资金分配和使用方式的关系的分析，探讨了金钱在学生表现方面的作用。这些研究结果都指出学校应当关注教学质量而不是数量。随着社会的进步和发展，各个国家的教学数量几乎可以得到保证，然而提高教学质量则是当前教育竞争的关键因素。普利基与卡斯塔涅达提出几条建议以提高金钱在教育中的使用效率，包括提高教师质量、降低师生比例、扩大幼儿教育项目、改善高中教育、分散支出权力、提供激励措施以提高绩效。

(二) 教育政策与社会学

20 世纪 50 年代末和 60 年代初，社会学的教育分支才在美国和英国出现，教育社会学的主要研究方向是心理学、经济学和结构功能主义②。鉴于公众对学校教育的局限性理解，对教育学的理解很大一部分是通过教育社会学获知的，例如学校实施的政策的意义。同时，社会学家也通过这一分支来评估教育在社会学中所起的作用。教育社会学研究的核心是社会变迁和学校与社会关系的问题。教育社会学家主要用准实验研究方式来探寻教育改革和教育干预中的因果效应，测试关于为什么和如何发生的假设。

(三) 教育政策与人类学

斯坦福大学的乔治·斯宾德勒 (George Spindler) 和路易斯·斯宾德勒 (Louise Spindler) 是最先定义教育人类学的学者。根据发表在《美国科学院年报》上的一篇评论，使用人类学技术和策略分析教育过程有用的主题包括：社区背景下的学校、文化理想和教育行动之间的冲突、与跨文化理解有关的问题、青春期前和青春期后教育的对比、学习情景中的交际理论、人类学和教育理论之间的关系。

政策是一个谈判和意义制定的过程，这一过程要求个人和群体定义和重新定义受重视的教育成果，并确定哪些个人可以获得教育资源。教育人类学家使

---

① Hanushek，E. A. The Economic Value of Education and Cognitive Skills [M]．New York：Routledge，2009：39.

② Lauen，D. L.，Tyson，K. Perspectives from the Disciplines：Sociological Contributions to Education Policy Research and Debates [M]．New York：Routledge，2009：71.

用单一案例、多地点比较和混合方法设计来研究不同层次的机构行为者理解、塑造和改变教育政策的多种方式，以满足特定政策相关问题的需要。当前教育人类学面临的一个挑战是判断社会进程对不同层次的机构和人的影响。教育人类学可以与人类学的其他领域合作，并向它们学习如何在复杂的环境下进行有效的教育研究。

第六章
教育与机器的关系以及算法时代的教育政策①

一、教育学需要面对一个新的主题

二、关于教育与机器的关系命题的几个基本要点

三、教育学及其研究需要做出变革

---

① 这部分内容曾以《论教育与机器的关系》为题发表于《教育研究》，2019（11）。

这是一个无论中国还是外国都必须面对的新的政策理论与实践的前沿问题。算法时代是一个正在来临的人类社会的新时代，是一个互联网时代、大数据时代、5G 通信时代、人工智能时代与量子科学时代。算法技术将对人类社会的一切产生决定性的影响。在算法时代，我们必须学会处理教育与机器①的关系，学会把生化算法与电化算法结合起来，人们需要用算法教育学与教育政策来取代工业时代的教育学与教育政策。任何一个国家与地区都概莫能外！这是一个人工智能时代的教育学与教育政策，如果中国人能够在这个领域中占领先机的话，我们就可能改变 300 多年来西学东渐的格局！

人类社会正在走向数字时代②。第四次工业革命的快速来临，使整个人类社会已进入新一轮革命性变革的序曲。作为专门研究教育现象与教育问题的学问——教育学，面临着研究新问题、提出新理论、讨论新政策的巨大挑战和无限机遇。

一、教育学需要面对一个新的主题

教育与人的发展的关系、教育与社会发展的关系，是教育学研究的两大根本主题。不论在什么样的世界观和方法论的指导下，教育学理论体系主要是建立在这两大研究主题的基础上。但是，在信息化、互联网、区块链与人工智能技术叠加发展的新时代，教育学不得不面对、研究和回答"教育与机器的关系"这一新的主题。而且，需要把教育与人的发展、社会的发展、机器的发展结合在一起，甚至需要以教育与机器发展的关系为基础来讨论教育与人的发展、教育与社会的发展的关系。

（一）第四次工业革命带来新的革命性影响

当前，以人工智能技术为核心标志的第四次工业革命将把人类社会带入一

---

① 本文所说的"机器"，主要是指基于人工智能技术的具有深度学习能力与特征的智能机器。以蒸汽机为代表的第一次工业革命以来，机器的发展仅仅还是以人类的工具而存在。当具有深度学习能力的智能机器产生以后，机器成为主体、人机结合成为可能，教育与机器的关系才成为一个必须要面对的话题。

② 关于数字时代的说法，基本上是指数据主义或者计算主义主导下以互联网、物联网、大数据、区块链和人工智能技术等为标志的科技发展时代，即第四次工业革命时代，也有人称之为"算法时代"（参见卢克·多梅尔著的《算法时代：新经济的新引擎》一书，中信出版集团 2016 年出版），或称之为"增强时代"（参见布雷特·金著的《智能浪潮：增强时代来临》一书，中信出版集团 2017 年出版），或称之为"后人类时代""后人类主义"（参见朱彦明的《后人类主义对教育的挑战与重塑》一文，载于《南京社会科学》2018 年第 11 期）。

个全新的数据时代。习近平总书记向国际人工智能与教育大会致贺信指出："人工智能是引领新一轮科技革命和产业变革的重要驱动力，正深刻改变着人们的生产、生活、学习方式，推动人类社会迎来人机协同、跨界融合、共创分享的智能时代。"这个时代最典型的特征就是人工智能技术的快速进展、智能机器的产生及大量应用、人与智能机器的交互甚至融合。这些特征具体体现在以下几个方面：一是人工智能技术发展进入新阶段，基于神经网络（neural network）方法的深度学习（deep learning）成为现实①，人工智能技术由计算智能、感知智能向综合智能发展，由窄人工智能（Narrow AI）向通用人工智能（General AI）发展②。二是智能机器开始具有自主意识和自主学习能力。机器人已经首次出现"自我意识"，美国哥伦比亚大学研发出了首次展现出"自我意识"的机器人③。超越深度学习水平的神经网络架构学习技术也获得了突破，清华大学施路平团队已经构建出了类似人脑神经元的人工智能芯片回路，可以让机器人最大限度地模拟与人类相似的思考方式，像人一样自行思考，自主解决问题④。三是人脑与计算机接口技术获得突破，人机交互甚至融合成为可能。人脑与电脑连接即将实现，特斯拉与SpaceX的创始人马斯克（E. Musk）表示，其投资的初创公司"神经连接"即将公布首个人机交互界面，可将人脑与计算机连接起来，完成人脑与计算机的交互⑤。浙江大学的研究团队通过"脑电帽"采集人脑电信号，并将其传输到计算机上，由专门设计的程序加以处理，编码成电刺激参数，再传递给大白鼠背着的芯片，即可以"操纵"大白鼠，让它按照人的指令行动⑥。智能机器与作为主体的人融为一体，产生了人机结合体。除了目前已经成为现实的生物医学意义上的人机结合体之外，未来所有的学习者都可以使用由智能机器构成的穿戴设备或者可植入设备，成为另一种类型的人机结合体。5G以及超越5G的更先进通信技术、量子科学的新发展，都会大大推动和促进人工智能技术的发展，显著加快上述这个进程。

在可以预见的未来社会，智能机器在社会与教育生活中扮演着不可或缺的角色，成为社会的一个有机组成部分和具有独立判断、自主行动的行为主体，承担越来越多的功能，甚至有可能参与关于政治、法律、伦理等决策与行动。因此，人与社会不得不面对的一个问题就是，必须学会与智能机器共存、共生

---

① 李开复. AI·未来［M］. 杭州：浙江人民出版社，2018：16-20.
② 同①21.
③ 美国科学家称：机器人首次出现"自我意识"［N］. 参考消息，2019-02-02.
④ Pei Jing，et al. Towards Artificial General Intelligence with Hybrid Tianjic Chip Architecture［J］. Nature，2019.
⑤⑥ 人脑与电脑连接即将实现？［N］. 参考消息，2019-04-25.

与合作。

（二）技术变革必然带来哲学理论与人类行为方式的革命

技术变革决定着社会变革。人类历史上发生过的蒸汽机技术革命、电动机技术革命和互联网技术革命都给人们的生活、社会发展和科学理论带来了革命性影响。以人工智能为标志的智能机器革命及其新技术变革正在快速改变人们的生活方式与社会活动方式，形成人类活动新的物质、技术结构，这必然带来哲学理论与人类行为方式的革命。

一是现代科学赖以建立的主客二分、人与非人的二元论世界观将被打破。现代科学理论体系和方法论都是建立在人类中心主义和以人为中心的主客二分的二元论世界观基础之上的。人是世界的中心，是万物的主宰；人是主动的主体，其他一切外部的非人的东西都是被动的客体。人既是一切真理的出发点，也是目的。现代科学理论、方法论及其指导下建设的包括所有工具在内的外部世界其实只不过是人认识外部世界和改造外部世界的结果与工具。

人工智能技术的快速进展、智能机器的产生及大量应用、人与智能机器的交互甚至融合将导致哲学本体论的改变。特别是智能机器具备了媲美甚至可能超过人类的学习与思维能力，产生了人机结合体，这必然使传统的主体与客体、主观与客观、人与物、人与非人之间原本严格分明的界限变得模糊甚至被彻底打破。"在万物互联的世界里，人类不是中心，而只是其中的一个部分"①，人也不再是一切真理的本源和目的，"只是创造万物互联的工具"②，"以人为中心的世界观走向以数据为中心的世界观"③，人类中心主义被颠覆，数据主义世界观会逐步取代人文主义世界观。哲学本体论的改变又会连锁带来价值论、认识论、方法论的改变。

二是算法成为解释和认识人与世界的基本法则和思维方式。在数据主义主导的世界里，算法成为解释和认识人、社会及其他所有一切的基本法则和思维方式。人工智能技术的核心部分其实就是各种功能不同的算法。一般认为，算法是由算法工程师编写的，为解决某一特定任务而规定的指令程序，对于符合一定范围的输入，它能在有限的时间内给出有效的输出。算法是智能机器利用特定程序处理数据流的方案，其在数据时代的地位和重要性类似于人类的知识、神经网络和思维方法论。

---

① ② 赫拉利. 未来简史［M］. 杜俊宏，译. 北京：中信出版集团，2017：345.
③ 同①353.

在数据时代，"算法正在深刻地改变我们看待生活、看待宇宙乃至一切事物的方式"①。未来"生物本身其实就是算法，生命是不断处理数据的过程"②，甚至"拥有大数据积累的外部环境竟比我们自己更了解自己"③。信息自由成为新的价值观，数据主义成为人文主义价值观确立以来第一个真正创造新价值观的运动④。信息、数据和算法将会成为理解人与社会本质的重要概念⑤。

三是人（社会）与机器的内涵与边界需要重新界定和解释。现代科学的历史表明，人发明创造了机器，机器仅仅是人的发展与社会发展的工具。人是主体，人具有主观能动性，机器是被动的客体与工具。但在数据时代，传统的主体与客体、主观与客观、人与物之间原本严格分明的界限变得模糊甚至被彻底打破，在机器具有自主学习和自主思维能力的条件下，我们需要重新思考人（社会）与机器的关系，重新界定和解释人（社会）及其活动的本质内涵。首先，人与机器的关系日益复杂，都不再是绝对的主体与客体关系。人与机器的关系、社会与机器的关系、机器与机器的关系变得更为复杂，不再是单向度的主客体关系，而是一种交互式的、主体间性式的、日益融合的关系。其次，人的本质与机器的本质都变得更为丰富。数据流成为解释人的本质核心内涵的方案之一。人类历史实际上就是数据处理的过程⑥。机器也从绝对化的工具转变为一种实在或者本体⑦。最后，存在着人与机器主客易位的可能性。在某些方面，机器人与人类相比更具有优势⑧，人类创造了算法，却面临着避免被算法淘汰的挑战⑨，"数据主义则可能从以人为中心走向以数据为中心，把人推到一边"⑩。

（三）万物互联：教育学不能无视伴随人工智能技术而来的新的教育与学习革命

我们必须正视世界本体及其关系的变化。当人（社会）的本质、人（社会）与工具的关系甚至人类的主宰地位可能或者正在发生改变的时候，当人与社会

---

① 多梅尔. 算法时代：新经济的新引擎 [M]. 胡小锐，钟毅，译. 北京：中信出版集团，2016：引言.

②③ 赫拉利. 未来简史 [M]. 林俊宏，译. 北京：中信出版集团，2017：封面.

④ 同②346.

⑤ 李建会. 走向计算主义：数字时代人工创造生命的哲学 [M]. 北京：中国书籍出版社，2004：203.

⑥ 同②342.

⑦ 同⑤191.

⑧ 金，等. 智能浪潮：增强时代来临 [M]. 刘林德，冯斌，张百玲，译. 北京：中信出版集团，2017：101.

⑨ 李开复. AI·未来 [M]. 杭州：浙江人民出版社，2018：封面.

⑩ 同②352.

的本质开始使用信息、数据和算法等概念加以认识和解释的时候，以研究教育与人的发展、教育与社会发展为己任的教育学怎么能无视这种变化呢？

我们必须正视万物互联条件下教育与学习实践的变化。正如历次工业革命带来了教育的革命性变革一样，第四次工业革命将会带来新的教育与学习革命。数据主义的一条诫命"就是要把一切连接到系统，连那些不想连入的异端也不能例外。而且这里指的一切并不只是人，而是一切事物。人类的身体自不必说，还包括街上行驶的车、厨房里的冰箱、鸡舍里的鸡、树林里的树，一切都要连接到万物互联网上"①。在万物互联的世界中，教育仅仅是其中的一个小小的部分。万物互联也会把教育连接进来，而且首先会把教育连接进来。在信息化、网络化、数字化、智能化以及 5G 技术的支持下，教育会呈现出一种新的形态。在包括智慧校园在内的万物互联网当中，人类的学习、机器自主学习、人机交互学习成为教育和学习的常态。互联网、物联网、区块链、5G 通信技术甚至量子科学决定着未来社会与教育的结构关系。教育面临着以第四次工业革命为背景的发展范式的结构性变革。当教育和学习的实践活动发生革命性、结构性变革的时候，研究教育现象与教育问题的教育学不能无视这种变化。

在数据时代，建立在工业时代基础上的教育学不得不面对新的主题。一方面，以人工智能为标志的机器革命及其相应的技术变革催生教育学研究的新主题。教育学既需要探讨教育与机器的关系，又需要以教育与机器的关系为中介，研究、讨论教育与人的发展关系和教育与社会的关系，以及作为本体与目的的人工智能所带来的伦理价值与思维方法的重构。另一方面，教育学需要在新的技术结构和历史条件下重新研究和思考人类的命运和未来这个根本性问题。人类思想史上的近代人文主义与科学主义之争在 21 世纪的数据时代转化为人与机器的关系问题。其中一个严肃的问题是，机器会像当年人文主义取代神（宗教）使人类成为世界的中心一样，逐步取代人成为世界的中心与主宰吗？众多的科学家和学者都预言和分析了这个可能性。实际上，处理好人与智能机器的关系是讨论教育与机器关系的一个重要条件。智能机器越发展、水平越高、融入社会生活越深入，越需要我们回到人性、回到人本身去思考人的本质与社会的本质问题；越需要我们从人类与机器相互适应的视角，从多个层次去思考教育与机器的关系及其内在机制这个命题。这个问题的提出会使人类和世界更加需要教育，需要教育去研究和思考为什么存在、为什么教、教什么、培养什么人、人类的未来是什么等涉及人与社会发展的一系列根本性问题。此外，教育学对于信息化、网络化以及人工智能技术的研究亟须超越教育与技术的关系这个层

① 赫拉利. 未来简史［M］. 林俊宏，译. 北京：中信出版集团，2017：345.

面，即需要超越"教育技术学"的范畴。尽管历史上任何一次革命性技术变革都带来了人类社会的根本性变化，但是这一次似乎有一点儿不同。技术革命不再只是促进人的发展、社会发展的技术基础、物质基础、工具和手段，同时，技术革命又是人的发展、社会发展本身、本体和实在，还会引起价值体系与思维方式的重构。教育学应该从一个更为根本、更加理论的视角来讨论教育如何面对人类社会新一轮技术变革带来的新挑战与新问题。

二、关于教育与机器的关系命题的几个基本要点

在教育与教育学的历史上，关于机器在教育、教学中的应用并不是一个新问题。最为典型的是 20 世纪中期美国心理学家斯金纳（B. F. Skinner）的程序教学理论与使用教学机器的教学模式，以及当代计算机辅助教学的广泛应用。但这些理论与实践背后的哲学与行为方式仍然是局限在人类中心与主客二元论的范畴里。一般是在方法论的层面把行为主义、建构主义、技术哲学作为哲学基础，从工具主义的层面看待机器的作用，仅仅把机器作为人类教育与学习的工具来看待和使用。

在数据时代，人类中心主义的地位将会被撼动，主客二元的思维方法将会被打破，人的本质被赋予新的含义。机器至少将会从工具、技术、客体转变为目的、主体乃至本体的一部分，学校、教师、学生也会成为万物互联的一部分。这需要我们超越行为主义、技术哲学、工具主义等方法论层面的思维，在哲学本体论、价值论层面来思考和研究教育教学中的机器问题。新的哲学本体论的产生，必然影响着价值体系和伦理规则的变化，进而影响着方法论与评价体系的变革。教育学应该从哲学、教育学原理、教育政策学的层面思考和研究教育与机器的关系这个命题。

（一）机器及其发展将成为人与社会发展本质内涵的一部分

关于人与社会的本质，哲学史上持有不同观点，见仁见智。马克思主义强调"物质生活的生产方式制约着整个社会生活、政治生活和精神生活的过程。不是人们的意识决定人们的存在，相反，是人们的社会存在决定人们的意识"[①]，指出"全部社会生活在本质上是实践的"[②]，认为"人的本质并不是单个

---

① 马克思，恩格斯. 马克思恩格斯文集：第 2 卷 ［M］. 北京：人民出版社，2009：591.
② 马克思，恩格斯. 马克思恩格斯文集：第 1 卷 ［M］. 北京：人民出版社，2009：501.

人所固有的抽象物，在其现实性上，它是一切社会关系的总和"①。马克思主义基本原理为我们思考和研究数据时代智能机器的本质以及人与社会的本质提供了思维方法。

首先，智能机器是一种存在物。拉斯穆森曾使用五个公理和三个推论论证了智能机器的实在性②。增强智能时代③造就的大量人机结合体本身就是一种新型的存在物。"在后人类看来，身体性存在与计算机仿真之间、人机关系结构与生物组织之间、机器人科技与人类目标之间，并没有本质不同的或者绝对的界限。"④ 生物人与智能机器以及人机结合体共存、共生与合作成为一种社会生产与社会生活的常态。

其次，智能机器成为人与社会的一部分，而且已经在不断深化自身的社会实践。一方面，机器越来越像人。具有自我意识、自主学习能力与思维能力的智能机器越来越具有"人"的特质。当机器物质结构与机能达到或者超过人脑的结构与机能的时候，机器就会从人的最重要的工具成为"人"本身，成为本体。生命的概念得到扩展，自然生命与智能机器只不过是建立在生化算法与电化算法等不同算法之上的不同的社会存在而已。另一方面，智能机器在实践中不断形成、发展和丰富自身的社会关系。微软的阿尔法狗打败了围棋冠军李世石与柯洁，陪伴机器人风靡日本与美国，拥有近 400 年历史的日本京都高台寺正式使用机器人 Mindar 进行布道，生物医学领域智能机器的应用产生大量人机结合体，等等，都可以看作智能机器参与的社会实践。更为重要的是，智能机器在社会实践中将会逐步建立自己的社会关系，从而形成、发展和不断丰富自己的本质内涵。

最后，人与社会也是这样一个进程的受益者。马克思主义的劳动对象化理论揭示了具有自我意识的人在使用工具的劳动中通过"主体客体化"与"客体主体化"实现了人自身的再生产⑤。在数据时代，这种人类自身的再生产速度更快，范围更广，内容更丰富。人越来越像机器，智能化穿戴设备、可植入设备以及增强智能技术越来越完善和先进，可以使人具备超越自然生命的、生物人所无法达到的思维与行动能力。人与具有自我意识、自主学习能力的智能机

① 马克思，恩格斯.马克思恩格斯文集：第 1 卷 [M].北京：人民出版社，2009：501.

② 李建会.走向计算主义：数字时代人工创造生命的哲学 [M].北京：中国书籍出版社，2004：191-194.

③ 金，等.智能浪潮：增强时代来临 [M].刘林德，冯斌，张百玲，译.北京：中信出版集团，2017：7-40.

④ 海勒.我们何以成为后人类 [M].刘宇清，译.北京：北京大学出版社，2017.

⑤ 桑新民.呼唤新世纪的教育哲学：人类自身生产探秘 [M].北京：教育科学出版社，1993：84-93.

器之间互为主体、互为客体甚至合为一体的社会关系会更为复杂。与之前的作为绝对客体的工具相比,智能机器及其发展会成为一种前所未有的动力,推动人与社会不断丰富和发展自身的本质内涵。所有这些已经出现或者可能出现的变化,会如何影响我们关于教育本质、人的发展本质、社会发展本质的认识,也是一个需要认真回答的问题。但是需要指出,尽管在人工智能时代机器开始具有主体的意义,但人的主体地位与机器的地位还是有根本的不同,机器的教育和人的教育也会有本质的区别。这是我们讨论教育与机器关系问题的一个出发点。

(二) 作为教育的工具与载体的机器成为教育者与受教育者本身

人是教育的主体又是教育的对象,这是现代教育学的基本命题。在数据时代与万物互联的时代,这个命题需要引入新的视角和新的内涵,需要我们从新的视角看待教育者与受教者及其关系。

机器的基本功能仍然是教育与学习的载体、工具。智能机器及其物质、技术结构是教育的基本物质、技术基础和基本工具。在万物互联的时代,就像过去和现在我们离不开书本、离不开电脑、离不开手机一样,人类也终将离不开智能机器。智能机器是万物互联网中的枢纽和网结。随着自动化机器学习系统的不断完善,利用智能机器劳动、教育、学习是基本形式和基本途径。由于智能机器在劳动、教育、学习中具有不可替代性,教育与机器发展的关系因而成为思考和解决教育与人的发展、教育与社会发展关系问题的中介与载体。但是,机器不再仅仅是载体和工具,也会成为教育的主体和教育的对象。

一是会出现越来越多的机器人教师,虚拟教师至少可以承担一部分的教育教学职能。更重要的是,智能机器不仅仅依靠程序、指令、算法运行,而且也能依靠自我意识、自主学习与自主思维运行。随着人工智能技术的发展,智能机器的自我意识、自主学习和自主思维能力会越来越强,加上本来就比人类强大且越来越强大的数据库以及算法的不断改进,甚至具有把体现人类特征的生化算法与体现智能机器特征的电化算法兼容、结合起来的可能性,导致智能机器在某些特定方面会比人类更强大。因为"算法执行的任务是人类无法完成的"[①]。未来的机器人教师会超过人类教师吗? 至少在教育与学习的某些环节、某些方面上是如此。

二是产生了教育机器以及人机结合体的问题。当机器越来越像人,机器会逐步成为社会实践与社会生活的一部分。生物医学技术与人工智能技术的合作,

---

① 多梅尔. 算法时代: 新经济的新引擎 [M]. 胡小锐, 钟毅, 译. 北京: 中信出版集团, 2016: 203.

会产生越来越多的人机结合体。尤其是使用了较多的穿戴设备、可植入设备的人机结合体，其特征是把人与社会的发展导向另外一个相反的方向，即人越来越像机器。科学家们预言，奇点①注定会在未来的某一天到来。面对智能机器以及人机结合体所带来的社会、伦理乃至法律问题，机器以及人与机器的结合体必然会成为教育的对象。后人类主义也严肃地提出了这个问题，即如何教育机器的问题②。尽管有学者认为"计算机无法做出价值判断""计算机不可能拥有道德""价值体系不能以算法的形式存在"③，但是，且不论随着人工智能技术的发展和广泛应用会带来无限可能性，至少人类需要智能机器学会价值判断，具有道德准则，遵守基本规范。算法实际上已经"可以改变当今社会舆论的进程"④，已有的事实也初步表明，大数据和算法可以影响、决定甚至塑造价值判断和价值体系。尤其不能忽视的是，教育机器的问题已经成为一个现实社会中的实践与政策问题，如欧盟委员会于 2019 年 4 月发布了《人工智能伦理准则》，日本于 2018 年 12 月发布了《以人类为中心的人工智能社会原则》，中国国务院于 2017 年 7 月发布的《新一代人工智能发展规划》也鲜明地提出了伦理问题，联合国教科文组织也发布了《教育中的人工智能：可持续发展的挑战与机遇》，系统关注了人工智能技术在教育中应用所带来的挑战。在人工智能时代，未来教育最终走向何方还有待持续观察。但是机器作为人造物，为人类的福祉服务，与人类和谐共生、共存，恰恰是人类期待教育机器或者机器教育完成的一项重要使命。

（三）教育结构需要不断适应建立在人工智能技术革命基础之上的社会结构变革

技术革命深刻改变着社会结构，教育结构必须适应社会结构的变革，这既是现代社会学与教育学的一个基本原理，也是人类近现代教育历史上屡屡发生的事实。在数据时代、算法时代或者说增强智能时代也是如此。并且这种变革的深刻性、广泛性和快速性是之前的任何一次工业革命⑤都无法比拟的。

---

① 奇点指的是机器与人类彻底融合的时刻，参见吕克·德·布拉班迪尔的《极简算法史：从数学到机器的故事》一书，中国工信出版集团 2019 年版。在理论上，奇点意味着可以通过运用越来越强大的算法来解决人类面对的所有问题，参见布雷特·金等的《智能浪潮：增强时代来临》一书，中信出版集团 2017 年版。

② 朱彦明. 后人类主义对教育的挑战与重塑［J］. 南京社会科学，2018（11）.

③ 布拉班迪尔. 极简算法史：从数学到机器的故事［M］. 任轶，译. 北京：中国工信出版集团，2019：109.

④ 多梅尔. 算法时代：新经济的新引擎［M］. 胡小锐，钟毅，译. 北京：中信出版集团，2016：231.

⑤ 金，等. 智能浪潮：增强时代来临［M］. 刘林德，冯斌，张百玲，译. 北京：中信出版集团，2017：42.

　　人工智能技术与互联网、物联网的结合将造就一个万物互联的社会结构。在数据时代，"人类世界被植入了计算机逻辑"①，换句话说，算法是控制人类社会行为的基本准则和思维方式，算法成为"在人类集体智慧的作用下形成的信息与社会组织方法"②。随着互联网、物联网以及人工智能技术的进展，人类社会及其实践活动的要素及其关系日益复杂化。且不论智能终端及网络集合会不会成长为一个带有人格的主体，至少人、机器人和人机结合体是三个基本的主体，它们之间又构成了更为复杂的主体之间的关系。世界成为由真实世界、数学世界和计算世界等三个世界构成的特殊世界③，也有人认为是由人、物理世界、智能机器和虚拟信息世界等构成的四元空间④，它们彼此的关系也必然是更为复杂的。与人类目前的世界相比，其连接与协作方式也会发生巨大的改变⑤。社会职业类型以及社会所需要的劳动力类型、数量、标准也会发生巨大变化，"人类劳动从低层次思维到高层次思维将逐步被机器替代"⑥。数据时代的教育结构体系也必须随着社会结构的改变而变革。数据时代的教育结构体系是以人工智能、互联网和物联网技术为物质和技术基础，嵌入万物互联的社会结构，是万物互联的一个组成部分。教育的形态由工业时代的教育转变为信息化教育、算法教育、互联网＋教育、物联网＋教育、人工智能＋教育；教育制度体系由正式制度为主体的纵向上以梯级、等级制度体系为特征，横向上以普通教育与职业教育的双轨制为特征的刚性制度，转变为立体的甚至是一种边际不断扩展的球状的多回路、网络式的、由正式制度与非正式制度共同构成的弹性制度体系；学科体系、教材体系、教学体系和管理体系也会相应地进行变革。教师、学生、管理者的身份、连接与协作关系也会日益复杂。

（四）学校成为万物互联的新型社会组织

　　在人类教育史上，从分散的个别教育到有组织的学校教育，是建立在第一次工业革命技术变革基础上的教育组织变革。以电动机、计算机、互联网为标

---

　　① 多梅尔. 算法时代：新经济的新引擎 [M]. 胡小锐，钟毅，译. 北京：中信出版集团，2016：217.

　　② 金，等. 智能浪潮：增强时代来临 [M]. 刘林德，冯斌，张百玲，译. 北京：中信出版集团，2017：210.

　　③ 李建会. 走向计算主义：数字时代人工创造生命的哲学 [M]. 北京：中国书籍出版社，2004：197-198.

　　④ 吴朝晖. 智能增强时代的学习革命：在国际人工智能与教育大会上的发言 [J]. 世界教育信息，2019（10）.

　　⑤ 同②213.

　　⑥ 黎家厚. 人工智能时代的教育四大支柱：写给下一代的信 [J]. 人民教育，2018（1）.

志的第二次、第三次工业革命只是从内涵上不断丰富着学校的概念，并没有从根本上改变学校的外延和组织方式。但是在数据时代，互联网（特别是移动互联网）、物联网、5G 技术，尤其是人工智能技术的快速发展为学校重组、重构与新生提供了可能性。

首先，学校是万物互联的社会组织。互联网、物联网、5G 技术特别是人工智能技术在教育中越来越广泛的应用，使学校成为万物互联网的一个组成部分。虚拟教师、智慧课桌、智慧学校、智慧幼儿园出现，万物互联的学校与智慧城市、智慧家庭和万物互联的世界融为一体。更重要的是，随着技术的进步，会不断发生着技术变革嵌入学校、教育、学习系统再到学校、教育、学习者嵌入技术变革系统的辩证轮回。而作为教师、学生、教育管理人员的人"不过是万物互联中的一个芯片"[1]。

其次，人机交互成为教育与学习的常态。在目前互联网与物联网应用的基础上，教育机器人会大量应用于教育领域。如《教育信息化 2.0 行动计划》指出的，"教育机器人作为机器人应用于教育领域的代表将成为智慧学习环境的重要组成部分"。可穿戴、可植入的教育学习设备甚至微型教育机器人成为学习的标准配置。如何学会在教育中与机器共存共处成为一个基本前提。

最后，学校概念的边界与外延被突破。教育、教学、学习逐渐成为线上线下融合（OMO）[2] 的活动，移动终端、新型通信技术与增强智能会彻底改变人们的教育、学习组织方式。像流水线一样的标准化的传统学校组织方式被颠覆。现实场景学习与虚拟学习共存，课堂学习与移动学习结合，制度化学习与非制度化学习平分秋色。教育与学习等实践活动的要求、结果和效果都需要新的标准。"不仅仅需要教给学生科学、技术、工程和数学（所谓的'STEM'科目），而且也需要教授灵活、创意思维、快速学习和适应。"[3] 像信息素养、数据素养、终身学习、快速学习、学会选择、高阶思维与高情商、坚定的价值观与信仰等成为对学习者的基本要求，也有人称之为 21 世纪的新通识教育[4]。

（五）机器发展水平与教育的发展水平相互制约

在数据时代，首先，机器发展水平决定着教育的发展水平。互联网、物联

---

① 赫拉利. 未来简史［M］. 林俊宏，译. 北京：中信出版集团，2017：348.

② 李开复. AI·未来［M］. 杭州：浙江人民出版社，2018：146.

③ 金，等. 智能浪潮：增强时代来临［M］. 刘林德，冯斌，张百玲，译. 北京：中信出版集团，2017：53.

④ 吴朝晖. 智能增强时代的学习革命：在国际人工智能与教育大会上的发言［J］. 世界教育信息，2019（10）.

网与人工智能技术的发展会在传统的社会与世界之外带给我们一个由智能机器与虚拟世界（或者计算世界、数据世界）构成的新的社会形态。正如在传统社会中谁具有最高质量的人才和最先进的生产工具，谁就会领先于世界一样，在数据时代，谁具有最先进的互联网、物联网和教育机器人，谁就可能拥有最高质量的教育和人才。从教育的历史来看，决定教育质量和水平的因素有很多，但在数据时代，人工智能技术的水平、教育机器人的水平将是影响教育改革、教育质量的革命性、决定性的一个变量。反过来看，人才质量决定着人工智能技术的水平，决定着智能机器的水平。从人工智能技术发展的轨迹来看，人才、政策、市场和大数据，都是影响人工智能技术的核心要素[①]。其中人才是核心，政策是保障。没有创新型人才和专业化、高水平的人工智能工程师，就不可能有领先世界的人工智能技术和智能机器。

其次，教育科学的研究水平也将会对人工智能技术产生重要影响。一般认为，人工智能技术是一个跨学科的领域，数学、逻辑学、计算机科学构成人工智能技术的学科基础[②]，在神经网络学习方法已经被应用到人工智能技术中以后，认知神经科学（心理学）就已经成为人工智能技术的学科基础。随着未来具有自主意识和思维能力的智能机器被广泛应用于包括教育在内的社会生活的方方面面，会产生诸如机器人行为规范与伦理问题，人与机器的价值关系问题，教育与管理机器的问题，教育机器人的制造、使用与管理问题，等等，这些都需要数据时代教育学的理论指导。如果说教育学是未来人工智能技术发展的重要理论与学科基础，那么从现在开始，中国的教育学必须建立在这样的观念之上并做好理论准备。

三、教育学及其研究需要做出变革

教育具有保守性，需要延续和传递文化与文明。教育又是具有超前性的社会事业，教育对未来社会的发展和人的发展具有引领和塑造作用，因此负有重大的社会责任。面向数据时代的要求，教育学的研究需要认真思考教育是否能够发挥引领与塑造的作用，是负起了这个重大责任，还是实际上是滞后于时代的发展与需要。历史已经证明，技术变革不仅仅会改变人们的生活和社会结构，而且会催生新的理论体系、价值体系、政策体系乃至新的教育体系。这些方面的

---

① 李开复. AI·未来 [M]. 杭州：浙江人民出版社，2018：105.
② 布拉班迪尔. 极简算法史：从数学到机器的故事 [M]. 任轶，译. 北京：中国工信出版集团，2019：序.

综合作用又会催生新的技术变革,如此周而复始,人类社会就会不断变革和前进。

我们目前基本上可以断定,在数据时代,谁拥有最高水平的人工智能技术,谁占据应用人工智能技术的制高点,谁就具备了拥有世界上最好教育的必要条件。数据时代的教育创新需要教育学及其研究的创新。教育学肩负着倡导、塑造新的教育价值体系、新的教育政策体系乃至新的教育结构体系的任务。目前,在教育技术学已有大量研究的基础上,教育学科乃至教育学门类更要重视教育与机器的关系这个课题的研究。特别是教育哲学、教育学原理、教育政策学更加需要从哲学的视角、原理的视角和制度建设的视角开展系统研究,充分发挥教育学的理论导航作用。

(一)倡导建立新的教育发展观

教育学要系统研究智能机器的发展与应用所带来的一系列新问题,站在新时代与技术变革的前沿,倡导建立新的教育发展观。

关于教育发展观,人们的看法多种多样,教育现代化发展观是一个普遍性的看法。但现代化发展观的背后往往是线性思维与社会进化论,甚至具有技术决定论的影子。现代科学技术越来越快速的变革及其所带来的革命性影响又不断强化着现代化发展观中的线性思维与社会进化论。在数据时代,我们会遇到一些前所未遇的新问题,诸如,如何教育机器——给机器喂多少和什么样的大数据;如何管理机器——面对机器的伦理问题、规则问题与道德教育,需要研究和确立人工智能时代的教育活动规则以及评价标准;如何确定人类与机器之间的角色分工①——如教育机器人的标准怎么定,就像今天的教师资格、教材编订与审查一样,只不过是更为复杂了;如何面对机器设计的算法——到目前为止,算法都是由算法工程师也就是说人设计的,总有一天智能机器自己会设计新的算法;等等。人类和教育如何面对和解决这些问题?如果仅仅按照线性思维、社会进化论甚至技术决定论来思考这些问题,那么人类的未来、人性的地位就是高度不确定的。

在人工智能技术变革日新月异的背景下,教育学需要重新审视教育现代化发展观,需要重新探究人、社会与机器发展的本质及终极目的等问题。我们"不仅需要了解算法正在发挥哪些作用,还要了解这些算法设计的目的"②,我们需要用人文主义的传统以及文化的、文明的传统来平衡一下发展越来越快的

---

① 多梅尔.算法时代:新经济的新引擎[M].胡小锐,钟毅,译.北京:中信出版集团,2016:200.

② 同①225.

技术变革给人类未来和人性地位带来的冲击与挑战，需要用教育人文主义来平衡数据主义和算法主义带来的冲击和影响，需要用教育的文化传统来平衡教育现代化发展带来的问题，需要用价值教育来平衡智能机器应用所产生的众多伦理困境。我们既需要以文化人，又需要以文化机器。如何建立更加传统同时又更加现代的教育发展观，实现教育不断向前走向现代化而又向更传统一端不断延伸，并最终实现传统文化与现代化、技术革命的融合发展，建立起关于人、社会与机器发展的本质及终极目的的新理论体系，是教育学面对教育与机器的关系这个主题需要研究的首要问题。

（二）探索建立信息化教育学理论体系

现代教育学理论体系基本上是以工业时代为基础建立起来的，其基本价值、基本概念、基本观点、理论体系与方法论体系在解释数据时代教育与机器发展、教育与人的发展、教育与社会发展的新问题时往往力不从心，不得要领。我们需要探索建立信息化教育学（或称为算法教育学、计算教育学）的基本理论体系。

一是要为认识、丰富和发展教育本质内涵准备教育学的理论。在人工智能技术条件下，教育活动的时空、内涵都会更加丰富和复杂，教育活动的数量和质量都会有前所未有的扩展，需要教育学就教育的本质论、价值论与目的论做出新的阐释和判断。二是要为处理人、社会发展与机器发展的关系准备教育学的理论。在人工智能技术条件下，技术结构决定着社会结构，社会结构决定着教育结构，需要教育学就教育的结构论、体系论、功能论建构新的理论框架。三是要为描述和解释机器成为教育者和教育的对象准备教育学的理论。在人工智能技术条件下，教育活动的参与者、活动主体更为多样化，其关系更为民主化、交互化、融合化，教师与学生、教与学的二元论思维模式被打破了，需要教育学就教育的主体论、客体论、主客体关系论建构新的理论观点。四是要为逐步应用人工智能技术准备教育学的理论。在人工智能技术条件下，教育教学的组织形式、主客关系、交往方式、过程结构与评价标准都面临着更多的挑战与问题，需要教育学针对课程论、教学论、方法论等方面得出新的研究结论。五是要为造福人类的人工智能技术发展准备教育学的理论。在人工智能技术条件下，机器成为实在性存在，成为教育的主体与对象，如何制造使用机器，如何应对机器的自主意识与自主思维，如何应对机器开始设计新算法等问题，成为教育不得不面对的问题，需要教育学开拓教育的机器本质论、机器伦理学、机器规范论等新的研究领域①。

---

① 朱彦明. 后人类主义对教育的挑战与重塑［J］. 南京社会科学，2018（11）.

（三）研究构建"人工智能＋教育"的政策体系

教育政策是国家和地方规划、规范和管理教育的主要手段。教育政策水平决定着未来教育的发展水平。面向第四次工业革命，在人工智能技术条件下，教育发生着结构性、革命性变革，教育政策如何应对新的发展趋势及其带来的问题，如何规划、规范和管理教育活动，是我们实现教育现代化、建设教育强国必须要面对和解决的新问题，是一个从现在起就需要着手研究和考虑的重要问题，也是一个决定着未来中国教育能否站在世界前沿的关键问题。

一是开展系统的教育政策研究。致力于改变传统的"教育信息化"政策思维模式，从互联网、物联网和人工智能技术条件下教育的结构性、体系性、革命性变革角度出发，系统研究"互联网＋教育"、"物联网＋教育"与"人工智能＋教育"新型体系中教育政策的一系列新问题。二是密切关注国际趋势。目前联合国教科文组织、欧盟以及美国等都已经制定与实施了关于人工智能技术与教育关系领域的政策文件①，代表了当今世界关于"人工智能＋教育"领域政策的最高水平。我国目前相关的政策文件主要还是集中在产业发展领域。我们需要顺应国际趋势，研究、制定关于"人工智能＋教育"的专门化教育政策。三是着眼政策配套。努力破除目前广泛存在的信息孤岛现象与各部门各自为战的习惯，首先抓住"人工智能＋教育"领域的标准问题、规范问题、联通问题、评价问题，推进相关政策的标准化、体系化，引领"互联网＋教育"、"物联网＋教育"与"人工智能＋教育"新体系的高水平高位发展，并针对一些特殊问题，如网络信息教育安全与互联网、物联网、人工智能技术条件下的立德树人问题等未雨绸缪地组织开展前瞻性的对策研究。四是重点建设新的人才培养体系。习近平总书记在向国际人工智能与教育大会的致贺信中指出："把握全球人工智能技术发展态势，找准突破口和主攻方向，培养大批具有创新能力和合作精神的人工智能高端人才，是教育的重要使命。"要立足于"努力构建德智体美劳全面培养的教育体系，形成更高水平的人才培养体系"②的要求，致力于培养创新人才特别是人工智能工程师。要特别重视跨学科与跨文化人才培养。五是抓好学科体系、教材体系、教学体系与管理体系的创新。依据面向第四次工业革命与人工智能技术条件下的人才培养新要求，切实改革大中小学的学科体系、教材体系、教学体系和管理体系，以保障创新人才的培养。

---

① 主要包括联合国教科文组织 2019 年 3 月 8 日发布的《教育中的人工智能：可持续发展的挑战与机遇》、2019 年 8 月 28 日发布的《北京共识：人工智能与教育》，以及美国 2017 年 10 月 24 日发布的《人工智能政策原则》、欧盟委员会 2019 年 4 月 8 日发布的《人工智能伦理准则》。

② 习近平. 坚持中国特色社会主义教育发展道路 培养德智体美劳全面发展的社会主义建设者和接班人 [N]. 人民日报, 2018 - 09 - 11.

参考文献

库恩. 科学革命的结构：第 4 版 [M]. 金吾伦, 胡新和, 译. 北京：北京大学出版社, 2012.

瞿葆奎. 教育研究方法 [M]. 北京：人民教育出版社, 1988.

沈剑平, 瞿葆奎. 教育研究范式简论 [J]. 华东师范大学学报（教育科学版）, 1990 (1).

刘复兴. 国外教育政策研究基本文献讲读 [M]. 北京：北京大学出版社, 2013.

严强. 西方现代政策科学发展的历史轨迹 [J]. 南京社会科学, 1998 (3).

刘惠. 教育政策执行的文化分析：基于"最小单位"政策阐释与行为选择的研究 [D]. 北京：北京师范大学, 2019.

刘水云, 刘复兴, 徐赟. 欧美教育政策研究与学科发展及其与中国的比较分析 [J]. 教育学报, 2014, 10 (3).

刘复兴. 论我国教育政策范式的转变 [J]. 北京师范大学学报（社会科学版）, 2004 (3).

朱巧玲, 李敏. 人工智能、技术进步与劳动力结构优化对策研究 [J]. 科技进步与对策, 2018, 35 (6).

刘复兴. 论教育与机器的关系 [J]. 教育研究, 2019, 40 (11).

薛永红, 王洪鹏. 机器下棋的历史与启示：从"深蓝"到 AlphaZero [J]. 科技导报, 2019, 37 (19).

里夫金. 第三次工业革命：新经济模式如何改变世界 [M]. 张体伟, 孙豫宁, 译. 北京：中信出版社, 2012.

何增科. 理解国家治理及其现代化 [J]. 马克思主义与现实, 2014 (1).

俞可平. 治理和善治：一种新的政治分析框架 [J]. 南京社会科学, 2001 (9).

陈金芳, 万作芳. 教育治理体系与治理能力现代化的几点思考 [J]. 教育研究, 2016, 37 (10).

褚宏启. 教育治理：以共治求善治 [J]. 教育研究, 2014, 35 (10).

张进宝，姬凌岩．是"智能化教育"还是"促进智能发展的教育"：AI时代智能教育的内涵分析与目标定位［J］．现代远程教育研究，2018（2）．

刘复兴，檀慧玲．论建设我国的教育创新政策体系［J］．教育研究，2016，37（10）．

贺东航，孔繁斌．公共政策执行的中国经验［J］．中国社会科学，2011（5）．

高庆蓬．教育政策评估研究［D］．长春：东北师范大学，2008．

李海生．教育政策方案的可行性论证问题研究［J］．江西教育科研，1999（4）．

斯莱文，张志强，庄腾腾．证据驱动的教育改革如何推动教育发展［J］．华东师范大学学报（教育科学版），2021，39（3）．

鲍尔．政治与教育政策制定：政策社会学探索［M］．王玉秋，孙益，译．上海：华东师范大学出版社，2003．

习近平．坚持中国特色社会主义教育发展道路　培养德智体美劳全面发展的社会主义建设者和接班人［N］．人民日报，2018-09-11．

孙霄兵，刘兰兰．《民法典》背景下我国教育法的法典化［J］．复旦教育论坛，2021，19（1）．

侯健．改革开放四十年教育立法的经验和问题［J］．国家教育行政学院学报，2018（12）．

张健．《教育法》司法适用的实践、法理与完善：基于1781份裁判文书的实证考察［J］．高教探索，2020（9）．

兰岚．我国终身教育立法技术问题研究［J］．现代远距离教育，2018（4）．

湛中乐，靳澜涛．新中国教育立法70年的回顾与展望［J］．首都师范大学学报（社会科学版），2019（5）．

李连宁，王大泉，于安，姚金菊．改革开放40年教育法治回顾与展望（笔谈）［J］．中国高教研究，2019（3）．

孙潮，徐向华．论我国立法程序的完善［J］．中国法学，2003（5）．

汪华，孙霄兵．中国高等教育法律体系的逻辑结构与立法完善［J］．华东师范大学学报（教育科学版），2021，39（6）．

HUSÉN T. Research Paradigms in Education［J］. Interchange, 1988, 19（1）.

Silova, I. , Rappleye, J. , Auld, E. Beyond the Western Horizon：Rethinking Education, Values, And Policy Transfer［M］. Singapore：Springer Nature Singapore Pte Ltd, 2020：3.

Mignolo, W. D. The Darker Side of Western Modernity: Global Futures, Decolonial Options [M]. NC: Duke University Press, 2011: 27.

Bell, L. A. Education Policy: Development and Enactment: The Case of Human Capital [M]. Singapore: Springer Nature Singapore Pte Ltd, 2020: 31.

Kogan, M. Educational Policy-Making: A Study of Interest Groups and Parliament [M]. London: Routledge, 1975: 45.

Spring, J. American Education, 19th [M]. New York: Routledge, 2019: 4.

Yuan, Z. G. The National Concept of Education Quality [M]. Singapore: Springer Nature Singapore Pte Ltd, 2020: 71.

Townsend, T., Cheng, Y. C. Educational Change and Development in the Asia-Pacific Region: Challenges for the Future [M]. Lisse Netherland: Swets & Zeitlinger, 2000: 317.

Zajda, J. Second International Handbook on Globalization, Education and policy research [M]. Dordrecht: Springer, 2015: 105.

Cheng, Y. C. Education Reform Phenomenon: A Typology of Multiple Dilemmas [M]. Singapore: Springer Nature Singapore Pte Ltd, 2020: 85.

Fan, R. F. Changes in Educational Institutions in China: 1978—2020 Analysis of Education Policies and Legal Texts from a National Perspective [M]. Singapore: Springer Nature Singapore Pte Ltd, 2020: 111.

Knapp, M. S., Meadows, J. L. Policy-practice Connections in State Standards-based Reform [M]. The Netherlands: Springer, 2005: 133.

Howard, D. Competence-based Curricula in the Context of Bologna and EU Higher Education Policy [J]. Pharmacy, 2017, 5 (4): 17.

Marginson, S. The Global Construction of Higher Education Reform [M]. NY: John Wiley & Sons, Ltd, 2016: 291.

Wimmer, A., M. Schiller. Methodological Nationalism and Beyond: Nation-State Building, Migration and the Social Sciences [J]. Global Networks, 2002, 4 (2): 301-334.

Marginson, S., G. Rhoades. Beyond National States, Markets, and Systems of Higher Education: A Glonacal Agency Heuristic [J]. Higher Education, 2002, 43 (3): 281-309.

Scott, P. The University as a Global Institution [M]. UK: Edward Elgar Publishing, 2011: 59.

Wu, C. T. , Tang, C. W. The Impact of the Expansion of Higher Education on the Rate of Return to Higher Education in Taiwan [M]. Singapore: Springer Nature Singapore Pte Ltd, 2020: 137.

Howard, D. Competence-based Curricula in the Context of Bologna and EU Higher Education Policy [J]. Pharmacy, 2017, 5 (4): 17.

Henze, J. Higher Education: The Tension Between Quality and Equality [M]. London: Routledge, 1984: 164.

Zajda, J. Globalisation, Education and Policy Reforms [M]. Singapore: Springer Nature Singapore Pte Ltd, 2020: 289.

Ampuja, M. Globalisation and Neoliberalism: A New Theory for New Times? [M]. Netherlands: Springer, 2015: 17.

Saunders, D. B. Neoliberal Ideology and Public Higher Education in the United States [J]. The Journal for Critical Education Policy Studies, 2010, 8 (1): 42-77.

Klees, J. S. Human Capital and Rates of Return: Brilliant Ideas or Ideological Dead Ends? [J]. Comparative Education Review, 2016, 69 (4), 644-672.

Carnoy, M. Globalization and Educational Reform: What Planners Need to Know [M]. Paris: UNESCO, 1999: 46.

Carnoy, M. , Rhoten, D. What Does Globalization Mean for Educational Change? a Comparative Approach [J]. Comparative Education Review, 2002, 46 (1): 1.

Grek, S. Interdependency in Transnational Education Governance [M]. Singapore: Springer Nature Singapore Pte Ltd, 2020: 309.

Normand, R. The Politics of Metrics in Education: A Contribution to the History of the Present [M]. Singapore: Springer Nature Singapore Pte Ltd, 2020: 345.

Orland, M. Separate Orbits: The Distinctive Worlds of Educational Research and Policymaking [M]. New York: Routledge, 2009: 113.

Borman, G. D. The Use of Randomized Trials to Inform Education Policy [M]. New York: Routledge, 2009: 129.

Kaplan, D. Causal Inference in Non-Experimental Educational Policy Research [M]. New York: Routledge, 2009: 139.

Fan, G. , Popkewitz, T. S. Handbook of Education Policy Studies [M]. Singapore: Springer Nature Singapore Pte Ltd, 2020: vi.

Hume, D. A Treatise of Human Nature [M]. USA: Penguin Classics, 1985.

Desimone, L. M. Complementary Methods for Policy Research [M]. New York: Routledge, 2009: 163.

Bajaj. M. , Kidwai, H. Human Rights and Education Policy in South Asia [M]. NY: John Wiley & Sons, Ltd, 2016: 206.

Barber, M. Large-scale Education Reform in England: A Work in Progress [C]. Paper Presented to the British Council School Development Conference, Estonia, Tartu University. 2001.

Robertson, S. L. The Global Governance of Teachers' Work [M]. NY: John Wiley & Sons, Ltd, 2016: 275.

Corter, C. , Pelletier, J. Parent and Community Involvement in Schools: Policy Panacea or Pandemic? [M]. The Netherlands: Springer, 2005: 295.

Mundy, K. , Ghali, M. International and Transnational Policy Actors in Education [M]. New York: Routledge, 2009: 717.

Carnoy, M. Policy Research in Education: The Economic View [M]. New York: Routledge, 2009: 27.

Hanushek, E. A. The Economic Value of Education and Cognitive Skills [M]. New York: Routledge, 2009: 39.

Lauen, D. L. , Tyson, K. Perspectives from the Disciplines: Sociological Contributions to Education Policy Research and Debates [M]. New York: Routledge, 2009: 71.

后　记

本书的理论框架与基本内容主要是来自近年来作者讲授的一门名为"教育政策分析学科前沿"的博士生课程的教学材料。笔者在北京师范大学任教的时候，就多次给博士生讲过事实与价值的关系、国家与市场的关系等。后来在西北师范大学任教时，专门给博士生开设了一门"教育政策分析专题"课程，主要讲授一些本学科领域的前沿问题，但是很不系统。2019 年到中国人民大学工作以后，在之前讲课的基础上，结合当前国内外教育政策分析学科领域与教育政策实践领域的一些新进展，给博士生开设了比较系统的"教育政策分析学科前沿"课程。本书主要是在这个博士生课程以及之前多年的研究与讲学的资料的基础上整理出来的。

这是一个阶段性的研究成果，是笔者近年来在教学和研究中讲授与思考"中国特色教育政策理论体系"主题的一个反映。其中有一些新的基本理论问题如教育政策范式与政策转型问题、人性与制度的关系，也有若干中国教育政策问题与学科发展的国际趋势，同时也反映了在第四次工业革命背景下教育学与教育政策学科新的生长点。有一些内容已经发表过，但修订后纳入了新的比较系统的理论框架中。特别是其中的第四章关于中国教育政策的问题，分为九个比较具体的方面，篇幅也比较大，集中反映了笔者关于"中国特色教育政策理论"问题的研究与思考。

本书也是学术团队共同努力的结果，书中的很多观点是在与博士生进行学术讨论中形成与完善的。其中发表过的一些成果是笔者与其他老师、学生共同署名的。北京师范大学的顾明远老师、檀慧玲老师、刘水云老师以及博士生朱月华、硕士生崔岳和李清煜都做了很多工作。博士生曹宇新、何雨点、董昕怡在整理、写作、翻译"教育政策转型"、国外的新问题与新趋势等部分内容时做了大量工作。中国人民大学出版社的编辑们在本书策划与编辑过程中也给予了很多帮助。在此一同表示衷心感谢！

本书主要提出了一个初步的理论框架与若干需要思考的问题，无论是理论体系还是对问题的研究都需要在今后的研究与教学中不断完善和发展。本书的不足之处请各位读者批评指正！

刘复兴
于中国人民大学国学馆
2021 年 8 月

图书在版编目（CIP）数据

探索与超越：教育政策分析的前沿问题 / 刘复兴著
. -- 北京：中国人民大学出版社，2021.12
（当代中国教育学人文库）
ISBN 978-7-300-30245-4

Ⅰ.①探… Ⅱ.①刘… Ⅲ.①教育政策-研究-世界
②教育政策-研究-中国 Ⅳ.①G510②G520

中国版本图书馆 CIP 数据核字（2022）第 011186 号

国家出版基金项目
当代中国教育学人文库
探索与超越
教育政策分析的前沿问题
刘复兴　著
Tansuo yu Chaoyue

出版发行	中国人民大学出版社			
社　　址	北京中关村大街 31 号		**邮政编码**	100080
电　　话	010 - 62511242（总编室）		010 - 62511770（质管部）	
	010 - 82501766（邮购部）		010 - 62514148（门市部）	
	010 - 62515195（发行公司）		010 - 62515275（盗版举报）	
网　　址	http://www.crup.com.cn			
经　　销	新华书店			
印　　刷	北京宏伟双华印刷有限公司			
规　　格	170 mm×240 mm　16 开本		**版　　次**	2021 年 12 月第 1 版
印　　张	13.5 插页 1		**印　　次**	2021 年 12 月第 1 次印刷
字　　数	234 000		**定　　价**	68.00 元